创业型农村
合作组织发展机制研究

邓俊淼　李新宁　等　著

本书受国家社会科学基金青年项目"创业型农村合作组织发展机制研究"（项目编号：11CJY052）资助

科 学 出 版 社

北 京

内 容 简 介

本书主要介绍新时代背景下，我国农村合作组织发展的战略管理问题。本书共包括八部分内容，主要从创业组织建构理论、创业农户合作理论、创业导向的形成机制及其对组织绩效的作用机制、创业导向对成员绩效的作用机制方面分析如何建构创业型农村合作组织。本书应用现代企业战略管理理论，分析具有中国特色的农村合作组织的发展问题，利用翔实的实地调查数据和计量经济分析，借鉴成熟的战略导向理论，分析组织创业导向战略对农村合作组织组织绩效和成员绩效的作用机制，在此基础上，提出发展中国特色创业型农村合作组织的政策借鉴。

本书适合高校和科研院所从事农村合作组织的研究人员，以及农村经济管理部门、农民专业合作社相关工作人员阅读。

图书在版编目（CIP）数据

创业型农村合作组织发展机制研究 / 邓俊淼等著. —北京：科学出版社，2019.9

ISBN 978-7-03-056099-5

Ⅰ. ①创… Ⅱ. ①邓… Ⅲ. ①农业合作组织–研究–中国 Ⅳ. ①F321.42

中国版本图书馆 CIP 数据核字（2017）第 316527 号

责任编辑：王丹妮/ 责任校对：陶 璇
责任印制：张 伟/ 封面设计：无极书装

科学出版社 出版
北京东黄城根北街 16 号
邮政编码：100717
http://www.sciencep.com
北京虎彩文化传播有限公司 印刷
科学出版社发行 各地新华书店经销

*

2019 年 9 月第 一 版 开本：720×1000 B5
2019 年 9 月第一次印刷 印张：19
字数：381 000
定价：152.00 元

作 者 简 介

　　邓俊淼，男，南阳师范学院经济与管理学院教授，管理学博士，南阳师范学院经济与管理学院副院长，北京大学经济学院访问学者，河南省学术技术带头人；主要从事农民工返乡创业、农民专业合作社方面的研究，主持完成国家自然科学基金项目 1 项、国家社会科学基金项目 1 项、省部级项目 6 项，发表文章 30 余篇。

前　言

转型经济下农村合作组织①的管理问题研究是农村发展的重要议题。本书针对农村合作组织自身特性和外部环境，分析其创业导向特征对组织和成员绩效影响的内在机理，并结合新时期农业、农村与农民发展的实际，提出创业型农村合作组织发展的政策机制，为推动农村合作组织发展提供政策建议。在我国独特的社会环境和组织特点下，结合农村合作组织的实际情况考察其创业导向与绩效的关系具有重要理论意义，在理论上扩展了农民创业和农村合作组织发展的研究范围。

本书在理论上主要探讨的内容包括创业型组织理论、农村合作组织创业演化模型和基于合约理论的创业导向战略分析，从理论上探讨农村合作组织创业转型的理论基础。农村合作组织是一种合作创业的经营主体，需要组织内部异质性成员之间的合作，实现内部资源的有效整合，建构创业导向战略，激发组织创业行为，从而演化为创业型农村合作组织。

本书使用了翔实的调查数据，实证分析主要包括创业农户参与农村合作组织意愿影响因素实证分析、农村合作组织创业导向战略形成机制分析、创业导向对组织绩效影响机制分析和创业导向对成员绩效影响机制分析；重点分析创业农户参与农村合作的意愿、农村合作组织创业导向形成的内在机理、创业导向对农村合作组织绩效的影响机理、组织绩效对成员绩效的传导机理等内容。通过实证，分析和验证农村合作组织创业导向与组织绩效和成员绩效之间的定量关系，为提出合理对策提供依据。

创业型农村合作组织的发展，不仅需要提升创业型农民的合作意愿，还需要推动合作组织的创业导向战略的形成，及其对组织绩效和成员绩效的提升作用的发挥，通过吸收具有创业精神的农民，营造内部创业导向氛围，并提升创业导向对组织绩效和成员绩效的作用机制，使得合作创业提升组织绩效和成员绩效，从而形成一个良性循环的政策机制。

---

① 本书中的农村合作组织主要指农民合作社。

　　本书利用翔实的调查数据和典型的案例分析，对农民合作社这种新型农业经营主体的创业行为进行分析，其主要特色在于：第一，从农民合作社组织创业视角，运用成熟的组织创业理论，分析农民合作社这种治理结构比较特殊的组织，让人们在组织创业理论应用方面得到一个新的视角。第二，从农民合作社的成员构成、组织创业导向、组织绩效及成员绩效方面，分析了农民合作社创业行为及其影响，丰富了农民合作社战略管理的内涵，突出了当前农民合作社管理水平存在的问题，为建构适应现代市场经济的创业型组织提供了依据。第三，深入挖掘了农民合作社形成有效创业行为过程中存在的问题，并提出相应对策。

　　本书第二章由南阳师范学院李新宁和周娜老师共同完成；第三章由南阳师范学院冷枫老师、郑州大学公共卫生学院研究生周灵灵共同完成；其他章节由南阳师范学院邓俊淼老师完成。最后，感谢全国哲学社会科学工作办公室对本书的支持。

目　　录

第一章　绪论 ……………………………………………………… 1
　一、组织创业理论 ………………………………………………… 1
　二、创业型组织的发展 …………………………………………… 3
　三、我国农村合作组织发展 ……………………………………… 8
　四、创业型农村合作组织的建构 ………………………………… 10
第二章　创业型组织理论研究 …………………………………… 22
　一、创业型组织的定义 …………………………………………… 22
　二、创业型组织的类型 …………………………………………… 22
　三、创业型组织的演变 …………………………………………… 25
　四、创业型组织的核心竞争力 …………………………………… 27
第三章　农村合作组织的创业转型 ……………………………… 29
　一、环境变化与组织战略之间的关系 …………………………… 29
　二、农村合作组织创业战略的形成 ……………………………… 34
　三、创业战略与适应性效率的提升 ……………………………… 39
　四、农村合作组织的创业型演化 ………………………………… 44
第四章　合约治理与组织创业导向战略 ………………………… 57
　一、合约治理的理论架构 ………………………………………… 57
　二、核心企业家与普通成员之间的博弈 ………………………… 61
　三、组织内重复博弈与创业战略 ………………………………… 66
　四、可控制实验的组织创业行为 ………………………………… 68
第五章　创业农户参与合作组织意愿实证研究 ………………… 70
　一、研究背景 ……………………………………………………… 70
　二、研究假设 ……………………………………………………… 71
　三、数据来源 ……………………………………………………… 71
　四、变量及模型选择 ……………………………………………… 72
　五、实证结果 ……………………………………………………… 74

　　六、研究结论及讨论 ·· 77
　　七、对策建议 ·· 78
第六章　农村合作组织创业导向战略形成机制研究 ·········· 83
　　一、研究背景 ·· 83
　　二、研究假设 ·· 85
　　三、数据来源 ·· 94
　　四、变量及模型选择 ·· 95
　　五、实证结果 ·· 115
　　六、研究结论及讨论 ·· 131
　　七、对策建议 ·· 134
第七章　创业导向对农村合作组织绩效影响实证研究 ······ 176
　　一、研究背景 ·· 176
　　二、研究假设 ·· 177
　　三、数据来源 ·· 188
　　四、变量及模型选择 ·· 189
　　五、实证结果 ·· 198
　　六、研究结论及讨论 ·· 218
　　七、对策建议 ·· 220
第八章　创业导向对成员农户绩效影响实证研究 ·········· 239
　　一、研究背景 ·· 239
　　二、研究假设 ·· 240
　　三、数据来源 ·· 242
　　四、变量及模型选择 ·· 242
　　五、实证结果 ·· 245
　　六、研究结论及讨论 ·· 253
　　七、对策建议 ·· 254

参考文献 ·· 270
附录 ·· 284
　　附录1　农民专业合作社调查问卷 ·························· 284
　　附录2　涉农创业农户参与合作组织意愿调查问卷 ········ 290

第一章 绪 论

一、组织创业理论

组织创业与个体创业不同，组织创业的关键在于其涉及的独特交易问题，即在不确定条件下如何进行创业决策和创业租金分配的问题，因此，政策设计的关键在于形成创业决策和租金分配制度。相关研究在公司创业方面已经取得较丰硕的成果，在多元化的组织中，许多组织都具有创业精神，通过创业精神获得在市场或相关环境中的生存。有一点是肯定的，即组织创业行为伴随组织生存的过程，正是持续不断的组织创业行为推动着组织不断成熟和发展。

要激励组织创业行为的发生，关键是要建立一种激励组织创业的内部和外部机制，尤其是组织内部要形成一种持续创业的氛围，并将这种氛围根植于组织的每一个部门和部门员工的行为中，通过正式和非正式制度的合力，推动组织创业行为的持续发生。

首先，建立完善的治理结构，有效的治理系统能够使企业家和投资者在兼顾对方利益的基础上达成一致行动（Markman et al.，2001），组织的治理结构在创业型组织持续增长过程中起到重要作用（Wirtz，2011）。这对创业型农村合作组织的发展非常重要。要维持创业型组织的成长，经营者必须拥有充分的经营决策权和决策控制权（贺小刚和徐爽，2009）。第一，要强化组织领导层，包括董事长、理事长、经理层的决策能力和企业家精神，其在创业方面的抱负水平和决策能力能够有效促进创业型组织的成长（贺小刚和沈瑜，2008）；第二，在管理层方面，提高具有创意、创新和风险承担能力的决策者的比例，不能仅仅依靠出资比例来决定决策比例；第三，有形资本和无形资本同样参与创业收益的分配。

其次，内部形成有效租金分配机制，关键是在不确定条件下如何分配创业租金。可行的方案之一是形成期权分配合约，跨时期分配创业的收益，并且逐步完善与组织层面创业的制度设计，界定和完善内部创业行为边界、租金分配的边界和流程等方面。

最后，建立一个多部门的利益协调机制，其目标是筹集创业资源，分担创业风险，降低创业的不确定性。多部门协调机制可以调动所有可调动的资源，盘活和发掘目前资源的新属性，如土地的融资功能、现有资本的抵押融资功能等，为新创业项目提供所需的资本。多部门协调可以使本组织与更多的创业型组织合作，通过学习交流，提高自身创业水平。

图 1-1 分析了在风险和不确定条件下，创业型农村合作组织的形成及成长路径。我国农村合作组织在快速发展过程中，组织的战略管理相对滞后，没有形成有效的战略管理模式。随着外部经营环境的动态性、复杂化和不确定性的增强，农村合作组织需要建立基于创业导向的组织战略以进行动态适应，通过创业导向战略来整合组织内部和外部资源，不断变革和创新，增强组织持续竞争优势，从而真正转化为创业型农村合作组织。在个体创业面临较强的资源和制度约束的条件下，通过合作组织创业将是未来农村创业的主流，创业型农村合作组织的成长和发展是缓解农村创业约束、推动农村发展的有效模式。

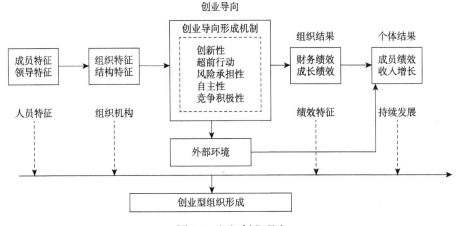

图 1-1 组织创业理论

本书所指的农村合作组织，包括农民专业合作社、行业协会等具有合作性质的农民组织。其中，农民专业合作社比较具有代表性，是在家庭承包经营的基础上，经营相同和相似农产品或农业生产服务的农民，通过自组织、民主管理形成的互助性经济组织。该组织具有社会共同体和企业的双重特性。由于大部分农村合作组织更名为合作社，为保持调查问卷的一致性，将调查问卷的被调查主体一概称为合作社，特此说明。

二、创业型组织的发展

（一）组织创业导向战略形成机制

创业型组织形成的关键是内部创业导向战略的形成，创业导向战略形成可以通过"推-拉"理论来解释。传统组织创业导向的形成，按照"推-拉"理论，其战略导向转向是拉力和推力共同作用的结果。

拉力包括组织内部拉力和组织外部拉力。组织内部拉力的关键动力来源于组织内部学习：第一，通过组织内部学习和信息交流，产生创新想法，付诸产品、技术和管理方面，内部创新性学习提升内部创新氛围。第二，由于组织内部成员之间的相互信任和承诺，通过内部学习和交流，成员之间信息交流逐步充分，尤其领导层之间，信任逐步建立，意见逐步统一，决策逐步趋同，从而保障战略的一致性。第三，内部学习推动信息交流，激励组织成员外部学习，降低外部信息的不确定性程度，了解外部资源可获得性，逐步提升组织的风险承担能力，从而形成创业导向的风险承担维度。第四，组织外部学习可以增强组织对竞争对手的了解，提高信息的准确性和可靠性，使组织更加了解市场信息，在此基础上，内部容易形成超前行动的一致性，从而拉动组织进一步先于对手采取超前的市场行为。组织创业导向还有外部拉力，如利润较高的市场机会、有利的经营环境、较为完善的制度环境和机遇等。

组织外部的推力主要来源于四个方面。第一是制度推力，在经济转型背景下，制度变迁速度较快，制度的不确定性较强，为适应快速的制度变迁，组织需要建立一个快速的反应战略，满足组织发展的需求。制度创新的推力使组织内部形成一种创新驱动，提高组织内部创新的力度和强度。第二是风险推力，组织生存的风险环境随着制度变迁逐步增强，市场竞争程度及资源可获得性的逐步增强，使得组织所面临的风险环境逐步增强，为应付更大的风险冲击，组织必须建立风险承担的战略倾向，不能回避或逃避风险。第三是市场需求变化的推动，市场需求朝多元性、差异化转变，品种和类型需求不断增加，市场机会的变化要求组织必须建立不断创新的机制，满足市场需求，市场需求的快速变化，还可以推动组织采取超前行动，满足客户的超前需求。第四是知识推力，随着组织内部高层不断学习，其对市场机会的认知得到增强，把握市场机会的能力得到提高，进行战略转换的能力增强，这推动了组织战略的转型，即向创业导向战略的转型。

（二）组织创业导向发展机制

创业导向主要强调的是组织如何行动的层面，即组织创业行为所引起的程序、实务与决策活动，如组织领导层尝试有潜力的新技术、主动把握新产品的市场机会、承担风险性投资等行为，强调的是一种动态的运作，因此，其发展机制也是创业型组织发展机制。

创业导向能够增强组织的市场竞争能力，改进组织绩效，但组织的发展会因特定的组织背景而产生差异，从创业导向过渡到组织成长并不是简单的线性关系，还存在一些变量的交互作用，如外部环境变量、内部战略变量和内部组织变量（高管价值观和组织学习），尤其是在创业导向背景下，组织学习的中介和调节作用。

此外，影响组织成长的变量不仅包括创业导向，外部环境要素（包括动态性、复杂性和产业特征）和组织自身要素（组织规模、决策结构、组织资源和组织文化）都会影响创业导向对组织成长的作用。组织外部环境的动态变化，影响组织战略目标及战略行动的选择，从而影响组织绩效变化的规模和速度。企业家创业和组织创业不同，组织创业的特质决定其影响创业行为和结果的过程。

创业导向是组织创业精神的表现过程，创业型组织参与产品市场创新，承担一定程度的风险，进行超前性的创新，获得占优的竞争优势。创业导向的具体特征为：创业型组织较少因自身资源的限制而放弃对市场机会的追求，其组织创业导向水平与组织员工的态度、领导层的态度一致，鼓励员工和领导层追求市场机会，减少员工和领导因追求市场机会失败而面临的负面结果，重视正式与非正式网络运作，通过网络运作过程中资源的重新分配与共享，表现出较高程度的创业精神。创业型组织的成长关键是如何利用创业导向来解决组织所面临的问题。在响应市场变化的管理实务方面，创业导向的组织的自主行动要具备创新和风险承担能力，面对竞争对手积极行动，积极超前行动，推动组织经营扩展和财富创造。

关于创业导向的维度至今尚无定论，其包括创新性、风险承担性、超前行动性，随着市场环境的变化，扩展不同的维度，包括积极竞争性、自治性等，创业导向已扩展到五个维度。积极竞争性是指组织成功进入市场，并改变组织目前的竞争位置，直接面对竞争对手的挑战，击败对手，如锁定对手的弱点，研发比对手更有附加值的产品。自治性是指组织内部建立基于团队的创业行为模式，刺激底层组织自主性进行创业，并将权力下放给各个部门，无论采取哪种决策模式，部门都不受拘束、独立地进行创业。如何激励组织在创业导向战略的指导下持续产生组织层面的创业行为，是组织创业研究的关键。研究发现以下几点。

1. 建构有效的社会网络

相关研究表明，社会网络对创业型组织的组织绩效具有直接的正向作用（陈逢文等，2015）。组织创业导向战略的实施，关键在于能够使组织获得创业所需要的资源，而社会网络是组织获得资源的关键途径。社会网络通过促进创业资源的获取而推动创业型组织的成长。

1）与政府建立关系网络

政府关系网络在组织成长中具有重要作用。在组织创业过程中，一些组织领导层通过与政府建立的关系，获得政府的相关优惠政策。尤其对于农业经营组织来说，在土地、优惠政策、补贴和农资方面与政府部门的关系影响了组织的经营绩效。

2）与上下游企业建立有效的商业网络

一方面，上下游之间的赊销可以为组织建立有效的融资，企业之间的借贷同样是创业资源的重要来源，与上下游建立有效的资源共享机制，使组织创业导向战略的实施能够获得丰富的资源；另一方面，企业间的网络推动了组织外部学习和信息交流，使创业型组织获得更准确的知识资源，并将知识资源用于自身创新经营方面，从而推动自身的发展。

3）建立高效的个人网络关系

组织高层领导的个人网络同样是组织获取外部资源的有效途径。第一，个人网络能够低成本地获得创业机会，通过个体之间的交流，获得市场信息，提高管理层掌握市场机会信息、甄别创业机会的能力；第二，个人网络提供创业资源，通过个人网络借贷，能够及时和低成本地获得创业资源，及时响应创业机会的需求；第三，个人资源能够有效形成创业团队，团队成员间信任的关键在于个人网络所形成的信任关系，依靠个人信任所建立的关系能够有效兑现承诺，有效保障风险的承担，使创新成果得到合理分配。

2. 组建有效的创业团队

创业团队是指由个性不同、存在一定利益关系联结、拥有所创建组织所有权或处于高层主管位置，并承担创建和领导组织责任的人组成的团体。创业团队需要具备较高的创业机会识别、开发和利用的能力；提高组织运作能力，发挥资源配置、人员协同效应；为加强组织发展管理工作提供社会网络支持；有利于营造轻松愉快的心理环境。尤其是新型风险组织的发展潜力，直接与组织管理团队的素质密切相关，创业团队的凝聚力、合作精神、立足长远目标的敬业精神，能够有效地应对外部风险环境。此外，团队成员之间的知识、资源和能力的获得、协调和平衡,对创业型组织的成长也具有重要作用。

创业团队的组建是一个复杂过程,其组建的流程也不尽相同,综合来说有以下几个方面。

1)建立创业团队明确的目标,制订组织创业计划

组织持续创业需要完成不同创业阶段的技术、市场、规划、组织和管理等各项工作,推动组织发展成熟,推动团队最终实现创业目标,并对总目标进行分解,形成阶段性子目标。确定阶段性目标后,实现这些目标需要周密的创业计划,确定不同阶段应完成的阶段性任务,最终实现创业目标。

2)选择合适的团队成员

团队成员的选择要考虑两方面。一方面,考虑互补性,选择在能力上能够与其他成员的能力和技术形成互补的成员,这种互补的目的是强化团队成员之间的合作,保障团队能力提升。一般而言,创业团队需要有管理、技术和营销三方面能力的人才,这三方面有效协调,才能使创业团队高效工作。另一方面,团队建设还要考虑团队的规模,保证适度原则,因为规模太小不能满足互补的目的,而规模太大容易分裂,无法发挥协同优势。

3)团队内部职能的分配

完成创业团队内部职能和权力的配置,需要先确定团队成员担负的职责和所享有的权利。团队成员之间职权划分必须明确,避免重叠和交叉,还要避免所有方面无疏漏。由于创业环境是动态复杂、不断变动、不断出现新的问题的,所以团队成员需要不断调整来适应外部环境的变化。

4)建构创业团队内部制度

内部制度的建立能够保障对成员的控制和激励,主要包括约束制度和激励制度。一方面,通过各种约束制度,避免成员做出不利于创业的行为,实现对成员的有效约束,保障团队的稳定秩序;另一方面,通过有效的激励机制,团队成员随着创业目标的实现,自身收益得到改善,从而有效调动成员的积极性,最大限度发挥团队的作用。

5)保障团队的凝聚力和融合程度

创业团队与组织创业行为要相互匹配,随着组织创业行为的变化,团队也需要经过持续的动态凝聚和融合过程,团队成员需要就创业的具体内容、产品和技术设计、内部和外部环境的变化、组织可获得资源的变化、市场机会的变化等,考虑建立匹配的创业团队,以保障团队成员之间的互补、协调与沟通,从而提高凝聚力。

3. 形成组织内部和外部学习机制

创业型组织的成长需要组织内部各个成员不断学习,进行组织创新,通过信

息和知识的完善来促进组织绩效的提升。

首先是组织内部学习机制的建立。组织内部学习需要对内部知识资源进行吸纳、开发和整合，进行内部知识创新，鼓励员工广泛参与组织知识创新过程，通过员工内部交流、整合、沟通，有效推动组织整体对创新、风险和机会的认识，从而在组织内部形成有效的知识体系和丰富的知识库以应对外部环境变化。

其次是形成有效的外部学习机制。有效的组织外部学习，可以通过创业组织成员个体的外部社会网络，利用社会网络的信任关系进行，学习同行、客户或具有血缘关系的关系人的知识，并进行自我加工，形成自己的个性化知识。组织内部成员可以通过网络平台进行有效学习，互联网为知识信息的有效沟通提供了快捷手段，构建了有效、快速的知识传播渠道，并且学习成本较低，可以成为创业型组织成员有效的学习平台。此外，还可以利用政府知识传播平台，由政府提供一系列的技术扩散和知识扩散的渠道，这也为创业型组织成员的学习提供了有效的渠道。

最后是形成有效的知识管理体系。创业组织应对的是更复杂的外部环境，需要有效的管理内部知识，知识管理需要保障创新性知识的安全和持续性产生，以及对市场机会有效应对的创业需求。创业知识管理体系，可以为组织提供更多的机会、更多的选择。对于创业者来说，其是将自己在创业过程中使用的知识和信息的利用过程、创业的过程所储备的知识管理进行重新整合，充分利用、充分吸纳新知识的广泛的学习过程。这种积极动态整合和管理知识的过程是创业者价值的真正体现，是组织层面创业成功与否的决定因素，此外，成功创业者的一些知识管理思想和方法，提高了对农村合作组织进行行之有效的管理的能力，增强了组织的竞争力和活力，使组织顺利进入市场中，并占据主动性和优势。

4. 建构内部有效的创业文化体系

组织文化是组织发展过程中积淀下来的价值观和指导思想、思维模式、行为方式等方面的总和。组织内部创业的形成、发展、繁荣过程离不开组织文化的影响，组织层面创业行为的发生与否，关键在于内部能否形成一种支持创业的组织文化。

1）建构内部创业型文化

从企业文化与内部创业相结合的角度，建构两者的有机融合，形成内部创业型文化，这种文化既要在文化方面"训练有素"，又要具备较高的企业家精神。内部创业型文化的成长，需要从企业家个体创业精神转变为组织内部整体的认知；从企业家个体的冒险行为、创新行为和市场把握行为，逐步转变为组织层面的行为，成为管理层，乃至组织成员整体的集体认知。企业家创业精神与组织战略融为一体，体现为组织战略规划与创新，内部创业型文化最大的功能在于激发组织成员内心创业激情，在实现组织创业目标的过程中实现个人目标。

针对农村合作组织，其成员和管理层所具备的人力资本素质，如承担风险、超前行动和创新性等普遍较低，如何形成有效的创业型文化，是创业型农村合作组织成长的关键问题。普遍的建议表明，可以通过引入具有创业精神的企业家和经理人，通过外部力量来推动组织创业精神的提升，但是，由于薪酬和农村区位的限制，许多具有创业精神的企业家和经理人不愿到农村合作组织任职。因此，对于农村合作组织来说，只能培养内生创业氛围，但是这需要一个长期演化过程。

2）形成组织内部有效的创业氛围

组织内部创业氛围是创业文化的具体体现，富含创业精神的默示性知识在组织内部蔓延，激励组织成员积极进行创新、学习，获取创业资源和采取创业行为，使得创业成为有价值的活动，即使失败了也被人尊重。内部创业氛围还表现在创业的配合上，当一个成员有一个很好的创业点子时，其他人积极配合，将这种创业点子付诸实施，或者纠正该点子中有缺陷的部分，积极完善该创业计划，并积极付诸实施。

3）建构组织层面创业惯性

组织层面的创业惯性来源于组织的持续创业行为，在动态、不确定性的市场环境中，持续创业是组织成长的关键，并且需要在组织内部形成创业惯性。创业惯性的形成关键在于降低内部创业的协调成本，如信息沟通成本、监督成本和谈判成本等不利于创业行为发生的成本，其也是阻碍创业发生的摩擦力。一方面，通过降低创业成本，激励组织内部创业行为的发生；另一方面，提高创业行为激发动力，给创业者提供充足的创业资源，并且在最短时间内，最快速地为创业者提供有效的创业资源。

组织创业理论证明，持续的创业行为能够推动组织的发展，为组织营造一个良好的生存环境，对于农村合作组织这个新型组织形式来说，如何建构创业型发展战略，是我国农村合作组织发展的重要方面。

三、我国农村合作组织发展

农村合作组织在建设现代农业、改善农村金融服务、落实支农惠农政策、增强农业竞争力、提高农产品质量、维护农民合法权益、促进农村社区发展等方面发挥着重要作用（张红宇，2007；黄祖辉，2008）。农民创业能够推动农村经济发展转型、促进农村经济结构转变、拉动农民收入、扩大就业（韦吉飞和李录堂，2010；李小建和时慧娜，2009；王西玉等，2003）。推进农民创业和农村合作组织发展是新农村建设的重要途径，需要构建一个连接两者的路径，实现两者优势的有效整合，该路径的关键在于发展创业型农村合作组织（创业型农村合作组织是以创业导向为战略定位，在经营管理过程中树立创业精神和理念的农村合作组织），促进农民创业和农村合作组织的有机融合。

我国农村合作组织总体发展水平不高，正处在建设和发展并重的关键时期（危朝安，2008；刘滨等，2009；刘宇翔和王征兵，2009）。对其的研究主要集中在以下两方面。一方面是影响农户参与意愿的问题。研究发现，户主自身特征、家庭经营农产品商品化程度、经营规模、个体经营所面临的困难程度、抵御自然风险的能力、主要农产品销售半径、农产品价格波动程度、合作组织的服务维度和质量是农户参与组织的关键影响因素（张广胜等，2007；卢向虎等，2008；朱红根等，2008）。这表明，具有规模经营特征的创业农户对农村合作组织的需求水平高于其他农户。另一方面是农村合作组织的发展问题，不同学者分别从治理机制、生产集群、产品特性、利益分配机制、集体行动、组织规模、管理人才、科技创新和技术推广、物质资本资源、人力资本资源、组织资本资源等方面分析了农村合作组织的发展（黄祖辉等，2002；黄胜忠和徐旭初，2009；孙亚范，2008；徐旭初和吴彬，2010）。这表明，合作组织急需进行管理创新来提高经营绩效。农村合作组织内部管理机制创新决定其产品和服务的市场竞争力，因此，需要探索内部管理战略对组织发展绩效的作用机制，为选择最优战略定位提供决策依据。

我国农民创业能力水平还不高，创业仍处于初级阶段（黄德林等，2007），对农民创业的研究主要集中在资本约束、个体风险态度和创业环境对创业意愿及行为的影响方面（韦吉飞等，2008；陈波，2009；程郁和罗丹，2009）；而对农民创业的组织创新重视不够（刘志荣和姜长云，2008）。随着市场转型，我国市场逐步由关系主导向制度规则主导转变，正式组织对企业绩效的作用越来越强（蔡莉和单标安，2010），其创造性和革新性不仅影响成员态度、信念、动机、价值观和行为，还能使其形成一致的创业理念，识别创业机会和提供创业资源（林嵩和姜彦福，2009；周冬梅和鲁若愚，2010）。由于正式组织供给不足，在创业过程中农民较少依靠正式组织，实践表明，组织可以降低个体的创业成本和创业风险，使个体获得创业技术、土地和资本，提高创业成功率（杨小东，2009；夏英等，2010）。

理性的经济组织会对外部环境产生适应性反应，且该反应是组织的核心问题，创业导向就是经济组织对环境的适应性反应（Dickson and Weaver，2008）。越是在动态、不利、异质的环境下，创业型组织所具有的创新性、风险承担和超前行动越能发挥积极的作用（Miller and Friesen，1982）。在处于市场化、工业化、城市化、现代化和全球化的复合进程中，农村合作组织经营环境更加复杂，市场竞争更加激烈，因此，农村合作组织必须创新经营管理方式，运用创业精神实施管理创新。然而，农村合作组织战略管理缺失问题严重（王勇，2012），随着社员和资本异质性显著增强，社员在经营战略偏好上的差异日益凸显，如何协调内部异质性成员，形成一致的创业导向的策略偏好，既是世界性问题，也是本土性问题。创业导向战略是组织内部协调的结果，形成的关键在于分析组织成员对其适应性的反应。

具备创业精神的管理者通过创新、先发制人和风险管理等行为为组织带来了竞争优势。管理者良好的教育背景将带来更智慧的能力、知识和社会关系（Hitt et al.，2001）。农民企业家在农村合作组织的产权建构、制度设计和日常管理决策中，都具有较强的影响力（黄祖辉和徐旭初，2005）。除能力之外，这还取决于成员对管理者的人品和能力的信任（Comeche and Loras，2010）。在成立组织之前，企业家必须考虑价值创造和价值分配问题，从而形成团队（Alvarez and Barney，2005）。组织领导人没有将经营管理创新作为首要选择，因此，激励管理层建立创业导向策略并使之实行是制度设计的关键。

创业导向与组织绩效的关系受到国内外学者的广泛关注，两者之间的关系受不同中介因素的影响，包括资源禀赋、创新能力、学习能力、组织结构、企业所有者特征、创业环境和创业时间长短等因素（张玉利和李乾文，2009；张捷等，2010；陈伟等，2010）。农村合作组织不同于一般商业企业，是一个由多人共同分享所有权的组织，经营兼顾社会公平与经济效率，因此其绩效衡量不仅要重视财务指标，而且要重视扶贫与促进农村社区发展。在独特的社会环境、经营宗旨和市场条件下，探讨创业导向对组织绩效的作用机制，就成为发展创业型农村合作组织的关键。现实中，异质性成员很可能会因为无法就制度制定的成本和收益分担达成一致而退出，解决的关键在于协调组织整体绩效与成员个体绩效之间的关系，所以应建立从组织绩效到成员绩效的传导机制。对创业导向影响组织和成员绩效的内部机理的探讨是政策选择与制度设计的关键。在创业导向战略的执行过程中，其成本和收益的分担是创业型农村合作组织发展机制的核心。

四、创业型农村合作组织的建构

农村合作组织逐渐成为农村经济发展的核心经营组织，其发展直接决定农村经济的发展，因此，从学术的角度，应该研究其成长的内部机制，尤其是在战略管理方面，应运用现代战略管理的方法来推动农村合作组织的发展。

（一）建构创业型农村合作组织的原因

1. 传统农业经营模式所形成的保守经营理念亟待突破

首先，农村合作组织内生于农村，其成员大都是农民，农民先天具有保守经营的特性，尤其表现在对新事物的认同和接受、风险承担和超前行为上，在对市场机会的把握上，其首先重视的是市场风险和失败后的成本分担，做事瞻前顾后，从而降低其对新事物和从事新业务的积极性。其次，农村合作组织的经营大都在农业范围内，其经营的自然风险、市场风险和制度风险本身就大，如果再承担额外的风险，其风险承受的意愿就弱，因此，就合作组织来说，其管理层和成员从事风险承担的积极性就弱。最后，我国处于市场经济转型阶段，市场的动态性、不确定性和制度变迁的速度较快，除非具备较强的信息把握能力，才能掌握市场的脉搏，而农村合作组织管理层和成员缺乏相应的信息能力，因此，其对市场机会的把握能力较差。

2. 组织结构较为简单，无法形成有效的战略管理理念

合作组织的组织结构包括产权结构、惠顾结构和治理结构，这三种结构在我国发展并不完善。首先，产权结构不完善，在我国，一方面，农村合作组织由于面临产权模糊性，内部产权不清晰，内部产权的不清晰导致创业收益的剩余控制权不清晰，从而无法有效激励内部成员进行创业，组织层面创业同样受到影响；另一方面，农村合作组织存在内部人控制问题，其典型表现是少数核心成员占组织多数的股份，这使合作组织进行剩余收益分配时，占多数股份的核心成员控制剩余收益分配，看似合理的按股分配，却背离合作组织发展的目标。其次，惠顾结构不合理，在合作组织中，普通成员应扮演惠顾者的角色，在合作组织交易中具有主体地位，合理的利润返还比例是建立合作组织良好利益分配机制、确保成员权益的关键。在我国合作组织中，就成员参与下的合作社惠顾结构，理事和监事惠顾额占比不高，惠顾集中度不高，理事长、监事长和其他理事、监事成员合作社惠顾额占比较小，惠顾制衡度较高。最后，治理结构不完善，由于农村合作组织长期以来缺乏规章制度，其并没有建立完善的治理结构，内部治理结构在合作组织战略决策、管理制度制定过程中并没有发挥重要作用。

3. 成员异质性较强，形成一致的战略理念成本较高

农村合作组织成员结构一开始就呈现高度的异质性，少数核心成员与普通成员并存，在普遍特征上，少数核心人员占相对集中的多数出资额，控制权主要由少数拥有一定资源的和较多出资额的核心成员掌握，在战略管理控制及组织层面

创业决策上，少数人内部控制有助于战略形成，但是，内部成员异质性增强不仅表现在核心成员和普通成员之间，而且更大程度上表现在核心成员组成内部，核心成员内部构成的异质性增强，这在一定程度增加了核心成员在战略选择一致上的协调成本、谈判成本和战略执行成本，同时，异质性成员之间的相互协调要花费一定的时间，决策时间的延迟使组织很难抓住稍纵即逝的市场机会，从而不能及时响应市场，获得基于时间的竞争优势。

4. 成员农户资源有限，在风险承担上很难达成一致

一方面，农村合作组织成员都是农村基层劳动者，其拥有的资源有限，不能有效聚集市场创业所需要的资源，通过集体众筹的方式来创业，由于资源投入数量的不同，不同成员在风险承担方面很难形成统一的决策，因此，在组织层面要形成统一的风险承担战略思想，需要较大的协调成本。另一方面，投入资源较少的农户，由于创业失败所承担的损失较小，其风险承担倾向较强，而投入资源较大的农户，为使其资源在创业失败后遭受较小的损失，一般风险承担倾向较弱。不同资源的风险投入在风险承担方面不能形成激励、相容的一致倾向，从而导致农村合作组织风险承担倾向较弱。

5. 没有形成有效的退出机制，成员之间信任程度较低

农村合作组织还处于松散连接阶段，没有形成有效的退出机制，成员之间信任程度较弱，当面临组织层面的创业经营失败后，成员之间因信任程度较低，会竞相采取机会主义行为，松散的连接很快就崩溃，从而导致组织创业具有较强的脆弱性。

6. 成员整体信息能力较弱，无法有效把握市场机会

与农业经营企业相比，农村合作组织无论在资源，还是在信息能力上，都不能与农业企业竞争，超过对手采取超前行动也就更无法实现。关于农村信息化基础设施，在合作社成员对信息的搜集能力、加工能力，信息的搜集成本，社会网络功能的发挥，与政府部门、科研部门及高校等机构的协同能力等方面，农村合作组织都不如农业企业，这导致农村合作组织不但无法超前于农业企业，而且远远落后于农业企业，在与竞争对手竞争的过程中，其很难超前于竞争对手采取的市场行为。

7. 政府支持力度不够，农村创业资源获得能力较弱

对市场机会的把握需要一定的资源支撑，农村合作组织获取资源的能力较弱，并且资源分布不均衡，导致很难形成创业性市场行为。首先，社会网络是获

取创业资源的主要手段，无论在规模还是质量上，农村合作组织的社会网络规模都相对落后于竞争对手。其次，与政府建立良好的关系是获取制度资源优势的一个重要途径，政府对合作组织的信任程度不高，在资金、技术和政策方面支持力度不够，则不能支撑农村合作组织创业所需要的资源需求。最后，合作社创业所需要的特殊资源，如土地、劳动力和技术，来源比较狭窄，受区位状况的影响较大，成本较高，如果没有政府支持，则很难获得。

（二）发展创业型农村合作组织的必要性

1. 农村集体经济组织发展缺位，急需替代性经济组织

随着家庭承包经营模式的发展，集体经济组织无论在经济功能，还是在制度支撑方面，都无法成为推动农村经济发展的主要动力，因此，需要找到一个替代其的经济组织，通过经济组织的成长，推动农村经济的发展。首先，基于地域范围建立的农村合作组织，通过地缘、血缘建立，其在发挥土地资源、金融资源和劳动力资源聚集上，与农村集体经济组织类似，具有先天优势，在村域范围内认同感较强。其次，合作组织在产权方面，具有合作的特征，这与集体经济组织具有相似性，尤其在"三权分置"和城市化条件下，农村合作组织对于农民来说，在农村资本中具有托管的性质，如果没有合适的组织来管理并发挥这些资源的优势，那么会造成进城农民资产的流失。最后，农村合作组织在一定程度上保障了农村居民农村资产的收益权。例如，合作组织承包经营土地，组织创业经营，使得资产增值，获得资产性收益，这些收益保障了进城农民和留守农民资产的收益权，从而有利于社会安全和稳定。

2. 创业推动农村合作组织转型，培育农村新型经营主体

对于农村合作组织来说，其内部的治理结构、产权结构和管理制度，使之与传统企业不同，所以无法像传统的企业那样，进行组织层面的创业，但是，创业是推动经济发展的动力，组织如果不进行持续性创业，将无法提高组织的生存能力，因此必须用创业的战略来指导农村合作组织的发展。首先，新型农村合作组织承担农业生产和粮食安全的重任，其可持续发展需要通过创业导向来满足变化较快的市场环境，满足城乡食品需求和安全，面对较快的消费需求的变化，需要建立一个动态的战略机制。其次，在"大众创业、万众创新"的时代，农村合作组织作为经济环境中的一员，其不可避免地会受到时代氛围的影响，因此应建立创业导向的战略，提高自身的创业意识。最后，农村合作组织是一个集体行动的组织，集体行动要求组织战略导向，这种战略导向必须满足集体意愿，在满足集体获益的基础上，创业型组织能够满足集体需求，指导成员采取集体行动。

3. 发展创业型农村合作组织，同时也是市场转型的要求

农村合作组织是一种独特的社会经济组织，既有企业属性，也有社会属性（徐旭初，2013），这种双重属性决定其既要参与市场竞争，又要普惠社员，这种双重属性要求该类组织既要进行经济创业，又要进行社会创业，既要满足组织营利的目的，还要普遍提高成员农户的收入水平。

农村合作组织双重创业（经济意义上的创业行为和社会意义上的创业行为）属性要求其内部必须建立创业导向的战略，不过这种战略与单纯的谋利企业相比，更具有自身的特性。这种创业型组织需要重视成员的双重反应，一是核心成员的反应，这些成员提供较多的资源，并且具有剩余控制权，其主要目的是通过组织的创业活动来谋利；二是普通社员的反应，由于其提供资源不多，并且不具备剩余控制权，其更多的要求是通过组织创业来获得普惠利益。这两种不同成员之间目标的冲突，其实质是经济创业和社会创业的冲突，在一个组织内部要协调好这两种创业导向，就需要建构一种对两者都有效的耦合协同机制。

（三）建构创业型农村合作组织形成机制

1. 合作组织创业能力的培育

组织参与市场竞争，获得核心竞争优势的一个重要途径是提升创业能力，因此，创业能力的提升也是形成创业型农村合作组织的关键。Boso 等（2013）研究认为，创业能力提升的关键在于组织内部创业精神的培育、市场导向和组织社会网络三方面的有机结合，因此，本书建构了如图 1-2 所示的组织创业精神形成机制。

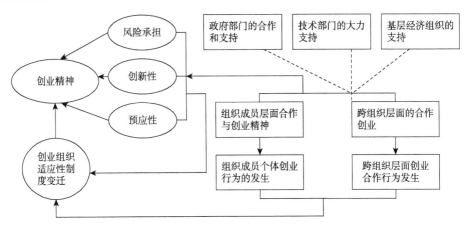

图 1-2　农村合作组织创业精神形成机制

组织创业精神是指组织内部具备企业家精神的管理层，通过对市场机会的创新性挖掘，并通过承担风险和采取超前行动，进入某一经营领域的精神状态。其使组织持续性地保持新进入的状态，这种持续性的组织惯性成为一种组织战略管理倾向，在这种组织惯性的带领下，组织能够持续性地进行创业。创业精神的维度及其内涵见表 1-1。

表 1-1 创业精神的维度及其内涵

维度	内涵
创新性	是指组织对创意、新构想、新事物、新程序或实验活动，以及从事新产品/服务开发，或引进新科技程序来解决问题的支持程度或倾向
竞争积极性	是指组织为了进入市场或提高市场地位，向竞争对手发起挑战的努力程度
风险承担性	是指组织经营者或管理者对资源做大胆且具风险性承诺的倾向程度
先行性	是指预期未来需求变化可能带来的机会，而率先有所行动的倾向

（1）创新性。创新有技术创新、组织创新和管理创新等类型，具体体现为产品、生产方法、新市场、新原料、新供应来源、新企业组织形式。其反映一个经营组织从事和支持那些可能产生创新内容的事项的倾向。创新性在创业过程中的作用最早被描述为"创新性破坏"的经济过程，即通过引入新的产品和服务，将原有市场结构打乱，在资源投入能够为组织创造竞争优势、价值和财富的事业中，创新性也成了创业导向的重要因素。

无论哪种创新行为，都反映了组织寻找新机会的手段和方法，都是创业导向的重要维度，在当今变革迅速的环境下，高效生产、吸收和开发创新是组织获得竞争优势的重要手段，创新性是组织创业战略的一个重要部分，是创业型组织生存的基本保障，在竞争环境下组织创业成功后需要去追求连贯性的技术创新战略，通过创新来推动组织创业行为的执行速度和有效性。

（2）竞争积极性。竞争积极性是组织为了进入市场或提高市场地位，向竞争对手发起挑战的努力程度。组织在市场上采取主动竞争的态势，是组织获得创业机会、形成竞争优势的重要手段，而且能够使其先于对手获得经验，是生存和成功的关键。竞争积极性的一个重要特征是对竞争对手的积极响应采取面对面的形式，直接响应竞争对手，主张在市场上彻底排斥竞争对手，而非保持和平共处的态势。竞争积极性可以被看成非传统竞争手段强化市场地位的倾向，如挑战市场领导者、分析及锁定目标对手的价值增值的弱点、发展高附加值的产品，如果是处于优势地位的组织，可以通过竞争积极性威胁竞争对手，而处于弱势地位的组织，则凭借竞争积极性来保持自身的市场地位，或者获取行业的领导地位。

（3）风险承担性。风险与收益相伴，并不是所有的创新都能带来增量收益，在组织创新活动中，有些因素是可控制的，如创新投入及要素组合，但是还有一些要素是不可控的，如国家政策、法律方面的变化。这些不可控的因素被称为风险性因素，组织进入一项新的经营事业，必须承担风险。风险承担倾向只有依赖组织企业家的胆识才能建立，从而推动组织高级管理人员在面对不确定性时采取风险承担的态度进行策略与投资决策。风险承担推动组织将大量的资金、人力和物力放在高风险报酬的投资上，没有一定的风险承担特质，组织不会采取创新行为，因为其对市场环境的反应较为迟缓，不能及时把握市场获利机会。

（4）先行性。先行性是指组织能抢先进入潜在市场，追求不清晰的商业机会，是创业精神的一个重要体现，反映了一个组织的前瞻性视角和寻求机会的行为。主要描述组织通过对市场信息的分析，抓住市场机会，从而占据市场领先地位，是创业型组织生存的重要影响因素，直接决定组织获取所需机会的概率，这些机会将改变运转的方向和力度。此外，这些超前的意识给组织带来最快的预期和判断，使组织在新事业中获利，缩短产品和服务的生命周期。先行性与竞争积极性概念不同，先行性是组织在进入新事业的过程中发现和寻找创业机会，这种机会通过首创精神来改造其所处的环境，不仅影响需求趋势，甚至创造需求。相较于对手而言，时间上超前发现顾客需求并给予其满足，是在时间上所占的优势，并争取首先满足消费者需求。

Miller 和 Friesen（1983）认为组织层面创业精神是指组织管理层接受企业家精神的流程、实务，以及决策制定的倾向，并将创新性、风险承担及预应能力转换为组织偏好特征，可以概括为组织内部创业活动行程的内在驱动程序。

首先，加快农村合作组织产品和技术的商业化程度，使其快速进入市场（Clausen and Korneliussen，2012），将产品和技术快速转变为市场行为，推动组织内部不断进行创新，使创新成为市场化压力的一种结果，这种创新推动需要政府部门、技术研发部门和基层组织的支持，其为产品和技术的快速商品化提供资源方面的支持，包括资本、技术和劳动力。其次，组织和成员层面就创业决策形成有效的协同机制。对于组织内部来说，实行弹性决策体系，在核心成员和普通成员之间建立开放性沟通机制，充分吸收普通成员的意见，改进组织决策流程，能使组织决策具有广泛的认同性，并使创业决策涉及的成员进行有效的沟通，使普通成员和核心成员能够就创业决策形成有效协同，并简化处理流程。最后，进行跨组织创业精神的学习，通过跨组织合作，就市场机会进行把握，筹集资源进行创业，从而提升农村合作组织创业发生的频率，通过不断实践创业行为，形成组织内部的创业惯性。

2. 组织合作能力的培育

组织层面的创业是一个资源互补、知识互补和信息互补的过程，在组织内部建立基于信任的合作关系，是组织层面创业能力培育的关键，如图 1-3 所示。

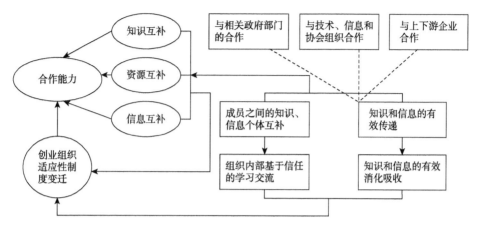

图 1-3　组织合作能力的培育

　　合作能力的培养需要从合作方的需求开始，通过合作形成的组织各求所需，关键在于资源、信息和个性三个方面的需求，这三个方面同时也是创业行为所需要的关键因素。首先，异质性资源的获取和整合是组织进行创业的有效手段，异质性资源来源有两个方面，一是从组织外部获得，包括政府部门、技术和行业协会等第三方组织，二是上下游企业等，与这些部门搞好关系，建立良好的合作关系，有助于农村合作组织从外部获得创业所需要的资源。其次，组织内部基于信任关系建立合作关系，组织合作的基础是相互之间的信任，信任作为资源交流的工具性手段，推动组织内部资源和信息交流，从不断的重复博弈过程中强化信任，保障创业资源的有效获得。最后，合作能力的提升还需要资源的整合，并推动组织内部适应性制度变迁的程度；资源筹集和资源运用是两个方面，合作组织筹集来的资源，只有被有效运用于组织内部创业，才能发挥合作的作用，合作的基础是创业利润的被创造，因此，内部资源互补功能的发挥，才是合作能力培养的基础。陈熹等（2015）的研究发现，组织合作网络的多样性及联合解决问题的能力显著影响创业型组织的绩效；合作者在价值链上的广度和质量也显著影响组织绩效（江玮和王奎，2014）；合作网络和创业精神共同推动组织绩效的发展（冯军政等，2015）。合作能力的培育是创业型组织形成的关键，通过提高组织层面的信任关系，组织内部不同层次的具有创业精神的管理人员和成员之间建立互动关系，通过互动建立集体行为来提高组织层面的创业精神（Toledano et al.，2013），并通过团队工作和集体努力，优化一个整体的组织集体行为，形成组织的内部合作，创造更多的创新行为（Comeche and Loras，2010）。

3. 组织学习能力的培育

创业能力的培育需要组织学习机制的完善，组织学习分为内部学习、外部学习和自我学习三种，学习能力是创业型农村合作组织培育的关键，如图1-4所示。

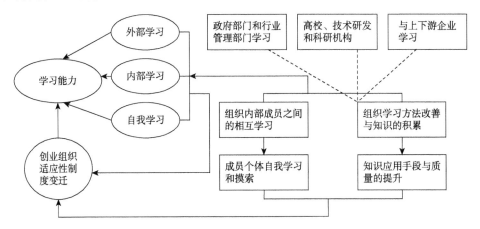

图1-4　组织学习能力的培育

组织外部学习中，可学习的对象较多，组织创业能力方面有三大类学习对象。首先，政府部门，包括政府部门的法规、政策等制度层面的知识，可以保障组织创业在法律和法规所允许的范围内进行，这也是获取政府扶持信息的基础，这种学习在一定程度上可以降低创业的不确定性，提升组织承担制度风险的能力。其次，组织外部学习还包括从竞争对手、技术研发等部门学习。产品和技术的创新来源于不断的外部学习，产品和服务创新对于合作组织来说，是一个系统工程，其不仅是组织自身的问题，还来自于市场需求方和公共研发部门，因此，通过与这些部门的学习，可以提高创新发生的概率，降低风险发生的概率。最后，组织内部相互学习和自我学习。组织内部知识资源分布并不均衡，技术人员、管理人员都拥有个性化知识，这些知识具有互补性，能够满足创业对知识需求的多元化要求，因此组织内部学习氛围的形成是创业型组织培育的基础。创业型组织首先是一个学习型的组织（颜士梅，2006）。对于创业型组织来说，利用式和探索式学习对组织绩效有显著的促进作用（周勇和凤启龙，2015），经验学习和认知学习对企业绩效具有显著的促进作用（蔡莉等，2014）。

（四）创业型农村合作组织发展机制

创业型农村合作组织发展的实质是组织创业的可持续性问题，其关键在于创业成果的分配机制，如果建立可持续的创业收益的控制和分配机制，那么创业型组织就能实现持续性成长。

创业不同于其他企业经营行为，其结果具有不确定性，如果创业失败，那么创业将不可持续，连续的创业失败将导致组织的崩溃；如果创业成功，则面临创业组织租金的分配问题，如果分配机制不具备激励相容，则后续将无创业行为可进行，如果租金分配具备激励性，则组织将发生连续的创业行为，如图 1-5 所示。

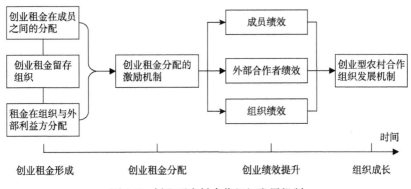

图 1-5 创业型农村合作组织发展机制

农村合作组织是一个多人分享所有权的组织，其发展之初具有兼顾公平和效率的双重目的，在独特的环境下，异质性成员可能无法就创业的成本和收益分担达成一致意见而导致组织失败，解决的关键在于组织内部应形成激励相容的创业租金分配制度。激励制度的关键在于激发异质性资本所有者不断发掘资本新的属性，并对市场持续关注，形成有效的市场敏感性。作为中国"农村精英"的农民企业家是农村合作组织制度的创设者和实际控制者，无论是在最初的产权建构、制度设计，还是在日常的管理决策中，都拥有着突出的影响力（黄祖辉，2008），其个人魅力是提高组织绩效的关键影响因素（戈锦文等，2015）。创业型组织内部资源获得和价值创造是独立的（Villanueva et al., 2012）。因此，在成立组织之前，企业家必须考虑价值创造和价值分配问题来形成团队（Jantunen et al., 2005），这样才能保证持续创业行为的发生。首先，租金在内部分配的问题，涉及核心成员与普通成员诉求的不同，需要企业家进行创新性制度生产，保证集体行动的发生。租金在积累和消费之间的分配，涉及组织可持续性投资与短期消费问题，持续创业需要一定积累，但与某些成员的消费需求不一致。其次，在组织与合作者之间的分配，这个问题关系到组织创业网络的可持续问题，如果不能正确处理，将导致已形成的创业网络崩溃，组织创业将不可持续。

创业型农村合作组织发展机制需要建构以下三方面的体系，即企业家精神、可持续的创业精神和合作能力。

1. 组织内部的企业家精神

企业家是组织内部制度的设计者，创业租金分配制度的创新设计也源自企业家，企业家通过自身的协调能力，在组织管理顶层快速形成决策，通过制度的适应性调整来协调集体行动，从而形成内部可持续性创业。集体创业精神的形成也是一个十分重要的方面，异质性资源如何整合以适应创业目标的实现，这就需要集体创业精神，由于合作组织是一种松散的连接，所以形成集体行动的成本较高，集体创业精神的形成需要不断、重复的博弈，并依托非制度性信任才能逐渐形成。

2. 组织内部创业精神的持续发展

组织内部形成持续性创业精神，关键在于绩效提升方面，包括组织、成员及合作者的绩效能否通过持续创业得到提升，创业精神的可持续性来源于对创业租金的追求，不同利益相关者对租金追求存在差异，而租金分配制度或方案是有限的，因此，如何建立有效的租金分配方案，使各方的绩效都得到提升，才是组织内部创业精神可持续发展的关键。

内部实施项目型创业模式，针对一个创业方案，按照成员意愿组成创业团队，并按照创业方案筹集资金和分配租金、承担风险，通过收益和投入、风险承担相匹配来推进组织内部持续创业。这种模块式创业在组织内部实行项目制，在个体协商的基础上组成创业团队，在团队内部募集资源传递创业想法，并在组织内部建构一个新的工作组，将创业行为和精神融合于工作组内部，形成基于创业行为的联合体。一个合作组织内部可以有不同的创业小组。创业小组的行为和绩效相匹配，可通过绩效来提升组织内部创业积极性。内部创业精神的可持续性，不仅以创业行为为基础形成，还可以以具有魅力的领导行为为基础形成，具有魅力的组织领导人依靠自身魅力和追随者的从众心理，使组织创业精神持续形成并得到发扬。

3. 组织内部合作和跨组织合作能力发展

通过建立创业网络、通过网络成长来推动创业型农村合作组织的成长。创业网络内部分为两部分，即资源网络和产业网络。一方面是资源网络，创业需要可持续的资源，这些资源包括有形的资本和无形的知识资本和信息，组织通过自身社会网络，进行关系运作来获得组织创业所需要的资本，并且降低资源获得的交易成本。利用社会资本来获取社会利润是创业成功的必要条件（Jantunen et al.，2005）。另一方面是产业网络，合作组织依靠市场交易关系，沿产业链横向或纵向扩展，通过横向或纵向整合，形成组织的产业网络，产业网络为组织创业提供市场信息、机会和需求，从而推动创业转型。

基于跨组织合作网络形成的资源和产业网络，并不能转化为实际的创业能力，需要经过组织内部的消化吸收，形成组织的开发和探索能力，这需要组织管理者必须创新管理机制，实施"保留—选择—创新"的管理机制，在原有组织创业基因结构的基础上，选择优良的结构进行遗传，而对不适应环境的进行选择性创新。通过组织的吸收和转化能力，可以提高组织对资源的整合能力和对外部信息的加工能力，提升创业的专业化水平。

首先，网络质量的提升是一个重要方面，网络质量表现在规模和质量两个方面，规模表现网络的广度，如与政府、科研机构、高校、农资和技术推广机构的合作关系，与上下游企业的合作关系，与风险投资部门的关系等。质量表现网络主体在农村合作组织创业方面的贡献程度，这种贡献程度决定了资源获得成本。网络质量是指网络节点之间的信任程度及互惠程度。首要的是应加强网络主体之间的信任关系，这需要合作组织在交易过程中，避免机会主义行为，降低与组织合作者的交易成本，建立良好的口碑，从而形成网络主体之间的互惠机制。

4. 内部网络的形成与发展

组织内部网络成长关键在于创业租金的配置，创业租金配置的关键在于创业租金分配的边界、主体及分配的比例。分配的边界可以以项目组的方式来决定，并且按照贡献程度的不同来决定。而创业租金分配的比例，可以依照组织的顶层制度设计和战略规划来制定。组织内部社会网络建设的关键还在于创业过程中的重复博弈，以及博弈过程中内部网络节点之间所表现出的互惠机制，通过建立高质量的内部互信机制，可以实现创业型农村合作组织的可持续成长。

第二章　创业型组织理论研究

一、创业型组织的定义

创业型组织是学习型组织，通过学习，不断重组要素间的关系，实现资源动态的平衡配置，从而成功完成组织的创业行为。创业型组织是一个关系网络，是一个以中心创业者为核心，由组织内部、外部、顾客、供应商和投资人构成的网络型组织。

传统观念认为，创业型组织是还处于初创阶段的企业，还没有作为完整组织的详尽特征，如缺乏完整组织所具备的技术结构、行政支持部门、人员配备等。各项组织行为还未形成规范化运作，内部缺乏规划、培训及沟通行为，内部协调很大程度上依靠创业者，各项重大决策高度集中，这些特征多表现在初创企业。作为初创企业，其战略决策一般集中于关键人物，很少超过一人，因此，初创企业的战略决策简单易控。关键原因在于简单的环境更容易理解和把握，从而能使其快速做出准确决策，并对所做出的决策实施有效的控制。在技术系统方面，初创企业并不具备复杂的技术系统。

在本书的分析中，创业型组织并不只是初创企业，更多的是具备较为完善的行政、决策和技术体系的完善组织，本书分析的是组织内部如何形成创业导向战略，通过组织内部创业导向战略的形成，推动组织绩效的提升。

二、创业型组织的类型

创业型组织的分类，关键在于组织建立的根基和组织创业导向战略形成的根基两方面，在分析组织建立的根基与战略形成时，一个非常重要的概念是不确定性，其适用的理论有两种，一种是交易费用理论，一种是不完全契约理论。创业导向战略是指在不确定的环境下组织的决策模式，因此，组织决策权和剩余控制权是决定创业型组织类型的关键，本节按照决策控制权和剩余控制权两种特征来分析创业型组织类型。

（一）以创业团队为基础的创业型组织

依据交易费用理论，组织一个企业对交易进行治理，目的是通过管理权力来防止机会主义行为，推动交易双方进行专用性投资，在不确定条件下，传统意义上的管理权力无法有效实行，机会主义发生的两个条件，即契约的不完备性和交易者之间的彼此不信任。在机会主义行为假设下，一个相互信任的团队共同创业，在该类型组织中，企业决策机制不是层级的，而是扁平的，在参与创业的团队中，人员平均分配权力。

基于团队的创业型组织，其特征是由几个创业成员主动相互合作成立，其中的关键问题在于即使知道合作产出的情况，也很难度量每个成员的贡献。如果不确定性进一步拓宽，那么不但创业团队内部成员的贡献率难以确定，而且创业成果也难以确定。基于团队的创业可以解决交易过程中不同治理机制的问题，创业团队的建立，通过成员之间的信任关系解决资产专用性投入的问题，能够使团队利用市场机会进行创业。

在团队的创业型组织里，团队成员集体公平分享决策权力和剩余分配权力，随着创业团队成员对外部市场环境的逐步了解，其对市场发展现状和未来趋势的评估越来越精确，此时，不确定的环境将逐步被风险环境替代。当然，在风险状况下，由于团队成员较高水平的专用性投入，其治理模式可能继续成为有效的治理机制，然而，通过层级管理监督来进行治理的方式也成为可行的选择。关键是在企业所面临的不确定的环境向风险环境转移的状况下，以团队为基础的治理模式的成功方法无法适应传统管理下的监督和控制。

（二）以专家为基础的创业型组织

不完全契约理论研究表明，那些在交易中能够获得最大收益的一方，将会获得剩余权益的收益。在不确定环境下进行创业，事先并不知道创业的收益，也不知道什么人会在创业中获得最大收益，虽然不能通过对未来不确定收益的估算来决定谁掌握企业决策权，但可以估算创业参与者个人的机会成本来确立创业组织利用市场机会的决策。考虑到以下情形：两个人通过资产专用性投资来组建一个组织，这项专用性投资的结果事先并不确定，因此，在不确定环境条件下，两人并没有形成相互关系，通过合作团队建立创业组织不具备条件，这两个人专用性投资已知，所以，每个人进行投资时需要付出一定的机会成本，而且机会成本与正在投入的企业没有关系，其取决于他们将目前的能力和资本投入创业组织所要付出的代价，这种代价构成其创业的机会成本，每个人投入其他领域的机会成本已知。在两个人进行创业的状况下，一个人机会成本较高，另一个人较低，机会成本较高的考虑获得的收益较高，在这种情况下，机会成本较高的创业者更容易被激励将创业组织价值最大化。尽管环境是不确定的，但有激励将创业组织的价值最大化的一方将成为组织决策权力的控制者。如果机会成本或机会成本的概率已知，即使没有相互之间的信任，创业组织也能将决策权交给机会成本较高的成员。

基于专家的创业型组织类似于传统的科层结构，组织领导人的决策权力并不是由他们的监督和控制能力决定的，而是由他们参与创业组织的机会成本决定的，创业组织中具有决策权力的对创业成功最具技术支持的人称为专家。在这种组织里，专家型领导掌握组织的决策权力，而决策权力的分配也取决于专家特定的知识和技能。组织剩余权力会在成员之间分配，分配方式由专家决定。

如果集体创业成员机会成本已知，或在概率上已知，而且不同创业成员之间有较大的成本差别，具有最高机会成本的成员将拥有决策权。随着组织的成长，其也同样面临权力转换的问题，这主要是因为环境发生了改变，组织未来的结果已知或在概率上已知，组织内部权力配置也将发生变化。组织内部会对决策权力和剩余权力的分配进行再谈判，在这样的谈判过程中，组织虽然会存在，但会以一个新的形式存在，如果谈判成本过高，组织就会瓦解。

（三）基于魅力的创业型组织

如果创业机会成本相差不大，创业者之间还未形成信任关系，那么创业组织的形成则依靠创业者的魅力。所谓的魅力是指一个人对组织未来愿景或成功的原因具有独特的看法和见解。这种独到的见解能够让人聚集在其周围，组建一个阶层组织，在极端情况下，组织内部其他人员的价值观、认知和行事逻辑都会被这个具有魅力的领导愿景替代。

在魅力型创业组织中，具有魅力的领导者通过自身独特的能力，使组织运营超过常规，而且在不确定环境下，可以通过纠正成员的愿景来影响他们的行为，这种组织在市场和工作环境发生快速变化的情况下容易出现。成员们相信，魅力型领导能够在不确定条件下领导他们实现目标，因此，能够激发较高的忠诚和资本性投入。魅力型领导对创业型组织具有决策权和剩余控制权。当环境转换时，魅力型创业组织也面临内部权力再谈判的威胁。

三、创业型组织的演变

（一）创业型组织与环境协同演变

创业型组织演变，关键在于内部创业导向战略的形成，战略管理认为，战略是组织对外界环境存在压力的一种适应性反应，外部环境决定了组织战略，组织决策的目标是适应环境，满足外部环境的要求。同样，组织可以通过战略决策从外部环境获得资源，影响和改变竞争环境。组织要根据环境的变化改变战略，以适应环境，创业导向战略就是企业为了适应外部环境，开发环境中的机会，实现组织的可持续发展。因此，创业型组织的形成，与外部环境密切相关，外界环境充满压力、风险和机会，这些不同的方面促使企业形成创业导向战略，逐步形成创业型组织。

我国处于转型背景下，环境处于多变状态，这给组织生存带来了不可忽视的压力，新组织为实现生存和持续发展，应该从战略与环境的协同演化视角分析创业型组织的形成，这对组织战略提出了更高的要求。战略形成与环境密不可分，第一，新组织资源有限，风险承担能力较弱，需要适应环境变化，实现短期生存。第二，作为新进入者，组织必须主动适应和改造环境，才能形成先发优势，实现超前行为。面临环境变化和新入劣势，组织通过与外部环境协同演化的战略，实现组织持续成长。

创业型组织的演变一般经历三个阶段，首先是萌芽期。在该期间，组织外部生存环境的不确定性增加，组织生存压力变大，经营结果变得更加不确定，原有的产品和市场萎缩，导致企业经营面临困境，在此状态下，组织面临生存危机，在该压力作用下，组织领导层依据对市场的判断，分析组织产品转型和市场机会的重新把握，力图突破困境。在此过程中，主要有三方面的问题：一是产品创新或管理创新，即如何通过创新来应对危机；二是如何应对风险，风险承担成本如何分摊，如何通过制度创新来激励领导层、管理层承担风险；三是如何将组织信念、理想转化为实际行动，并且比对手更早投向市场。其次是形成期，创业型组织形成期的边界比较模糊，成熟的创业型组织比较注重内部和外部动态学习，注重通过学习持续创新，在组织内部形成较为成熟的风险分担机制，通过不断的风险承担行为，超前对手采取行动，从而成为行业或区域的领头羊。最后是衰退期，由于持续创新机制不断消耗资源，当资源不足以满足创新需求，并且内部风险承担机制不能有效支撑风险承担行为时，创业型组织就逐渐转为常规企业，靠产品市场份额和既定的竞争优势获取利润。

制度环境的演变，同样也会推动合作组织创业转型，尤其是正式制度环境和非正式制度环境对合作组织的影响，组织根据外部制度环境的约束，通过一系列的战略行为来管理环境，并通过参加政治活动积累的社会资本或提高人力资本水平来缓解外部环境的约束。

农村合作组织通过参与政治活动而构建的社会网络和形成的社会资本，有助于合作组织获取创业和学习所需资源，并有助于组织融资、获得土地和劳动力。直接触发组织创业活动的是社会网络，通过社会网络还可以缓解外部正式制度环境造成的压力，支持弱制度环境下的组织创业，在行政认可上给予优先权和赦免权，获得企业支持和资源。此外，向有经验的创业者学习，能够有效应对腐败或非市场环境下的组织创业，有助于推动组织创业的技能发展并增强其信心。

（二）组织学习与创业演变

组织为适应外部环境变化，需要通过正式和非正式活动增加知识，学习是组织调整行为、适应外部环境的过程。在转型背景下，环境的变化在带来大量机会的同时，也带来风险和不确定性。就组织生存环境来看，存在较大的风险和不确定性，实现组织目标离不开有效的学习：第一，通过学习能够掌握与外部环境有关的信息，如市场需求和技术变化信息；第二，学习过程是组织内部成员之间的信息交流、相互认同、相互理解的过程，通过学习提高相互之间的信任程度，提高组织内部信息流动的速度，从而有助于形成统一的决策和战略；第三，组织内部学习能够有效解释组织战略形成，通过完善知识体系和组织结构，提升战略决策质量，从而有效形成创业导向战略。

（三）组织适应性创业反应

农村合作组织与其他组织相比，其物质资源、社会资源、制度资源相对缺乏，如果不能在资源和制度缺乏的条件下实现创业，那么农村合作组织将很难生存下去，只有"无中生有"，在现有的资源约束环境下，通过现有资源，适应性地服务于新的机会和挑战，才是农村合作组织生存和成长的有效途径。在不同的资源基础条件下，组织创业并非完全依赖资源环境和资源情景，而是通过创造性地利用现有资源，以更低的成本和更快的响应速度，支持组织的新业务创建，并获得新的竞争优势，从而建构一种独特的农村合作组织成长路径。

农村合作组织创业，是资源约束环境下的一种组织生存模式的创新，利用组织零碎的、被忽视的，甚至被拒绝的资源进行选择性整合，从而产生非比寻常的新价值，同时，有助于组织提升组织资源识别和认知能力，建立组织难以模仿的资源优势。组织创业导向战略作为一种融合创新性、先动性及风险承担性的创业态度和意愿，在有限资源约束下的创业资源整合、机会识别和团队组建过程中，其起到关键作用，是在资源约束条件下，实现组织创业成功的关键。创业导向塑造了农村合作组织创业的态度或意愿，促使农村合作组织在行为选择时更倾向于采用创新思维和先于竞争者的前瞻性行为，使其具有对风险、混沌与挫折更强的承受能力，提高组织在市场中存活的可能性。环境和不确定性的影响，尤其是农村合作组织数量激增，使成立时间较短的新组织难以在市场上整合资源并形成相应的组织能力，其行为特征与正规成熟的企业明显不同。因此，需要构建创业导向战略来应对不确定性环境和约束环境。首先，创新不仅是新产品和服务的推出，也不只是新技术与组织结构变革，更是一种新颖、独特的能力和思维方式，有助于组织打破常规、另辟蹊径地设计解决方案，得出原本不可能实现的问题解决途径。其次，先动性强化组织进行资源整合的能力，使其及时响应市场需求，帮助自身在市场变化产生不利影响前做出适应性反应。最后，风险承担是组织整合资源，大胆创业承担风险的倾向，使组织能够容忍失败，允许不确定性的存在，积极面对挫折，减弱组织成员改造惯例、规则和流程时遭受的风险，以创业导向推动组织创业活动。

四、创业型组织的核心竞争力

创业型组织的核心竞争力来源于以下三个方面。

（一）持续创新能力

创业导向的核心维度就是创新，持续创新存在于技术、产品、管理体制等方面，是组织获得核心竞争优势的源泉。组织内部持续创新能力来源于组织成员的行为选择，如果内部成员选择保守、风险规避或避免新生事物产生的行为，那么就很难获得持续创新能力。持续创新能力表现为以下三点。第一，产品和服务的持续更新，价值的持续提升和需求的持续创造，这主要是指组织产品和服务的创新方面，是组织生存的创新基础，这种持续创新要求组织紧紧把握市场的脉搏，准确预测市场需求的变动，并有效调动资源进行响应。第二，组织内部管理的持续创新，管理创新主要表现为内部组织结构管理、行为管理、制度管理和创新管理等方面的创新，通过内部结构、制度等维度的转变，组织的管理更加适应市场需求。第三，认知创新主要体现为组织要适应时代的需求，对当前和未来的发展方向和趋势有一个正确的认识，并能将该种认知应用到组织的管理中去，如结合行业、技术、组织模式等创新认知来提升管理水平。

（二）风险承担行为和能力

与保守的企业经营行为相比，风险承担的组织能够敢于尝试新的事物，抓住新的机会，并通过承担风险来获得额外的收益，从而更具竞争优势。首先是风险承担的结构方面，组织在风险承担方面的结构性是否稳定，直接决定组织风险承担能力。例如，在组织内部，形成有效的风险配置和应对的责任机制，使得每一个承担风险的个体和部门能够获得与之匹配的风险收益，这样的风险承担结构能够有效激励组织内部的风险承担能力。其次，建立组织内部有效的风险分散机制，通过内部决策的风险控制，通过风险的分散决策机制，能够有效提高组织的风险承担能力。最后，提高组织领导层的风险认知能力，以便组织领导层能够有效识别风险、分析风险和管理风险，提高对风险的认知能力，有效缓解对风险的恐惧心理，提高组织的风险承担能力。

（三）超前行动思维和能力

针对市场中具有利润的机会，创业型组织总是超前行动，通过把握创业机会获得先行优势。超前行动或先动能力，是组织应对市场、获得价值增值的主要手段。首先，组织领导层要具有超前行动的思维，要先于对手掌握和发动新的市场行为，通过市场行为获得优于对手的竞争态势，如领导能够用超前的眼光和思考问题的方式来解决组织面临的问题。其次，认真分析市场前景，尤其关注竞争对手的行为特征、技术特征和经营战略的变化，瞄准竞争对手，先于竞争对手采取先机行为。最后，领导层要具有前瞻性的眼光，使合作组织的发展定位与主流经营主体一致，基于持续和长期的发展眼光和经营视野来管理农村合作组织。

第三章 农村合作组织的创业转型

当组织发展过程中所面临的问题不断演化时，组织需要不断修正新制度的创造条件，推动组织能够在面临不确定性时为不断的试错（创业）创造条件，催生具有适应性效率的新制度。

一、环境变化与组织战略之间的关系

组织战略与组织环境之间的关系有三种：一是组织环境决定组织战略；二是组织战略对组织环境的影响作用，三是两者之间存在相互作用，即双向复杂演化关系。

（一）组织环境决定组织战略

从组织群体和产业视角来看，环境决定组织的生存。在组织生存环境中存在一种自然选择机制，这种选择机制通过优胜劣汰原则来决定组织的生存，而组织自身的调整，包括组织再造等提高生存概率的努力不仅不能提高生存概率，而且会产生负的影响。

组织生存和发展存在一个长期的因果累积关系，这种因果累积关系主要决定因素是组织群体的适应性行为与特定环境变化的匹配性，正是通过不断累积这种匹配性，体现其对环境变化的适应性。对于单个企业来说，在组织环境的压力下，只具有有限的生存概率，组织只能在一个狭窄的网格范围内，以高度异化被动地适应环境，否则会被淘汰出局。组织生存的自然选择理论认为，组织战略管理与组织发展并没有任何差别，组织最优战略就是专注于生存空间，并使其效率最优化以期望获得幸运，总之，组织职能可以适应环境但无法改善环境。

在组织自然选择理论基础上，强调环境"文化元素"对组织将来产生的影响，这种"文化元素"容易产生一种群体的思维定式，导致组织群体内部采取相机战略决策。这种文化影响的方向越确定、同质性越高，组织个体战略的差异性就越小，这种"文化元素"可以表现在制度、生态、精神和物质等方面。其中，组织对制度文化的依赖性较强，制度环境的根植性阻碍组织变化。结构化的制度环境促使组织选择相近的组织模式，制度的结构性越强，单个组织试图改变这种模式的动力就越小，组织内部的细微变动是导致组织差异性的一个原因。

对于组织战略来说，制度和新制度学派的研究表明，组织职能采取快速跟进战略，通过不断适应变化的制度环境来寻求生存和发展。例如，"结构-行为-绩效"的理论框架分析表明，产业结构决定组织行为，组织行为决定组织绩效，组织的成败决定其选择行业的整体情况和自身的定位，市场行为或组织战略是组织对外部产业环境的特定反应。不同产业环境对组织战略和绩效产生决定作用，战略管理的重点在于选择地区和产业环节，战略实施的内容集中于改变市场结构以增强垄断程度，从而获得市场力。

在环境对组织战略具有决定作用的基础上，组织内部的适应性反应是如何适应环境变化的呢？演进理论从组织内部出发，通过组织结构调整，提高组织对环境的适应能力。组织在发展过程中，不断累积各种隐性知识，从而形成独特的技能，这些技能构成优势，同时形成惯性和结构刚性，阻碍组织变革，这种技能伴随组织知识累积因果关系，形成渐进的程序化结构刚性的过程，增强组织生产经营的可靠性和经营的有效性。因此，组织战略重点是促使隐性技能和知识的不断累积，这种累积会形成一种路径依赖，抑制组织对新知识和信息的接受，同时强调组织对环境的依赖性，是环境造成的组织在经营战略上的路径依赖。

权变理论认为组织战略选择的目标就是让组织更好地适应环境，认为对环境的最优反应依赖高层管理对环境的正确认知和对变化方向的把握，组织对环境的估计和应采取的相应措施是制定最优战略的关键。

生命周期理论和离散均衡理论认为，环境的选择和组织的适应共同主导组织发展，只是在不同的生命周期形成了二者不同的组合。就技术战略来说，技术创新依赖于组织发展的生命周期，在经历一段稳定技术后，根本性的创新打破了原来的技术结构，推动组织适应变化后的环境，形成新的均衡。稳定和创新交替进行，使组织的战略重心转变为不断改变组织形式以适应环境，从而带来组织形式的周期性变化。

（二）组织战略对组织环境的影响作用

该研究方向强调组织自身管理行为的选择，在环境与战略的适应过程中，组织通过主观改变战略来抵抗外界环境变化所带来的不利影响，进而影响环境、改变环境，从而改变环境对组织的不利影响。

战略选择理论研究认为，组织有机会和能力来塑造环境，以满足自身的战略目标，尤其是管理层的主动性和自发性，以及组织对环境的再造能力，组织管理层通过不断调整资源分配，改变组织内部环境，避免不确定性，寻求比较满意的战略决策。在资源配置方面，组织中的冗余资源的再配置可以缓解环境对组织的冲击，从战略层面来看，将资源用于创新和发现新机会，可以推动组织生存和发展。

资源基础理论认为，组织是各种资源的集合，资源相互之间的作用创造组织绩效，组织的竞争优势在于组织占有资源并具有运用资源的能力，因此，组织战略的重点在于努力通过不可模仿的独特能力，即核心竞争力的建立来维持组织的竞争优势，在不确定环境下，某种核心竞争力可能会推动组织持续成长。在核心竞争力的基础上，提出组织动态能力，即组织积累和消化新知识和技能的能力，这种能力代表着随时间推移，组织不断更新、拓展和改变其核心竞争力的能力，这种观点强调知识和隐性知识是组织最重要的不可模仿的战略资源，因此，组织将战略核心放在知识创造和整合方面，包括内部和外部两个层面。综上所述，组织核心竞争力是动态的，可持续竞争优势来源于独特的动态能力和人力资本，所以，组织设计和管理应该兼顾培养企业的学习能力和特有的知识能力。

（三）组织环境与组织战略的协同演进

我国处于经济转型时期，这为研究环境与战略协同演进提供了独特背景条件。转型经济背景具有动态性、有边界约束的网络结构、差异性和非线性关系的特征。动态性是指转型经济系统内，以及系统与环境之间各组织持续不断的相互作用，并由此产生不确定性、动荡性和不可预见性。有边界约束的网络结构是指系统内部组织之间相互作用和影响，在某种程度上存在强有力的约束。差异性意味着系统内部存在不同类型的组织，这些组织之间进行信息交换、组织自我学习和调整，并对环境产生影响，单个组织无法准确预测组织整体发生的变化。非线性关系是指系统内组织之间正、负反馈交织，形成复杂关系，使得系统变化结果不能被准确预测。转型经济的特性，使环境与组织战略能够在短时间内表现出明显的相互作用关系。

组织环境主要从两个角度来分析，即信息不确定性和资源依赖性。信息不确定性强调环境是信息来源，组织对信息不确定性具有主观认知；资源是组织争夺的稀缺资源，当环境处于相对资源贫乏时，组织将面临更大的不确定性。管理的主要目的是通过降低对环境的依赖程度或控制能力来应对恶劣环境，从而保持环境的有效性。

"环境-组织"的匹配性主要从环境对组织的威胁和所提供的支持方面，更多地反映资源依赖观点，丰富的外部环境为组织提供足够的资源。在这种条件下，即使组织面临困境，丰富的外部环境也能为组织提供支持和帮助，从而为组织的长远发展提供宽松条件；相反，恶劣的环境将对组织产生不利影响，制约组织正常的市场行为。

复杂性主要反映了信息不确定性，环境作为信息源，如果存在于其中的组织形式和类型足够多，那么组织散发的信息就越多，组织将面临较为复杂的信息处理过程。动态性反映外部环境的变化速度和不可测性，当环境剧烈变化时，组织很难预测其变化的速度和方向，加上随机因素，组织很难应对环境的动态性。根据信息不确定性理论，环境动态性取决于组织对周围组织的主观感受。战略选择理论认为组织战略、组织结构以及实施过程都必须与环境相匹配，管理是依据对环境的感知做出的，应满足内部条件和外部需求从而做出决策。面对激烈竞争环境，组织通过战略导向主动寻求或创造一个能够有利于企业的外部环境，并获得竞争优势。

协同演进是关联组织之间普遍存在、互为因果的变化过程，环境和组织之间的关系中应存在协同演进关系。为适应环境，组织必须具备独特的学习和再学习能力，学习是建立从过去行为到将来行为的桥梁，组织学习不仅体现组织对环境的被动适应性，又体现组织对环境改造的能动性，即组织利用学习来影响环境，从而使组织与环境之间达到最优匹配。

由于组织学习方式不同，形成了不同的结果，组织战略的关键问题之一在于如何通过不同的学习方式，推动组织发展。复杂理论为研究环境和战略关系提供了一个新视角，复杂理论将组织视为一个复杂系统，认为其内部存在自组织机制、非线性关系、多重均衡和协同演进过程。在组织系统处于战略失衡的状态下，组织一方面具备足够的结构来支撑组织的正常运作，另一方面具备灵活性，与外部环境进行信息和能量交换，从而实现组织战略和组织环境之间的协同演进。

组织战略分为防守战略、中性战略和进攻型战略。防守战略又称"维持或稳定战略"，是企业为巩固现有的市场地位、维护现有的竞争优势，而采取的不冒风险、以守为攻、伺机而动的战略。自然选择是一种被动适应性战略，组织之间存在适应能力的差异，权变理论赞成相机抉择的战略思想，是一种中性战略。复杂理论和系统理论是一种进攻型战略，其赞成的是双向影响的战略。

进攻型战略的主要特征表现在组织通过各种创造性的活动，试图影响和改变环境，如革新性技术淘汰现有产品、建立新的产品或行业标准。进攻型战略具有较高的风险，也具有较高的回报，是一种前瞻性，占有先动优势的战略，在很大程度上体现组织的长期利益。防守战略强调组织对环境的被动适应，通过积累，组织不断改进服务和产品来获得竞争优势，其将环境视为外生变量，认为组织的关键问题在于如何跟踪和识别外部环境变化，其体现组织短期的调整行为。反应性战略是两种战略在不同环境条件下的调整和组合，在对外部环境和资源进行分析的基础上，确定采用何种战略组合来获得竞争优势，特别是在短期和长期利益方面的选择问题。

从计划经济环境脱胎的组织，由于极度缺乏市场经济生存的经验和能力，只能被动采取反应性战略来适应环境。转型初期，在双轨制环境下，市场机制并不健全，动态性较强，组织职能被动采取防守战略。

在转型阶段，各种产权关系组织并存，在计划经济向市场经济转变的过程中，法律规定方面存在竞争和无序性，增加了环境的复杂性，进攻型战略的风险水平较高，同时组织战略管理能力有限，因此，组织更多选择反应性战略，试图适应环境变化。随着市场转型的深化，动态性和威胁性明显降低，组织生存和发展空间得到扩展，组织趋向进攻型战略，组织由被动推入市场转变为主动适应环境，进而影响环境，形成双方的协同演进，这主要有两方面的原因。一方面是组织环境适应能力提高，经理层能够较快适应市场经济的竞争规则，控制风险，外部资源环境更加友好，这导致组织实施进攻型战略；另一方面是组织对环境的影响力增强，组织通过各种途径提高组织的能动性、战略的灵活性，主动出击，营造有利于自身发展的环境，诱导环境改变，加强组织与环境之间的相互作用。这种协同演进既能带给企业更好的绩效，又能刺激环境的良性发展。

综上所述，组织战略与组织环境之间的协同演进和动态影响包括两方面：一方面，环境的演变刺激组织采取适应性行为；另一方面，组织在适应市场规则的同时，采取战略行为影响新的规则的制定，从而创造更好的发展空间。

环境与组织战略之间的协同演进关系，在转型背景下得到充分体现，环境是战略形成的外生和内生变量，而企业战略既能够适应环境又能够作用于环境。我国计划经济向市场经济的革命性变革，给组织带来了压力和危机，推动组织从制度和管理上实施战略改变，我国阶段性、局部式的改革模式，为组织系统调整提供了必要的时间，组织在演进过程中表现出很强的学习能力，保证组织对环境的快速适应性和局部、阶段性的影响环境的能力。

局部环境的改变能够更好地推动组织和环境的协同演进，主要是学习的时间和能力变迁方面，全局式的改革根本没有为组织学习提供充裕的时间，这导致组织无法适应剧烈的变动，从而产生混沌状态，而局部式的改革为组织调整和学习提供了有利的条件。不同的阶段和局部的演变，组织战略与组织环境之间存在不同的演变机理，需要借鉴不同学科的研究经验和理论思想，从多个视角进行探索。

二、农村合作组织创业战略的形成

（一）农村合作组织环境变化

1. 政治环境的变化

农村合作组织从成立到成长都与政府各个职能部门紧密联系，政府作为制度设计者，在合作组织成长中扮演着重要的角色。首先，合理的土地流转政策，农民地权、林权等确权证都与合作组织的经营密切相关，是农民参与合作组织的基础资本，这些制度由政府设计。其次，合作组织成立的优惠条件，其创立流程、金融资源获得和税收减免，都与政府制度设计密切相关。最后，组织内部制度，如财务、治理、管理流程等，都应符合政府部门规定，从而防止组织成员利益受侵害，组织的合法地位也取决于政府。因此，组织的运营必须得到政府的制度保障。

2. 经济环境的变化

在向市场经济转型的背景下，合作组织产品进入市场面临很大挑战，无论是在资源竞争还是在产品竞争方面，合作组织都不占优势。作为新型农业经营主体，其发展需要适应经济环境的变化，建构有效的适应体系。在经营战略方面，由于市场环境变化剧烈，在剧烈的市场动荡下，创业导向的战略是合作组织成为市场竞争主角，提高竞争力的占优选择。首先，合作组织创业导向战略的形成，关键在于应对外部经济环境的剧烈变化，同时其也是延长合作组织生存时间的关键。其次，竞争的需求。当今进入农业经营的不仅仅是新型农业主体，还包括农业专业合作社，还有一些工商资本，这些工商资本在经营过程中，采用现代企业管理方法，对市场进行快速反应，从而获得竞争优势，在组织层面，其创业和创新速度均高于农民工专业合作社，因此，合作组织必须对竞争环境的改变做出适应性变革。最后，农村经济环境的改变。随着人口城乡转移，土地集中、资本集中、人力资源缺乏等因素的影响力不断提升，土地、资本、人力等资源是合作组织创业战略实现的资源基础，目前资源匮乏导致合作组织层面创业并不占优。

3. 社会环境的变化

在当今社会中,合作组织的认可程度较低,其带有社会公益职能,使很多农民无法充分信任其经济功能,如创业的经济效益是否可以获得、资源投入能否获得收益等。与其他经济组织相比,农民更相信其他类型的经济组织,在社会层面上,农村合作组织遭到排斥。另外,合作组织在融资、土地租赁和经营决策方面,出现较多的寻租行为,从而导致合作组织的社会形象并不太好,许多农民都认为其是骗取政府制度租金的手段,其经营具有不可持续性,不能够为成员获取持续的利益。社会环境的转变,导致农村合作组织发展举步维艰,需要彻底转型以满足其成员和社会发展的需求,转型的方向应为积极面对市场,参与市场竞争,提高创业和创新能力,从而成为农民真正的组织。

4. 文化环境的变化

集体意识需要合作精神,需要成员具有集体荣誉感。合作组织的成长关键需要两种文化。一是合作文化,成员需要合作的积极性和氛围,合作是组织生存和成长的关键,对于合作组织内部而言,合作有两方面,一方面是组织核心成员和一般成员的合作,另一方面是组织管理团队和核心成员之间的合作,从而保证合作的需要。二是组织文化,从组织整体层面来看,组织文化与一般的企业文化有所不同,其与成立初衷有关,是为了应付分散农户市场弱势地位而建立的,具有一定的公益性,其社会功能需要特殊的文化保障。

合作组织带头人文化建构能力的强弱,取决于带头人的能力、经营理念、对合作社发展问题的系统和科学认知,以及是否将成功经验上升到制度层面。但是,目前合作组织带头人在日常管理中主观性大、随意性大,更多的是通过个人崇拜和社会关系网络实现管理,无法形成组织层面的文化,并对组织成员产生规范和激励作用。此外,合作组织带头人一般较为关心市场变化,如产品是否能够顺利销售、其销售利润如何,而对组织战略发展方向、成员个体行为重视不足,忽视合作社整体建设长远发展。

5. 自然环境的变化

自然环境包括对合作组织直接和间接发生作用的自然界中的物质资源和环境,合作组织从自然环境中取得土地、水等资源环境,合作组织的生产对自然环境的依赖程度较大。随着技术进步,人类影响大自然的能力逐步增强,合作组织生产对自然的依赖性逐步减弱,而其对自然的影响逐步增强,如使用对自然环境破坏较大的农药、化肥等,这使得自然生态环境面临严峻的形势。对于生产周期较长的农产品来说,这些恶化的自然环境必然影响农村合作组织的产品质量,而现代消费者越来越关注食品安全，这对于合作组织来说，是创业的机会，同时也是风险和挑战。农村合作组织通过创业行为，创新与自然环境的合作方式，而不是继续使用对环境破坏大的化肥农药，通过绿色有机农产品提升自身产品的经济价值，是合作组织持续创业的重要手段。在此条件下，合作组织在产业选择方面，需要把握地方自然环境的特征，发展具有本地区优势的特色产业，但事实上，组织往往发展不符合本地优势的产业，这不但不利于本地资源的利用，而且破坏了本地的自然环境。

6. 组织环境制约

组织成立的模式一般是在农业大户的推动下，依靠农业大户自身的号召力，其成立是为了寻找更大利润，实现彼此之间的相互保护；或者是由政府推动成立，但以这种方式成立的组织带动能力不强、组织松散，真正以发展产业的方式成立，集体承担和抵御市场风险的组织较少，组织一般对政府的依赖程度较强，组织发展的动力不是产品、品牌、市场和服务等方面，因而缺乏核心竞争优势。此外，内部人控制问题严重，欠缺对一般成员农户的利益保护机制。

首先，目标定位缺乏，与国外成熟的合作社相比，差距较大。我国合作组织内部产权模糊性导致其内部管理制度存在缺陷。内部产权的模糊性来自成员身份的特殊性，成员既是合作社的惠顾者，同时也是管理者，这种双重身份使得针对外部环境变化时，其制度变迁滞后，从而容易被市场淘汰。合作组织成立的初衷是提高分散农户的市场竞争力，提高产品和服务的销售量。但是，合作社内部成员的异质性导致势力非均衡，从而增加内部集体行动的难度，导致内部一致的战略管理难以形成，尤其是具有风险倾向和收益分配倾向的创业型战略难以形成。

其次，内部组织机制和管理机制不规范。合作组织内部财务管理不规范、收益不明晰、信息不充分。由于账目不清楚，容易发生核心成员侵吞一般成员利润的现象。同时，一些合作组织缺乏运行规范和内部控制，没有完善的分工机制。管理人员小农意识强，缺乏民主意识，管理水平差，尤其是当其利益联结机制发生变化时，违背了合作的本质要求。

再次，产权制度混乱。第一，内部资本所有权与使用权不确定，关键企业家具有创业所具备的个人要素，但不具有对资源的控制权，其调动资源需要与资源所有者相互协调，而资源投入对时间要求比较高，协调的时间和谈判的过程造成的交易成本，大大降低了创业机会的价值。第二，所有权关系比较复杂，在创业利润创造过程中，不同资源发挥的作用不同，如何界定不同资源所带来的利润增量，并将其准确地分给其所有者，是一个复杂而耗费成本的过程，并且会导致组织创业的不可持续。第三，剩余控制权分配不清晰，创业是一个风险承担的经济活动，风险与剩余控制权密切相关，如果仅承担风险但不能获得剩余控制权，创业的积极性就会降低，从而导致组织战略的可持续性不强，创业型组织的成长就会受到影响。

最后，组织内部有效决策制度没有形成。合作组织层面的行动，关键在于决策的有效形成，形成集体有效行动。至于对组织创业行为的预期，由于个人能力和素质的差异，预期的结果会不同，因此需要时间来协调、游说和谈判，从而造成决策在时间上缺乏有效性。合作社退出自由，本来是惩罚偷懒者的有效行为之一，但是，在信息非对称条件下，退出所带来的创业资源损失，影响了组织层面的创业行为的发生。

（二）农村合作组织创业战略形成

应对外部不确定性的关键在于解决内部不确定性，而制度的关键在于通过一个稳定的结构降低不确定性。当要素价格及谈判力量发生变化时，制度就会发生变迁，组织既是制度变迁的推动者，也是变迁的受益者。当相对价格变化时，组织根据自身收益最大化行为采取两种形式，一是对现存约束进行选择，二是改变目前的约束。制度变迁其实是组织针对外部相对价格变化，追求自身利益最大化而进行的再谈判过程。在谈判过程中，如果谈判双方都能从变迁了的制度中，获取资源投入的利益，那么变迁后的制度就会稳定下来，形成均衡制度。

首先，合作组织大都从事农业生产活动，自然风险是非人力可控制的，因此，组织聚集生产的同时，也聚集了风险，产品选择和市场选择同时也聚集了市场风险，这导致组织先天具备较高的风险。制度完善方法有两种，一种是制度模仿，合作组织管理层借鉴其他组织的管理模式，用以设计组织的制度；另一种是内在制度需求，即面对成员的需求，对合作功能、机制提出要求。

其次，创业战略形成的关键，在于组织内部能否建构一种对市场有效的反应机制，这样，在遇到风险和机会时，组织能够有效应对市场带来的好的影响和坏的冲击，在市场竞争中能够获取正常利润从而生存下去。这种战略制度是集体心智模式的一种体现，是一种在市场竞争过程中演化而来的制度。

最后，合作组织成员对创业战略的认知过程决定性地影响其在组织内部的实施，组织成员各自在自己决策环境内通过一系列的管理行为来降低环境的不确定性，由于其有各自的规则，可保证这些成员主体所确定的规则能够相容，因此，组织成员只掌握局部，并根据局部知识确定自己要遵循的惯例。另外，依据各自局部知识形成的认知而确定的管理未必相容，组织内部在战略方面是一种无序状态，个体战略导向的无序向组织之所以能够有序努力，是因为组织内部一致战略的建立能够有效降低组织内部协调成本，从而推动组织的成长。组织成长将使组织成员在战略上的无序性增加，从而打破原有的均衡，产生"战略变迁的演化"。

在组织战略演化模型中，战略是组织成员战略认知活动交流的产物，是共享的组织心智模式，组织成员依靠某种心智模式进行决策，通过预期和意识采取战略行动。市场环境、社会环境和自然环境的变化通过信息反馈改变组织成员的认知，当事人通过其心智模式对这些变化进行评价和判断，从而形成新的预期。如此循环，组织成员的认知和环境进行互动，其实质是个体心智模式调节预期的过程，同时也是学习和修正的过程。学习过程使得组织成员的心智模式不断适应环境的变化，并且能够促进心智模式的自身演进，尤其是其与组织心智模式的"序度"和"序向"相同时，能够形成与组织一致的心智模式。因此，组织外部环境反馈在战略心智模式的稳定和创造方面起主导作用。

如果环境的影响使个体心智逐步调节，且使得个体心智模式趋同、稳定，对外界环境的变化认知趋于一致，就形成了组织成员的一致、稳定的心智模式，这个稳定的心智模式就是组织的"战略导向"。由于组织成员处于一个相互交往的社会网络，个体学习成为一个共享的集体学习的过程。动态地看，组织内部成员在社会交往的过程中，不乏异质性心智模式的交流过程，包括知识、认知和观点的交流，这种组织内部信息和知识的交流形成组织的集体心智模式。在相互认同的过程中，个体心智模式和组织心智模式逐渐趋同，并且相对稳定，固化为共同的行为规范，这就形成了组织内部的战略。

在组织战略层面，个人的认知可能存在差异，但是，战略导向把成员的心智模式的共性固化了，而成员个人之间的差异性依然保留。当外部环境发生变化时，个人首先通过组织战略形成对组织行为的稳定预期，并采取相应的行为，如果无法解决外部环境带来的冲击，就通过自身的特性进行应对。如果环境的冲击足够改变成员自身的心智模式，那么这种冲击必然影响到其他成员，并上升到组织层面，从而导致战略的改变。因此，从外生角度来看，战略是组织成员共享的信念和行为准则；从内生角度来看，战略是社会互动过程中形成的解决外部冲击的共享的解决问题的办法。组织战略的内生观点非常重要，是理解创业导向战略形成的关键。

组织创业导向战略演进存在的路径依赖现象，是对市场不完备和报酬递增机会的适应性反应，战略制度的演化是存在路径依赖的，首先是对创业的认知，然后通过认知模式的交流，最终形成组织战略。组织认知决定了创业导向战略的维度结构，组织战略导向也存在路径依赖的特性，认知和战略路径依赖导致组织发展的路径依赖。

组织战略演化可以从博弈论角度来理解，参与人不断调整决策以寻求利益最大化，同时也需要了解其他参与人制定行动决策时可能采用的规则的一些显著特征，并依据这些提炼的信息得出自己在各种可能情况下的行动，组织所有成员都根据他们对别人行动规则的主观认知形成自己的行动规则，这些规则是提炼的和不完备的，当这些经过提炼的信息稳定下来不再变化时，参与人自身选择的策略也趋于稳定。同时，当组织成员对创业战略的信念和行动规则趋于一致时，均衡战略出现。

创业导向战略被组织成员共同遵守，关键在于它符合成员之间博弈的均衡。在均衡条件下，个体对其他成员选择行动规则的预期稳定下来，这种稳定的预期形成组织的共有信念，成员之间通过共有信念进行博弈，战略就在这种稳定预期和组织共同信念形成过程中产生。组织成员对共有信念的跟随战略，导致均衡的产生，均衡再反过来强化共有信念，经过这样一个反复过程，强化了组织共有信念，这使得战略导向不但内生出来，并且稳定下来，作为组织管理和经营的理念呈现在组织成员的意识中，并被参与人认为是理所当然的，是共有信念导致了创业导向的演变。

三、创业战略与适应性效率的提升

合作组织创业资源的获得在一定程度上取决于外部制度方面，政府对农村合作组织的有针对性的扶植政策，以使农村合作组织有长足的发展。政策的影响首先是赋予合作组织经营制度的合法性、组织管理模式、成员构成、结构设置等。在合作组织成长过程中，一定要随时关注政府政策和法律的变化，请专业人士来解读政府法律和政策适应范围，如国家补贴制度增强了农民参与合作组织的热情，但是导致了成员结构的变化，同时影响农民合作社权力分配和产权安排等。

适应性效率是指制度结构在应对不确定性的过程中，通过不断变化引导个体行动模式，进而促进知识的充分、正确的协调运用及更新，从而使经济呈现长期增长。本书在考虑创业型农村合作组织适应性效率的前提下，引入了一个宏观制度和微观组织行为的关键连接，即"创业家"这一因素，并对其全面分析，将适应性效率的概念修正为：制度结构为了应对外部环境的不确定性冲击，激励个体知识更新、协调运用和发展，形成创业家的要求，进行一定程度的适应性调整，从而形成组织绩效可持续成长的趋势。

创业者的试错行为能否转化为组织的绩效，关键在于能否在既定的制度结构下，在应对不确定性的过程中，不断引导变化个体行动模式，促进知识的充分、正确、协调运用及更新，从而实现组织绩效的长期增长。制度结构的适应水平，取决于创业家对制度结构能否正确解读。

（一）战略、结构与绩效

组织战略过程不是主动行为过程，而是被动适应过程（Chandler，1962）。随着外部环境的变化，组织战略做出反应，与战略相适应的组织形式发生改变。创业导向战略决定组织结构的变化，这说明创业导向战略必须先行于组织结构的变化，组织结构不仅具有多样性特征，而且还具有动态适应特征。组织的战略结构决定其组织结构的设计与选择，战略重点决定组织结构的调整，组织结构制约战略重点的实施。

合作组织的成长与发展，与调整组织结构以适应发展密切相关，组织结构影响其管理架构的产生，农村经营环境的变化、生产力水平的提高、技术进步及市场范围的拓宽，给农村合作组织带来很多做大做强的机会，同时使其面临着很多需要亟待解决的问题，如"横向一体化"（技术相对落后、大宗生产）和"纵向一体化"（新技术的应用及推广）的战略选择。

在合作组织成长过程中，战略如何先行决定结构及其演变，从而改变组织适应绩效，主要从以下几个方面来实现。

第一，稳定的战略需要规范的结构。战略具有一定的稳定性，是组织在市场条件和竞争环境很少发生重大变化时所采用的一种稳定应对规则。这种隐含于组织潜意识的战略持续地向同类型顾客提供同样的产品和服务，维持市场份额，并保持组织一贯的利润基础。稳定的战略，应该具有稳定的任务分解和执行部门，这就需要组织结构具有规范性且正规化，通过职位的专门化，制定非常正规的制度和规则，以职能部门划分工作任务，实行集权式决策，控制跨度小，通过垂直"命令链"进行经营决策来维持日常的组织运行。这种组织结构的优点在于能够实现规模经营，使组织资源被充分利用，而对中低层的管理人员的创新能力、决策水平和管理经验要求较低，可以节约沟通和协调成本；容易实行标准化操作和高度正规化经营，决策权的集中可在某种程度上提高决策的时效性。

第二，动态战略需要调适结构。战略在确定以后具有相对稳定性，以此来明确目标、配置资源、协调和凝聚人心。但是，外界环境处于不断的变化中，随着顾客需求、市场条件、竞争方式、社会环境的改变，战略必须进行相应的调整。例如，组织在实施"稳定性战略"的过程中，若外部环境对经营规模扩大十分有利，能使市场份额、销售额扩大，利润率提高，这样有利的条件预期能够保持下去，那么组织将选择"增长型战略"，组织结构采取增设和扩大业务部门、扩大规模、充实员工、下放权力等措施；如果市场萎缩、经营环境恶化、产品滞销，则将战略调整为"收缩型战略"，通过合并部门、减员、充实一线、权力上移等方式规避风险、保存实力。

第三，组合战略需要多元结构。战略的组合是指一个组织在经营过程中根据自身资源和外部环境，同时实行两种或两种以上的战略。例如，一个实力较强的组织，为了进一步开拓发展空间和创造机遇，往往在不违背组织经营总目标要求的前提下采取三种战略，即创新、风险承担和超前行动战略。通过"创新"战略发现和创造市场机会和新产品，增强竞争优势；通过"风险承担"战略承担风险，获取高风险利润；通过"超前行动"战略，在一种新产品或新市场还没被发现之前，进行大胆投资，实现超前行动。这三种战略实施的组织结构需求存在差异，"创新"适合采用松散结构，即工作专门化程度、正规化程度低，分散化程度高的"有机式结构"；"风险承担"适合以控制严密、工作专门化程度高、正规化程度高、集权化程度高为特征的"机械式结构"；而"超前行动"适合以松紧适度、对创新活动控制较松、对风险活动控制较严为特征的"有机-机械式结构"。

第四，竞争战略需要创新结构。在竞争和动荡的市场环境中，一个组织的成败越来越取决于其战略制定与实施的成败，战略成为一个组织核心竞争优势的关键要素之一，组织必须运用好组织结构，为战略运行提供可靠保障，并且创新组织结构，使组织结构更加灵活、高效。打破部门边界、层次扁平化，下放决策权，提倡合作和自我管理，以知识和信息代表权威，强化跨部门沟通和协调，这些组织结构创新显示出强大的生存优势。随着市场环境的变化，竞争与合作将成为组织之间关系的特征，战略联盟的出现对组织结构创新提出新的要求。组织结构对战略的反作用也同样存在，这两者哪个占主导地位，由市场决定，必须以适应市场，即以顾客需求为目标，在市场变化基础上讨论结构和组织的关系。

（二）创业战略提高组织适应程度

依据熊彼特将创新分为创造性创新和适应性反应的两种情况，可知组织战略方面的创新基本都属于适应性反应，具有适应性效率，主要是因为战略决定组织结构，组织结构变动决定适应性效率。改变组织结构需要克服很大的阻力，由于外部环境的变动这种力量的推动，组织战略在寻求适应性效率的基础上做出反应，推动与战略匹配的组织结构发生改变，从而达到提升适应性效率的目的。关于组织结构对战略的影响，相关学者认为是组织结构传承了战略。组织确定发展战略后，通过相应的实际业务组合来实现战略，而这些业务组合的实施需要相应的组织结构来支撑，只有传承的组织结构才能对同一战略指导下的业务进行支撑。

1. 战略制定与适应性反应

不同战略需要不同的业务支持，从而影响业务部门管理职务的设计，具体表现为收缩或扩展组织的业务部门。例如，一个合作组织没有产品深加工业务，而当看到农产品深加工行业的利润水平较高时，决定进入农产品深加工行业，合作组织因此建立了与农产品深加工相配套的组织结构，进军农产品深加工行业是合作组织发生的战略变化，这种进入新业务（创业）的战略变化，要求合作组织的组织结构发生变化，否则这一战略将无法实施。在组织内部，组织的流程则帮助组织高效、低成本、低风险地做事，流程是组织从输入原料、资金、信息到输出产品和服务的过程，流程的主要目标是提供满足客户需求的服务和产品，因此流程的组织管理首先需要了解客户的需求，包括标准和数量。为了解客户需求，需要对合作组织自身的战略进行分析，分析组织的资源基础，分析在资源基础上，能够为客户提供哪些产品和服务，以及未来应该达到什么样的目标和要求，通过对组织战略的分析，明确组织的目标，从而明确流程的运作目标，了解流程管理的重点和方向。

2. 战略决定流程的增值方式

战略决定了组织内部对资源的配置方式，也决定了组织相关的价值增值模式。首先，组织在不同时期，根据战略的不同管控要求，侧重点会不同，如强调控制、快速反应、成本压缩等，在不同的战略下，组织的期望不同，流程首先要实现的是其对相关业务侧重点的满足。一旦组织流程确定，组织的流程必须随着战略进行调整，流程的高效运作是组织战略实现的先决条件。其次，在组织内部，分工和协作是关键问题，就分工来说，包括横向分工和纵向分工。横向分工将满足战略管理所需要的全部业务按专业化进行归类。纵向分工是部门之间按照业务承接方面的需求，完成业务部门之间的对接。协作包括部门之间的协作，通过跨部门之间的流程设计，构成组织层面的协作。通过同一部门岗位之间的协作，完成部门级的流程设计。最后，战略是组织运行的根本方向，组织的流程设计、组织设计受制于战略，组织结构是战略实施和流程运作的基本平台，只有完善组织结构，组织才能进行战略的实施和流程的优化。流程则是战略实施和组织运作的具体载体，其按照战略实施的需求，在不同平台之间进行调整，实现组织的价值增值。

3. 流程管理增加组织柔性和环境适应能力

组织运作环境发生改变时，客户的个性化需求特色突出，市场竞争激烈，产品和服务的独特竞争优势难以维持，这对组织运作提出了新的管理要求，使得组织更侧重对客户价值主张的实现，这些要求需要通过流程管理来传递压力、交换机制，系统化解决客户需求，增强对外部变化的反应。流程管理侧重于对某项工作的系统优化和适应效率提升，为成员保留了一定的成长空间，使组织和成员在流程运作中找到自身的价值。同时，组织作为战略实现的流程实施平台，在外部冲击下，改变以前的职能固化管理，使组织更具活力和柔性。从组织管理角度来看，针对组织成员，明确岗位职责、角色和任务后，构成组织内部垂直管理的线路，通过责任将组织最高经营者与普通成员联系在一起。流程管理则针对组织价值产出过程，包括发现顾客需求、研发、生产制造、销售和服务，满足顾客需求，最终创造价值增值。流程反应一种动态关系，更注重战略目标，直接面对客户；更注重整体运作，打破部门之间的边界；更注重系统价值的实行和效率的提高。

组织结构和流程管理构成组织内部纵向和横向管理，其中，纵向是部门之间的协调，横向是部门内部的协调，通过分工和协作，构成组织的管理模式，这种横向和纵向结合，有助于组织利用资源，实现战略目标。

（三）合作组织的组织结构与战略制定

合作组织的组织结构一般是由成员大会、理事会和监事会组成，并且有一系列职能部门的组织结构，一般采用较稳定的直线型组织结构，保持组织内部权力制衡和沟通有效，但同时也存在以下矛盾。

1. 直线职能型组织结构下的权力矛盾

在理事会的领导下，经理是合作组织运作的核心，各个职能部门相对平行。职能部门之间相互平行，能够实现相互沟通协调，只有处于直线范围内的经理和各个生产小组才有直接的领导权，整个合作社的最高权限一般都集中在最高层的经理手中，其他如市场销售、技术等部门，虽然具有业务范围内的权限，但由于和生产部门之间不具有直接的领导和控制权，因此不具备对生产的直接领导权。这种非瞄准的直线职能型组织结构，造成了合作组织权力的过分集中，容易造成权力冲突。直线职能型组织结构中，各职能部门与上级部门之间一旦目标不统一，就容易产生矛盾，关键在于难以确定责任的归属，从而导致合作组织的组织成本增加。

2. 非正式组织带来的利益冲突

合作组织所处的农村环境具有复杂的社会结构，对合作组织影响最大的是农村的非正式组织，人们在共同的工作过程中，自然形成以感情、喜好等情绪为基础的、松散的、无正式规定的群体。在农村社会环境中,对合作组织影响较大的是宗族因素,宗族使合作组织成员具有强烈的归属意识并形成权力集团,因而,当合作组织的意志与非正式组织的意志不一致时,往往会产生矛盾。例如,宗族势力在合作组织内部的冲突,导致合作组织内部的经营和管理难以维持,从而导致组织战略运营的失败。

3. 核心成员和普通成员之间的矛盾

合作组织成员的异质性使其分化为核心成员和普通成员,在成员异质性条件下,合作社的产权结构普遍采用资本化方式,少数核心成员占相对集中的股权,控制权主要由这些具有较多股权的少数核心成员掌握。在利益分配机制中,可分配盈余主要按出资比例分配,从激励相容的角度来看,当前的组织机构主要在聚集生产要素和降低协调成本方面体现了效率,但是,大部分规模较小的成员可以通过不利于规模较大的成员的决策。另外,在成员异质性条件下,"一人一票"的民主决策机制,可能会影响垂直管理决策的时效性并增加决策成本。

四、农村合作组织的创业型演化

(一)组织创业演化理论与模型

组织演化的动力主要来自外部环境的推动和组织竞争力提升的内在冲动,因此从外部环境的作用和竞争力两方面探讨组织创业转型。

1. 组织演化的基础

当组织所处的经营环境相对稳定时,环境的可预测性强,竞争优势可保持,战略决策主要是理性决策。其主要特征是战略制定具有计划性、理性且程序化。但是,当组织的经营环境从相对静态转变为动态时,决策通常在时间和信息有限情况下进行,因此战略决策应该是一种次优选择,组织战略决策不再是个人的决策,而是一个团队的集体决策。相对于动态环境下的竞争,快速应变与创新应该成为竞争利润的来源,因此,企业战略行为包括部分计划和具有积极作用的应变与创新性行为。在动态环境中,组织战略制定的重点不是制定具体和数量化的目标,而是组织战略意图、宗旨和定位的选择,更应该注重实施过程的应变与创新,关注影响战略决策深层因素和非理性因素,如组织治理、管理机制、控制方法、高层管理者构成及组织文化等因素。在动态环境中,组织战略行为具有以下特点。

首先，组织战略行为不仅包括事前制定行为，也包括业务发展过程中的反应性行为，是"点决策"和"过程决策"的融合。点决策较为宏观，能够防止组织在重大战略选择上偏离方向或失去控制，点决策不能太过具体和数量化，必须在"过程决策"过程中给管理者足够的应变和创新空间，允许管理者根据外部环境的变化和竞争对手的反应进行战略的动态调整、创新与转型。有效的战略管理必须能使事前的点战略与事中的过程反应保持一致，能够保持长远战略和战略调整的连续性。

其次，组织有效的战略管理依靠理性和非理性的因素：理性因素来源于事前借助的理性思维过程和分析方法；非理性因素更多来源于组织偏好和直觉，是在过程管理中的机动和调整。组织战略管理者在组织实施过程中的决策需要时间以满足创新、应变和协调的需求，因此，其理性程度就具有一定的局限，而非理性因素的影响就较强，因此，动态环境下的企业更应该重视公司治理、组织结构、管理机制、控制方式、高层管理者、企业文化的设计与建设，从而提高动态环境下战略管理的有效性和效率。

最后，制定战略要考虑组织内部和外部因素；战略制定过程中要分析组织的优势和劣势、环境所带来的机会和造成的威胁、高层管理者对战略的认可程度，战略构造模式应尽量简单、非正式，且具有创造性和灵活性。战略构造是一个有控制、有意识的正式计划过程，组织的高层管理者负责设计计划的全过程，而制订具体和实施具体计划的人员必须对高层负责，通过目标、项目和责任的分解来完成战略计划。组织战略的出发点是适应环境变化；目标是提高市场占有率；实施要求是组织内部变革。

传统的战略管理理论具有一定的局限性，组织战略制定需要建立在深入分析和推理的基础之上，其前提是组织高层对未来环境进行可靠的预测，制定合理的战略，并由组织机构有效地实施。这需要稳定的经营环境，但是，随着经营环境动荡性不断增强，主观地运用该理论进行推测，不能及时制定出与动荡的市场环境相匹配的战略决策。

2. 竞争决定组织演化理论

核心竞争力是组织对自身独特的资源和知识的积累，可形成核心竞争优势。企业核心能力来源于企业的核心资源，是各种能力最起作用的部分，可以通过向外辐射，影响组织其他能力发挥的效果。组织"核心能力"理论认为，组织经营能否成功，取决于其行为反应能力，即对市场趋势的预测是否能快速反应顾客需求变化。因此，组织的目标在于识别和开发同行难易模仿的核心能力。组织要保持竞争优势，就必须在核心能力、核心产品和最终产品三个层面上竞争。在核心层面上，组织目标应该集中于产品性能的特殊设计和开发方面，建立先行优势，这是组织长期积累的一种独特能力，是保障组织持久获取正利润的源泉。

核心能力是组织内部内生的能力，是建立在组织积累和独特资源的基础上的，与市场环境没有紧密结合，如果与组织外部环境结合起来，则能够有效解决战略理论。组织管理者虽然理解核心能力，但是，在培育、维持和转换"核心能力"方面存在障碍。组织是各种资源的结合，组织竞争优势取决于其拥有的有价值的资源的状况，而资源的价值水平取决于其稀缺程度、需求和独占性。资源的评估不是由组织进行，是由组织外部所处的市场环境进行，通过与竞争对手的资源进行比较，发现拥有的具有价值的资源中，只有与组织预期业务和战略最为匹配的资源，才对组织最有价值。

（二）合作组织创业导向战略的形成

创业导向是与组织创业相关的过程，包括分析、规划、决策、组织文化、使命感和价值体系等，包括推动变革能力、创新能力和对市场变化快速反应的能力，同时还包括进入新市场的战略决策方式、创业过程、决策类型和决策制定活动，是组织追求新事业，应对环境变化的一种特定心智模式，是组织积极参与市场变革的一种倾向。创业资源在组织内部的使用过程同样存在交易成本，减少交易成本的关键是创业者通过内部权威配置资源，减少市场配置资源所带来的成本。交易不确定性、资产专属性和交易频率三个因素是影响交易成本高低的关键，由于合作组织内部成员拥有异质性资源，所以需要内部交易，从而实现组织内部创业，这同样存在交易成本，需要创业家的协调。创业团队在组织的管理控制方面，因为相互之间的关系具有不确定性，包括对组织未来的预期和正确的判断、对团队成员的绩效评估方面，都具备不确定性，因此，交易决策存在非理想性，组织内部的不确定性和复杂性限制了人类的理性行为，在交易过程中容易出现投机行为，投机行为产生内部风险，需要创业家承担内部风险。关键要素创业家在组织战略形成中的关键作用有两种，一种是中介作用，另一种是调节作用。

1. 中介作用模型

组织心智由传统管理心智模式朝创业型管理转型时，创业家依据组织外部环境风险和不确定性的变化，对这种转变因果关系起中介作用。这是基于创业家的导向功能。创业家导向功能是指其对组织成员的价值取向和行为的引导作用。这种导向作用与组织内部领导的权威管理不同，强调通过组织创业文化的塑造引导组织成员的行为，使组织成员在一种潜移默化中接受共同的价值观念

（图 3-1）。

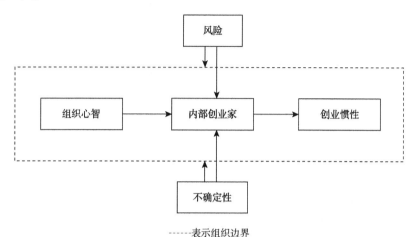

-----表示组织边界

图 3-1　关键要素创业家在创业型组织形成的中介作用模型

1）创业家的创业精神

组织经营哲学是组织层面的经营和思维方式，是组织处理问题的法则，这些方式和法则指导管理层进行有效的决策，指导组织成员采用科学的手段进行生产。组织共同的价值观念决定组织的价值取向，成员对事物的看法形成共识，形成共同的价值目标。一个成功的合作组织，清楚自身的主张，认真建立和形成组织的价值准则。组织内部形成创业价值观，关键是创业家引导组织结合组织特性和外部环境特性，形成组织该做什么、不该做什么的观念，降低组织选择的不确定性。创业型组织是积极参与产品市场创新，承担一定的风险，领先于竞争对手创新的组织。

在价值引导方面，首先引导组织成员进行创新，包括支持创新的环境，支持可能产生创新产品、服务和工艺流程的新思想、试验、创造等倾向。组织通过技术或产品创新，或引进新产品、新技术，推动组织追求新的发展机会，获取超额利润。超前行动是指组织通过预测市场需求变化，做出积极反应，先于对手获得先行竞争优势。先动优势来源于高的价格和品牌认同两个方面，一方面，创新型产品和服务获得先行定价的权力，获得垄断价格；另一方面，创新型产品和服务先建立品牌并获得消费者认同，获得品牌优先的权力。

组织如何应付外部风险和不确定性的冲击呢？需要在组织内部建立风险承担的价值观。风险承担性是指企业向具有较高失败风险的项目中投入较多资源的意愿，反映企业由稳定的常规战略向探索未知领域转变的意愿程度。虽然有研究指出稳定的常规战略可能会导致较高的平均绩效，但是从长远来看，冒险的战略有利于企业抓住更多的发展机会，从而有利于企业的持续成长。

2）创业家的中介作用

创业家在组织内部的目标指引代表着组织发展的方向，从组织外部环境的实际变化出发，以科学的态度制定组织发展的战略目标，具有可行性和科学性，组织成员在这一目标指导下从事生产经营活动。

首先，创业家在战略系统上的作用。创业家凭借自身的特殊能力，包括直觉、判断、智慧、经验和洞察力等素质，预见组织未来的发展，并通过其价值观、权力和意志来约束组织的发展。在企业发展过程中，战略是一个创业家对组织未来发展前景的洞察过程，其核心概念是远见，创业家的概念一开始就与战略相关。组织创业导向战略的形成，并不是组织追求利润最大化目标的企业行为，而是组织应对组织内部、外部环境变化的战略意图。这种战略导向，是组织应付不断变化的外部环境而努力的方向，是组织发展的动力。创业家提供一种创业思想，这种创业思想和组织资源结合后，使组织获得超额利润，但也可能造成损失。同时，创业家也可能在不增加任何资源的基础上，挖掘现有资源的新属性，使现有生产要素更加合理地组合而获得超额利润，这种新的组合包括"新项目的开发和用新办法开发原有的项目"，这是组织发展的关键。创业家的创业活动一旦停止，企业发展也就停止了。

其次，创业家的风险承担。创业家的领导能力与管理相似，组织管理的核心内容是创业家在经济上的冒险行为。创业家在组织发展过程中扮演着组织的奠基人、组织的管理者、创业团队的领导者等角色。这些角色提高了创业家对权力、归需和成就的需求。这三种需求使创业家在组织成长过程中，敢于承担责任、追求成功行为，表现为开展新事业并敢于承担和接受风险。

再次，创业家对机会的把握。能够抓住经济生活中的机会或能够对经济生活中发生的机会做出反应，通过创新、风险承担行为，为本人或社会创造更多的价值，从而使经济体系发生变化。创业家敢于承担风险，并且通过自身的创造力、洞察力、领导力，发现和消除市场的不均衡，创造更多的交易机会和效应，给组织生产过程指明方向，从而使生产要素组织化。创业家与一般成员不同，是具有一般人所不具有的、能够敏锐发现市场获利机会的洞察力的人。同时，创业家也在不确定环境下，做出决策并自己承担决策的全部后果。创业家是专门就稀缺资源配置做出判断性决策的人，敢于创新又勇于承担风险，创业家具有自身特有的精神：第一，创新是核心，是创业家活动的典型特征，包括产品创新、技术创新、市场创新、组织形式创新等；第二，冒险精神，创业家精神与风险和不确定性紧密相关；第三，合作精神，组织的重大决策实行集体行动，通过强大的"结网"能力和意识来协调意见；第四，学习精神，持续的学习精神是创业家精神的关键。

最后，创业家异质性资源获取。创业家在组织心智模式向创业惯性转变的过程中，主要得益于其能通过异质性资源的获取来引导组织心智模式的形成。组织创业行为需要异质性资源，创业者通过引入资源、提高资源使用效率或积累竞争对手无法积累的优势资源等，引导组织成员逐步认同创业的心智模式。资源的获得受外部政治、经济、产业和技术环境的影响，形成异质性的经营环境，带来异质性的风险和不确定性，因此，资源来源于环境，创业家依据环境冲击，调整资源的投入，从而建立心智模式与创业管理的中介因果关系。根据资源基础理论，对于组织来说，通过资源的配置，实现组织经营行为，资源配置在一定基础上成为创业家行为的替代，创业家通过资源配置的控制权来引导组织成员形成创业惯例。

2. 调节作用模型

制定或重建一个组织的清晰的战略是一项挑战，因此要依赖组织内部具有创业精神的领导，领导必须制定出准则，来决定组织如何应对外部环境及客户需求的变化（图 3-2）。

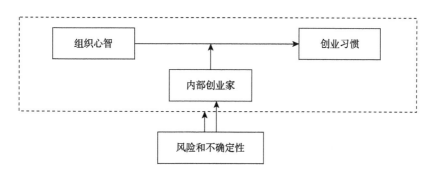

------表示组织边界
图 3-2　关键要素创业家在创业型组织形成中的调节作用模型

调节作用模型主要是内部创业家的协调作用的发挥，创业家从现实经济中掌握外部市场交易信息，发现对交易双方都有利的交易机会，并作为中间人参与，促进交易实现。以深刻而敏锐的洞察力去发现时机，才是创业家精神的本质。

市场本身是一个生产者和消费者的决策相互作用的场所，市场机制的作用是使这种相互作用达到均衡。在各个经济主体信息不完全的情况下，市场信息对组织决策具有十分重要的作用。市场信息的不完全造成参与市场活动的主体之间交易条件的不协调，而创业家可以使不协调因素在一定程度上消除。创业家不仅需要具备计算能力，而且需要具备发现资产潜在更有价值的属性的才能，创业家行为的本质就是及时发现投入和产出相对关系中潜在的更有价值的机会，并利用这一机会。

（三）创业型农村合作组织的演变

首先，合作组织的基本功能是改善单个农户在市场竞争中的不利地位，即通过合作组织来获得更大的竞争优势，这就需要在农产品市场上，重视消费者需求的变化，如对安全性和便利性的需求，需要合作组织提供安全和便利的消费品。

其次，在竞争日益激烈的国内市场和经济全球化的国际市场中，政府部门对合作组织发展的目标设定，也是其重要的制度环境。一是克服一家一户生产的规模不经济性；二是提高农业生产的组织模式；三是解决小生产与大市场对接的难题；四是建立农业生产技术扩散、新技术装备应用的载体，最终通过农村合作组织走具有中国特色的农业现代化道路。

环境是包括与农村合作组织相互影响、相互作用的区域要素的综合系统，环境系统可以按照大小分为社会环境、经济环境、组织环境和工作环境四个层次，不同层次之间相互作用、相互包含，区域环境包括潜在市场、竞争者，以及与合作组织经营同类产品或提供同类服务的合作组织。关联者，即与合作组织发生相关作用的各种组织机构，如原料供应商，产品销售商，产业链、产业化相关者、调解者，政府部门，立法部门，管理部门等管理和调整制度环境的主体。

在市场经济条件下，农村合作组织必然会面对一定的竞争者和合作者，应推动这些交互作用的主体相互整合，将各种资源以最佳方式利用，并不断创新，共同实现自身的组织职能。外部环境变动信息被组织内部创业家敏锐地发现，创业家利用信息加工优势，并将其有效运用于组织的经营，通过调整组织资源的组合和配置，有效提高组织的收益，从而在内部建立组织创业惯性。不确定性是组织利润的主要来源，创业行为是在利润不均衡状态下特有的机会，创业家是组织出现的根据。创业家的类型与具体功能如表3-1所示。

表 3-1　创业家的类型与具体功能

类型	具体作用
业主型创业家	拥有可以保证支付的各种生产要素的合同收入能力
合伙式创业家	具有承诺能力，需要克服他人与自己共同拥有保证支付合同收入的能力
公司式创业家	组织发起人在组织中发现创业家的才能，将他置于创业家的位置

创业家具备处理不确定性的能力，为发挥这种能力，必须具有各种内部合约

收入的保证能力。一方面通过洞察他人的能力，另一方面让他人相信自己有能力。处理不确定性的能力，即依靠对将来形势的判断来预测组织利润大小的能力，这取决于创业家的创业精神。组织的不确定性包括要素市场和产品市场，创业家通过承担不确定性，使其获得在组织内进行权利分配的权力。

创业家的创新、学习和试验，将会推动制度沿着有效的方向演进。创业家学习、创新现有的战略，发现潜在的利润机会，将组织利润最大化，创业家是组织内部创业行为发生的催化剂，这种催化剂作用能否发挥，关键在于能否实现市场机会的识别、内部创业团队的组建和资源的筹集行为，并按照创业流程组织创业行为的发生。

最后，合作组织创业家最早识别获利机会并进行利用，同组织成员签订契约，使组织成员提供生产要素并服从创业家的协调，创业家凭借超出一般人的信息优势和能力优势，对稀缺资源进行整合，将资源应用于更有效率的新事业。创业家对未识别的机会具有敏感性，并利用这种敏感性实施创新，打破市场均衡。另外，创业家通过发现和利用创业机会，开发新的产品或市场，从而形成组织系列竞争优势。当然，这种竞争优势的形成必须在创业家掌握控制权的条件下才能发挥。然而，创业家也具有机会主义倾向，一旦拥有组织的控制权，就不可避免地产生代理问题。因此，组织内部治理机制的设计和实施，是组织战略导向形成及执行的关键。另外，组织创业战略导向，是组织成员在互动过程中，由于了解到其他行为人的信息是不对称和不均衡的，因而组织在内部决策管理中，尤其是在创业决策中，利用信息时由于掌握的信息不完全，存在决策信息的局限性，从而将组织心智能力与辨识环境的不确定性结合起来，其便演化为旨在处理过程和规则的程序，从而形成战略的制度框架结构，使行为人选择集中在规定的范围内活动。

1. 外部环境对组织战略的影响

农村合作组织在转型背景的市场环境下，其生存环境更加复杂、资源可得性更加小，要想保持在竞争中获胜，实现长远发展，必须把握环境变化的机会空间，规避环境所带来的风险。创业导向是战略导向的一种，反映创新性、风险承担性与先动性的战略态势和倾向，具体要求合作组织关注外部环境变化所产生的新机会、新信息和新需求，并且能够及时掌握，快速地对原有经营行为进行调整甚至改变。创业导向是农村合作组织应对动态、复杂环境，推动自身变革的战略选择，但是，对合作组织创业导向战略变化的作用和形成路径仍需研究。

组织学习是推动战略变革及其顺利进行的关键影响因素。一方面，创业导向推动农村合作组织快速识别和获取外部信息，另一方面，如果组织不能通过学习及时把握和吸收这些信息，并将其整合到组织内部来改善组织行为，就无法采取正确的策略应对外部环境,因此,组织学习在创业导向战略形成中具有重要的作用。

资源和能力基础理论认为,组织是资源和能力的独特组合,只有当组织具备稀缺、有价值、难以模仿、无法替代的资源和能力时,才具有核心竞争优势。知识是组织资源的关键构成,是最有价值的战略性资源,建构和培育组织内部核心知识,并准确把握和应对外部环境变化,是确保组织战略变革成功的关键,而核心知识主要通过组织学习获得。综上所述,组织学习是建构组织战略变化"需求"和"核心能力"之间的桥梁,通过组织学习来创新知识,形成与外部环境相适应的知识创新,形成组织的"核心知识能力",能够有效促进战略变革的实施。组织学习能够揭开"创业导向"战略形成的黑箱,了解其内部复杂的过程机理。组织学习通过改变组织知识结构、组织惯例、优化流程等方面,影响组织战略改变。

2. 环境动态性对组织战略的影响

环境包括的因素很多,如政治、社会文化、法律、地理、市场和产业等外部因素,也包括组织内部资源、组织结构和文化氛围等因素。以环境要素变化的幅度和速度为标准的环境动荡性对组织战略具有显著影响,包括制度环境、市场环境、技术环境和市场风险状况等方面,这些环境要素的变动使预测具有不确定性,组织如果处于一个高度动态的环境,其高层管理者将面临一个模糊、缺乏清楚价值判断标准的经营环境,环境决定组织高层只能在对环境进行有限洞察的基础上,做出快速战略决策,从而提高组织核心能力。

在动荡的环境里开展业务,需要不断调整组织的战略、产品和服务,以便对动荡的环境做出有效反应。环境的动态程度越高,组织越需要保持较高的动态能力水平,以便有效应对环境变化。组织战略决策具有一定的相对稳定的模式和倾向,公司制定企业战略过程的流程包括策略筛选、策略确定和执行管理等一系列环节,这与组织文化、组织心智模式和组织愿景密切关联。组织决策模式具有共性,许多维度具有相似性,基于决策流程相似的共性,能够描绘出具有高度创业精神的组织具有的一些特征。

3. 关系网络对组织战略的影响

农村合作组织嵌入一定的社会网络关系时,其战略导向必然受社会关系的制约,尤其是我国传统农村,人际关系形成的社会网络对合作组织战略选择具有非常重要的影响。首先,关系网络是合作组织获得战略执行资源的主要渠道,尤其是其与政府、非成员农户和金融部门的关系,起到决定性作用。其次,关系网络的治理功能,是治理合作组织成员"搭便车"的主要手段,通过关系网络的治理作用,约束组织成员的"搭便车"行为,从而推动组织成长。最后,农村合作组织的关系网络,是组织应对风险、承担风险的主要支撑。依托农村精英建构的社会网络,可以协助成员抵御风险,建构信任,有组织、有步骤地应对外部市场风险。

合作组织通过社会网络的口碑效应,联合更多农户实现规模经营,稳定销路,提高产品附加值,从而提高组织生存概率。组织关系网络通过将组织内部、外部影响创业导向战略的因素联系起来,从创业机会的识别到资源获取和稳定的创新发生,组织关系网络都起到非常重要的作用。组织关系网络,是组织与政府部门、供应商、客户及其他利益相关者建立的联系,从这种网络中可以获取信息和资源。

关系嵌入同样也是组织与当地供应商、顾客及伙伴之间形成的一种非正式的网络,更侧重于社会关系联结,且关系的强弱会影响信息的分享程度,从而影响组织创业机会识别和资源获取。关系网络为组织提供一个平台,通过这个平台,组织能够有效识别那些难以被组织发现的新机会,这主要因为关系嵌入可以促进信息和知识的流动,有利于隐性和敏感性知识的传播。关系网络主体的互动过程,能够帮助组织获得更多的资源,使组织更接近市场,从而发现商业机会。另外,关系网络是组织获取创业资源的关键手段,其通过正规市场渠道并不容易获得,但通过社会网络则相对较容易获得,这能够降低资源获取的成本。关系嵌入能够通过社会网络来降低组织创业所带来的风险,从而提高风险承担的水平和能力。

4. 组织创业警觉性对组织战略的影响

创业精神是人的一种品质,是指注意到其他组织没有注意到的利润机会,并且对与组织相关的各种利润机会非常敏感,能够把握不确定环境中的稍纵即逝的创业信息,并且能够评估其风险和利润程度。组织创业警觉性包括以下几个方面。

首先,创业警觉是一种不进行搜寻就注意到此前一直不被重视的机会的能力,是一种持续关注的能力,关注那些未被发觉的机会,这不仅是一种天赋,更是组织在实践过程中学习、积累和沉淀出来的认知特质,只有创业警觉性高的组织能够成功识别出创业机会,创业警觉在概率上提高了发现创业机会的概率。组织的创业警觉性与创业机会不仅要实现强度和方向之间的匹配,还要考虑两者之间的动态匹配,其条件是机会之窗在开闭期间内,随机出现的机会点必须落在创业警觉性区域内。

其次,机会发现是组织创业的核心问题,机会发现并不是一个偶然过程,而是组织高层管理者对市场和技术的独特认识过程。由于个人在知识上的局限性,因此不能穷尽所有的创业机会，只有具有警觉性的组织才可能发现并利用机会。组织高层领导者的个人特性及其与外部环境的交流有助于提高组织的创业警觉性，创业警觉性与组织高层的认知能力正相关，高的创业警觉性提高机会发现的概率，机会发现是洞察那些潜在的商业价值和初始创意，这要求组织高层必须具有警觉性和洞察商业机会的潜在意识。组织高层的创业家能力有助于组织创业警觉性的提高，高创业警觉性的创业家特质和创造力与机会识别相关。

最后，组织发现创业机会无外乎两种状态，一是通过纯粹的偶然机会意外获得，二是通过系统搜寻发现市场隐含的内在信息，系统搜寻就是通过创业警觉来搜寻别人发现不了的信息，并且将这些信息解码，转化为创业机会的信息。在不确定和非均衡的市场中，存在客观的机会，这些机会由于信息隐蔽或创业家认知方面的偏差而不被人发现。具有胆识、想象力和异质性的创业家通过独特的警觉性，敏感地发现这样的信息。高警觉性的创业家时刻关注市场，发现机会信息，并将其显化为机会，组织通过创业家的机会发现，进入新的事业或创建企业、扩大生产或从事套利活动，或者更好地配置资源。创业机会是由组织内部创业家在非均衡状态下，凭借自己的警觉性发现的，可以推动市场非均衡向均衡发展。

5. 变革型的领导对组织战略的影响

在组织创业过程中，创业者是领导和高级管理层，但组织绩效更加依赖员工个体的工作行为和表现，这需要组织创业者激发员工的献身精神和主观能动性，只有这样的组织才能抓住创业机会维持生存和发展。

变革型领导强调工作中应具备很强的"再创业"精神，通过向下属描绘更具有挑战性的新目标和愿景来激发员工的自我投入精神。在创业型组织中，每一个创业动机和行为都是一次价值创造的过程，首先，组织创业意味着对创业机会的发现，机会发现是创业者对市场机会信息的搜集和解读的行为过程，并对创业机会进行评估，最终整合所需资源形成创业行为。因此，创业组织中变革型领导首先表现为其对创业机会的识别。其次，组织中的变革型领导还表现为通过自身影响来激发员工的工作动力，从而进行创新性机会的开发和利用。变革型领导是一种领导方式，其通过激励员工工作的积极性，并有效地结合组织所储备的资源，实施组织创业，提升组织绩效。

6. 具有创业精神的员工对组织战略的影响

在组织员工层面应培养创业型员工，让他们发挥最大的能力。首先，给予员工更多的自有权力；过多的规则会限制创业型员工寻找新的思考方式，约束其开拓行为，限制其创新行为的发生，并且不能有效应对外部环境的变化。其次，鼓励员工挑战新事物；允许员工挑战权威，鼓励其寻找新的方法，解决新的问题。最后，给予员工更多解决问题的空间，为创业型员工提供不断寻找解决问题的方法。

合作组织内部最关键的问题之一是成员之间的"搭便车"问题，这也是影响组织创业的关键；关键是部分创业所产生的剩余利润，这种剩余利润的索取权很难界定，由合作组织核心成员掌握组织剩余分配权的治理机制，导致组织内部不能公平配置剩余索取权。监督权缺位也是"搭便车"的主要原因，在合作组织内部，核心成员和普通成员投资的资本规模不同，对监督的需求不同，监督缺位对他们的影响也存在差异。在无效监督情况下，核心成员的损失要大于普通成员，因此，监督缺位对核心成员造成的损失要大于普通成员，核心成员对监督有更高要求，但是，组织内部监督是公共品，普通成员不愿提供监督，核心成员提供监督的成本较大，核心成员会利用组织内部的不完全契约来获取更高的组织利益，从而弥补高额的监督成本。

7. 组织资源整合能力对组织战略的影响

资源整合是指组织对不同来源、不同质量、不同类型、不同内容的资源进行选择，优化配置、有机融合，使之具备创业型组织所需要的柔性、条理性、系统性和价值性，并对组织原有的资源配置体系进行重构，使资源配置更加有效。资源整合同时也是资源整合结构重置的过程，通过摒弃对核心竞争优势无价值的资源，形成核心资源体系。资源基础理论认为，组织对绩效内生性增长的需求，要求组织更注重内部资源有机整合。创新性是组织生存的必要条件，而产品市场竞争程度的增强，以及产品更新换代迅速，要求组织更重视内部资源整合，响应需求变动，因此，资源整合能力及整合的有效性很大程度上决定了组织的创新程度。

组织管理者进行战略调整决策前，必须对组织环境动荡性和政府设计的制度环境进行审视，因为组织动荡性和制度是组织生存风险的主要来源，制度漏洞导致非正常竞争和机会主义、不公平及非法性，从而给组织带来风险。市场动荡导致组织正常经营面临市场不确定性，从而给组织带来风险，影响组织需要承担的风险。制度对合法性产生影响，进而影响组织获取创业资源。

8. 创业团队的柔性能力对组织战略的影响

合作组织内部创业团队的柔性能力具体包括两方面。一方面是组织上的柔性，组织上的柔性具体包括进入和退出机制，如针对一个创业项目，一个管理者或核心成员，可以选择进入，也可以选择退出，这种柔性能够保障组织上具有柔性，保障创业团队成员之间相互信任和团结，从而降低组织内部的成本。另一方面，创业团队的柔性在于对市场的应急能力，团队成员在信息和知识掌握方面存在差异性，创业涉及的内容及需求也具有差异性，如果在团队的每一个成员比较固定地承担一项职责时，其职责与创业需求不匹配，那么，在职责或职能方面，创业团队应针对不同的创业需求，灵活分配职责和职能，提高创业团队的柔性，应对动荡的市场变化。

第四章　合约治理与组织创业导向战略

在本章分析中，假设组织内部存在两种成员，一种是控制资源较多，或控制优势资源的核心成员，一种是控制资源较少，或控制价值不高、非核心资源的普通成员。核心成员和普通成员如何在组织创业导向战略上达成一致，这需要分析资源的不对等性，以及承诺和风险偏好之间的关系。在合作组织创业团队组建阶段，团队成员有形资本能够证实，而人力资本不能证实；在团队发展阶段，团队人力资本逐步得到证实，随着创业型农村合作组织的成长，关系治理的契约逐步减弱，契约治理手段逐步增多，在创业成长和深化阶段，团队人力资本得到证实，治理更加倚重契约治理。

一、合约治理的理论架构

本节按照以下分析方式进行论述。农村合作组织在成立之初，是一种要素组合契约形成的联结，即如图 4-1 所示的第一阶段，要素契约包括有形要素，如资本、土地和固定资产等，这种要素契约决定了组织内部控制权和所有权的配置，同时界定了不同创业成员在合作组织内部的地位和相互关系结构，如权力结构，具体包括所有权和控制权结构，这种组织内部关系结构决定了不同组织成员对合作组织的认知，同时决定了组织成员之间的相互影响关系。

第二阶段是一种心理契约的治理过程，合作组织是一个合作创业过程，资本所有者都具有寻利的功能，组织成长到不同的阶段，其利润的特征不同，组织利润不均衡过程中，组织能否稳定持续经营的关键，在于组织成员的心理契约之间的联结，即成员将组织视为自己的事业，将组织的发展与自己心理密切结合起来，形成对组织长期承诺的心理契约。

第三阶段是收益分配契约，在组织成熟阶段，不确定性逐步降低，组织剩余

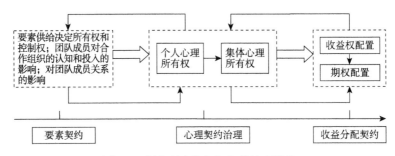

图 4-1　创业型合作组织契约治理结构

的分配成为核心问题，收益分配和期权契约成为组织可持续发展的关键，其包括已经形成的利润和将来预期的利润，已经形成的利润和收益，是否将其转化为股权或者分红是组织内部利润分配的关键，同时也关系到组织生存，对未来预期利润的分配，关系现有成员是留存组织还是退出，外部人员进入组织或不进入组织，是组织进一步成长的关键。下面，将逐步分析不同契约治理的内在机制。

（一）创业型农村组织形成阶段：组织成员的要素联结合约

合作组织形成之初，关键在于要素的一种联合，所有为产品生产而共同协作的资产所有者，相互缔结合约，不同要素所有者同意为产品生产提供服务，作为这些合约的替代，一个组织创始人可以和每一个资产所有者分别签订合约，并为其放弃使用权提供一个价格作为补偿，最终，合作组织对产品进行销售。这个过程包括产品要素的异质性、整合缔约、生产和经营。

如图 4-2 所示，资本合约理论决定了组织内部的控制权和所有权的配置，从创业团队理论来看，由于不能规定各种不确定条件下当时的权力、能力和责任，所以不完全合约理论主张在创业实现过程中，通过再谈判来解决这些问题。因此，重心在于对事前权利（再谈判权利）进行机制设计和制度安排。

图 4-2　组织内部要素契约和创业行为

再谈判过程主要集中于组织内部"权力和能力"的配置过程，具体一点，就是创业团队内部成员之间权力和能力的配置过程。系统考察组织内部权力应该如何配置，需要将不完全契约理论和产权理论相结合。

在合作组织内部，治理权力是一种支配与被支配的关系，拥有权力的人可以支配组织的人力、资金、时间等资源，由于在权力行使过程中，支配资源的方式存在差异，所以产生的结果也不同。这种理解治理权力的过程，蕴含着"治理能力"的差异，治理能力是权力行使者支配某些资源去实现预定目标的成本和收益的比率，即用最少的成本获得最大收益的能力。治理权力和能力在组织内部不能被混淆，权力总是处于显性状态，如组织内部某些领导能够支配和使用多少人力、资源和时间是显性的；而能力是高超的战略决策、精细的战术安排及灵活适应性措施，是"内在"的智慧和技巧，不容易被人所感知和度量。

一个合作创业的团队能否成功，在于组织内部能力和权力之间能否成功转化，如果组织内部重视和向往权力，轻视能力的配置和培训，将导致日常治理的冲突，当面临新的创业环境时，组织将无法经营，因此，需要建立一个由权力治理转化为能力治理的机制。在组织内部，尽力扩大治理能力的作用，治理能力的提升，对可支配资源同样有较大的需求，因此，应建构一种治理能力和权力之间的匹配关系，给予具有一定治理能力的支配者一定的治理权力，也就是建立治理能力和治理权力相匹配的机制。治理权力和能力存在一种最优配置，在该种配置下，治理能力达到最大，治理权力相对较小，实现功效最大化。但在实践中，最优解不能被找到，理论上的最优虽然达不到，实践中的次优通过下意识地追求却是完全可以实现的。

在组织授权体制中，单纯地以等级为基础，依照组织层阶高低授权时，很少参考"治理能力"来决定权力配置，在层级的授权格局下，各级权力固化。因此，授权不但应根据组织等级，而且应根据支配者的治理能力来配置权力，从而实现组织创业型增长。

（二）创业型农村合作组织成长阶段：组织成员的心理契约

如图 4-3 所示，由于股权分配是动态的，因此，股权分配设计动态影响要素契约和心理契约，为创业型农村合作组织发展提供合约基础。

一方面，股权分配设计影响团队权力结构和能力结构关系。股权设计是组织内部权力结构的基础，其设计往往会考虑组织内部成员的变动和成员贡献差异等因素，成员贡献差异与成员能力显著正相关，因此，股权设计改变了以前依靠资本贡献所形成的权力结构，逐步向以能力贡献为基础的能力资本上转变，推动了资本契约和能力契约的融合。

另一方面，股权设计推动心理所得权的转变。随着组织权力和能力构成的变化，组织成员之间的互动发生变化，成员互动和内部角色发生转化，形成心理感觉上的变化，主要是个体心理所得权向集体心理所得权的转变。组织成员通过不

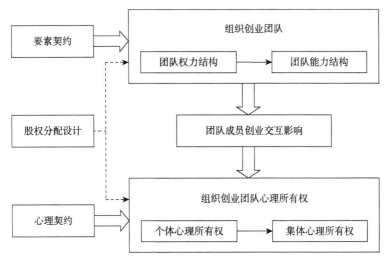

图 4-3 股权分配与团队心理契约治理

断互动实现组织目标，相互认同及对组织高度认同，推动了组织心理所得权产生。例如，引入职业经理人，职业经理人限期对组织没有实际的控制权，但是，其为组织带来新的能力，丰富了组织能力结构，原始组织成员与新成员之间相互学习，建立信任关系。此外，通过对新成员进行股权配置，可以提升个体对组织的所得权，有利于相互之间的交流，形成互助的学习氛围、分工合作的机制、互补和替代的资源交换，从而形成较高的个体心理所有权与集体所有权。因此，创业团队心理所有权较高。

（三）创业型农村合作组织成熟阶段：组织内部收益和期权分配契约

按照创业的不同阶段，在创业型合作组织成熟阶段，经营比较稳定，在这个阶段，合作组织重点在于组织利润的分配，不合理的利润配置会导致组织分裂。

首先，股权配置、心理所得权形成和收益权、期权配置只有形成一个良性循环，才能推动创业型组织的发展。股权配置与心理所得权形成已经进行论述，关键是收益权、期权的配置。这里涵盖一个承诺的问题，包括分红的承诺和期权承诺，由于成员性质的约束，农村合作组织普通成员需要定期得到分红来维持家庭再生产过程，这需要定期分红；而核心成员和普通成员不同，其根本目的不是通过分红来维持家庭，而是资本的寻利，因此，普通成员和核心成员在分红上存在差异，需要一个平衡的承诺过程。对于期权来说，利润积累的比例取决于对未来创业收益的预期，普通成员和核心成员的预期不同，其对期权的分配要求也不同，所以同样需要一个承诺和博弈过程。因此，收益权和期权的配置能够有效维持组织生存发展。

其次，期权和收益权配置影响股权配置。期权和收益权直接影响农村合作组织的收益积累，这些留存组织的收益属于各个成员，形成组织成员对组织的股权，其实际是股权的配置过程。成员对分红和期权的集体决策，直接影响股权的配置，影响每一个成员的股权份额。

最后，股权配置影响心理所得权，股权配置影响组织的所有权，掌握一定股份的成员，将合作组织视为自己的组织，在心理上对组织形成共生共荣的认知，从而在个体角度上形成个体心理所得权，合作组织内部成员在互动过程中，建立相互信任关系，推动信息沟通，进一步形成集体心理所得权，从而形成稳定的创业型农村合作组织（图4-4）。

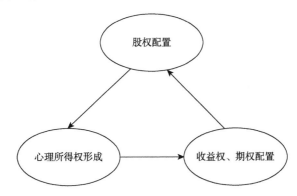

图4-4 股权配置，心理所得权形成，收益权、期权配置的关系图

综上所述，农村合作组织内部的股权配置，心理所得权形成，收益权、期权配置，这三方面耦合，共同形成组织的核心竞争优势，使得组织持续创业，在激烈的市场竞争中寻求生存之路。

二、核心企业家与普通成员之间的博弈

在农村合作组织中，组织经营者需要开拓业务，应对市场变化，从而进入新的经营领域，这些活动都需要企业家参与，他们被称为核心企业家。核心企业家和普通成员之间就组织创业需要达成一致，使双方的策略选择一致，否则一些新的经营活动就会因普通成员退出而无法形成，创业活动也就无法开展。

核心企业家通过影响普通成员对自己某种情况下的行为预期，达到建构组织内部战略的目的。为了能够影响普通成员，核心企业家必须约束自己的行为，通过自己行动策略的选择，改变组织内部普通成员和自己行为的可选择范围，通过策略限制自己，并由此确定组织未来行动的方向和能力，从而为组织建立创业导

向战略服务。因此，核心企业家和普通成员的行为策略选择，是组织内部形成创业导向的关键。

（一）成员承诺和组织战略

核心企业家对未来行为的承诺能力，取决于其在普通成员眼中的可信性，即核心企业家承诺的可信性。假若组织内部核心企业家的承诺是可信的，普通成员在考虑自己的策略时，就必须把核心企业家的行动考虑在内。例如，在讨价还价模型中，如果核心企业家为了达到约束普通成员的目的，选择 R（创业导向）的策略并给出其选择 R 的可信性承诺，即核心企业家的战略选择是自我实施的，那么其必须找到一种方式，来承诺 R 策略在重复博弈中持续使用，从而形成稳定战略导向。如果核心企业家能够使这种行为策略成为可信性承诺，那么对于普通成员来说，理性的选择是跟随核心企业家，遵循创业导向战略。虽然普通成员还有其他选择，但是，当了解到核心企业家的创业选择策略后，普通成员会选择创业策略，从而在组织内部形成一致的创业导向。核心企业家与普通成员博弈矩阵见表 4-1。

表 4-1　核心企业家与普通成员博弈矩阵

组织核心企业家	普通成员	
	不跟随	跟随
创业	（5，1）	（4，4）
不创业	（9，-1）	（0，0）

无论核心成员选择何种战略，普通社员的最优策略都是跟随。核心成员知道普通成员这种跟随战略后，其最优战略是选择创业。按照"智猪博弈"的模式，在合作组织内部，组织战略最优选择是"创业"。

根据集体行动逻辑理论，在组织创业过程中，创业点子或创业创意好似公共品，合作组织的不同成员对提供公共品的动机存在差异，具有创业精神和能力的核心成员倾向于提供公共产品——创意，并承担大部分风险，而普通成员农户倾向于选择"搭便车"，两者之间的博弈类似"智猪博弈"，核心成员选择创业，普通成员选择"跟随"战略，核心企业家通过搜寻信息寻找市场机会、开展创业，而普通成员负责生产。

1. 核心企业家承诺的可信性

对于组织内部成员来说，可信性来源于其控制自身选择策略利益的能力，核心企业家可以改变其不选择创业策略的利益，以增加其选择创业策略的预先承诺的可信性。例如，创业收益是其他成员选择创业的关键影响因素，所以，通过减少不选择创业的利益，其创业策略选择的预先承诺的可信性提高，变得相当可信，而普通成员依据其对核心企业家降低不选择创业策略收益行为的观察，理性选择创业跟随策略。为了使核心企业家能够形成组织创业策略行为，必要的一点是建构一种预先承诺技术，使组织内部成员选择不创业策略（L 策略）的收益发生变化。例如，对预先承诺建立一个相应的监督机制，或者需要一个第三方，建立一种通过第三方施加影响来惩罚失信的机制。

2. 普通成员的承诺

对于普通成员的承诺来说，如何使核心企业家的预先承诺具有可信性，关键在于普通成员如何形成集体行动，通过集体行动选择某种策略，从而制约核心企业家选择某种策略的可信程度。在多数情况下，预先承诺技术对组织成员并没有可行性，如退出机制和退出成本等技术都不能约束行为人的策略行为。此外，承诺的可信性与行为人的谈判能力和谈判所代表的权力、权威直接相关，如果核心企业家能够以某种形式影响普通成员的选择，那么核心企业家的谈判力量就较大。

（二）谈判力量与合作组织战略导向

核心组织创业战略形成，是组织内部各种势力谈判的过程，具有战略决策影响的一方，通过持续行为形成组织心智模式。在组织内部，影响组织战略导向的谈判力量和拥有资源的多少具有不对等性，需要将最有可能制约创业战略形成的因素分离出来。创业导向是在组织内部各种力量互动中形成的，在单次谈判过程中，许多因素可以决定谈判的结果，如策略人所拥有的资源、其谈判的能力和智慧、先前的经验，这些因素被称为谈判力量。

这些因素可以单独决定组织战略的形成，也可以交互作用推动组织战略的形成，但是，只有谈判者共有的因素，才能解决重复博弈过程的持续进行，才能形成最终的战略导向。这些因素可能与个体特征有关，但更大的可能是与所拥有的资源所有权相关，即组织成员的资源"拥有力量"。在创业导向战略形成过程中，最重要的是资源，就是那些行为人控制的、能够满足创业项目需要的资源。关键性创业资源在特定谈判过程中具有支配性作用。对于特定的谈判来说，许多因素都具有决定性，如某个人的个性特点，但是，在此过程中，关键是资源所有权，即个人拥有的"资源权力"。资源权力决定谈判能力，谈判能力决定战略决定权力。对于一个战略决策来说，如果谈判失败后，一个成员所拥有的资源是在产权制度基础上的纯净资源，那么，这种资源是可以在其控制下投资其他项目的。这种资源控制能力，决定其在战略谈判中的关键能力。控制的资源的质越好、量越大，其相对谈判力量越强。

1. 失败成本的影响

失败成本通过影响承诺的可信性，进而影响战略选择。如果农村合作组织核心成员选择创业战略失败成本高于普通成员，核心成员向普通成员传递自己战略选择的信息，该信息的可信性在于普通成员对核心成员失败成本的评估。如果核心成员的失败值较高，在此条件下选择创业战略，其承诺性的可信性较高，在此基础上，普通成员将选择跟随战略，从而选择创业战略。

就失败成本来说，创业失败形成的成本分担机制，同样与收益分配机制一样重要，其与创业抵押的财产相关，同时与其初始投资相关，为了弥补创业机会、过程和结果的不确定性，这些主要由"核心成员"负责，核心成员一般会让渡获得失败残值的比例，从而承担较大的失败成本。

2. 可用资源与风险承担的影响

合作组织内部成员所拥有的资源量不同，成员"可用资源"与"风险承担"之间存在相关关系，成员可用资源占有量影响该成员对风险的态度。对于普通人来说，资源占有和风险承担成正比，这种关系意味着组织内部投入大量资源的核心成员，其风险承担倾向要强于普通成员，而风险承担正是创业导向战略的关键维度，核心成员这种创业导向战略能否得到普通成员的认同，即普通成员认为核心成员这种创业承诺是否可信，有以下几个理由表明普通成员认为核心成员这种承诺可信并选择跟随策略：①核心成员失败成本较高，投入资源所占的比例越高，若项目失败，其承担的失败成本就越高，这种失败成本的不对等，使普通成员相信核心成员能够信守承诺；②投入资源的逐利性，投入资源越多，其要求的利润越多，利润和不确定性相连，其承担的不确定性带来的风险就越高，其承诺越可信；③核心成员所处的社会网络，合作组织形成一般基于血缘、地缘和业缘的社会网络，社会网络中的声誉机制会约束核心成员在创业失败后的偿还行为，从而使普通成员对核心成员较为信任。

3. 成员谈判能力的影响

组织内部的谈判，如创业利润分配所形成的规则等非常重要，组织内部成员可采用集体谈判的策略，组织可以接受这种策略，并相应地进行谈判，或采用拒绝集体谈判的策略，但会面临组织崩溃的风险，如果农民组织和纪律性足够强大，那么他们退出组织的承诺就具有可信性，组织预计到成员退出的可能性，会接受成员农户集体协议的选择。另外，如果组织成员联系不紧密，组织就会发现集体谈判策略缺乏可信性，因而可能通过单独谈判策略，所以，可选择策略是否具有有效性关键在于成员之间联系的紧密程度。

成员农民的相对谈判力量受两方面的影响。一方面，组织起来的农民可以集中利用他们的资源，从而降低财务优势对组织核心成员的重要性，集中的资源使农户可以维持组织化生计；另一方面，农民连接的紧密程度可以降低组织外部选择的可行性，如果成员大部分退出，组织的价值就会降低。

谈判能力受时间偏好的影响。核心成员拥有更多的资源，其较少依赖谈判结果，在谈判中具有更强的耐心，持续谈判需要消耗时间，这种耐心将转变成谈判的优势。而对于普通成员来说，持续的谈判将提高其资源利用的机会成本，从而消耗普通成员谈判的耐心，其倾向于接受核心成员的策略选择。

时间偏好根据折现的参数来衡量，谈判的折现参数的差异会影响结果的分布，有较高的折现参数的谈判者会得到较大份额的利益。如果创业者和普通成员有着不同的时间偏好，未来合约的价值对于创业者而言要高于普通成员。由于谈判成本昂贵，假如未来一个可能的较大份额会因一系列的折现系数而缩小，那么相比之下，普通成员更愿意接受目前的较小份额。

关于谈判理论的使用，在力量不对等的条件下，每个收益人对创业活动如何开展持不同的偏好。在谈判理论中，有以下几个因素至关重要。

（1）度量。在创业互动中，需要一些关于时间和空间的基本准则，其中一些包括在度量体系中。这些度量标准看似由中立标准构成，但是却是大量分配冲突的来源。某种度量标准的选择，在特定创业活动中，往往会影响利益分配的重要变动。在度量收益形成要素的贡献度方面，核心成员和普通成员之间存在差异，反映合作组织中普通成员和核心成员的谈判优势、相关资源（包括土地和工资）等度量制度的选择大大偏向核心成员，所以发生核心成员对普通成员的剥夺，从而导致创业组合的崩溃。

（2）承诺的确认。创业者创业策略获得承诺后，他们面对将这种策略作为支配整个组织的规则的任务，当组织确认承诺的创业策略转变为组织期待的行动，并且意识到遵守承诺是他们对其他人最好的回应时，扩展行动便完成了。制度化变成组织对行动策略的确认过程。对于外部强加制度来说，政府部门工作人员使用标准程序来确认这些规则，以确保它们得到确认。创业策略的分散形成是一个动态过程，创业精神的确认需要学习的能力，从而适应互动成员之间的行动并据其做出的调整。随着时间的推移，组织成员认识了在组织行动中常见的创业策略，他们根据自身的经验获取其他人行为的信息，并利用这些信息决定自己未来的行为，如果共同的互动经常发生，那么组织成员就会通过稳定的行动组合调整使组织层面趋于一致，这种行动组合进而作为制约未来的非正式规则而得到确认，这种分散的确认过程由不对等力量支持的承诺产生。

三、组织内重复博弈与创业战略

合作组织创业导向战略的分散形成，可以通过重复博弈的模型来确认，在合作组织中，核心企业家与较多的普通成员保持一种重复博弈的关系，在重复博弈中相互学习，选择、调整和强化策略。在机制上，将组织看作一个重复的讨价还价博弈，其涉及一些稳定的参与者，这些参与者就组织战略方面的问题做出决策，并检验决策有效性和稳定性。

（一）重复博弈中组织学习的影响

学习是一个交流和调整过程，涉及不同的行为人，不同互动都具备相同的合约结构，创业活动可以看作行为人发生变化的重复博弈，确认需要学习重复博弈活动中不同类型的策略并做出调整，与相同行为人的持续关系在确认过程中起到一定作用。持续关系是形成稳定战略的关键。持续关系的结构，决定了最有可能影响学习过程的信息类型。

一种是强调过去的博弈信息，这种模型是单纯适应性模型，假设行为人只依赖博弈对方过去行为的信息，其将预期建立在过去的博弈行动上，凭经验预测对手下一回合行动的概率分布，从而选择最大化收益策略。另一种是基于"合理性"和"相关性"的模型，将重点放在博弈收益信息上，通过对现存收益、合理性及博弈方所掌握的信息的理解，来预期对手的策略。这两种都存在缺陷，强调过去信息会忽略重复博弈过程中对手学习的可能性，强调收益理论会忽略参与者从博弈者类型的关系推测出的信息，应该将这两种类型的信息综合使用。

（二）重复博弈中预期力量不对等的影响

预期力量的不对等导致组织战略的分散形成，成员拥有的资源量不同，组织战略的形成关键在于大量资源拥有者，即具有绝对优势的企业家做出承诺而形成的。通过组织不同成员的一系列互动，拥有相似资源的成员会确立某类互动中的行动模式，而组织领导通过与成员的交往调整策略，使自身在对其他人的承诺做出预期的情况下实现最佳的结果。随着时间的推移，理性行为人继续调整他们的策略，直到达到均衡状态。随着这个过程被确认为组织预期的均衡策略组合，一个自我实施的组织战略便形成了。

首先，在单独互动中，与控制资源有关的信息比行为人动机的信息，包括收益逻辑的信息更容易被察觉。正式资源的可察觉性，加强了据此做出的承诺的可信性。其次，组织内部资源在成员之间的分布不均衡，所以，资源拥有量占优的成员具有更强的影响力，这种解决合约问题的方式使不对等力量和分配相互联系。对于多主体之间多次协议互动过程来说，力量的不对等和行为人之间可辨别的差异，使调整过程简单化。最后，控制资源的不对等使合约谈判失败过程中的损失不同。基于资源贡献承诺的信息决定了博弈者的类型、策略和收益信息，这些信息通过相互学习进行传递，会产生不同的未来策略预期。由力量不对等产生策略组合，是组织内部创业导向形成的一个特征。

（三）重复博弈中的分配效应的影响

组织内部战略的变动，关键是农村合作组织内部非正式网络的分配效应产生一种持续的冲突关系，威胁组织内部战略的稳定，并且促使内部战略不断改变。内部组织战略的改变并非可以轻易完成，其需要改变一个群体对组织发展的预期，需要那些未来能够有效承诺策略的行为人改变他人的看法和预期，从而获得不同的均衡结果。组织创业战略的形成，关键在于其因创业形成剩余分配结果与相关参与人的谈判力量的变化而变化。

第一，分配结果的变化影响组织内部人对创业战略的偏好，进而影响组织成员推动制度变化的动机。在当前战略条件下，处于不利地位的群体，总是有改变组织战略的动机，而分配结果的改变，增强了这种寻求制度变迁的动机。创业剩余的外部条件和环境可以改变，组织成员创业战略的选择可以影响战略以外的因素，并产生一定的组织经营结果。例如，创业战略影响组织的经济条件和技术条件，从而影响公司的利润水平，产生新的建构活动的方式。

第二，现存制度对组织战略的影响，以及现存的制度产生行为人没有预期到的分配效应。例如，占优势地位的行为人，可以在一个能够产生长期效应和短期效应的战略之间进行权衡，从而选择具有差异的重大战略，而长期效应和短期效应影响创业战略产生利益。不同战略选择分配利益的方式不同，这导致人们可能偏好新制度而不是现存制度，这些变化会影响引导群体达成均衡结果的资源所有人。组织内部成员相对力量的改变，也可以促成战略的改变。组织内部控制资源力量的改变，导致组织内系统性的变化。例如，随着掌握创业资源的成员的加入，其为保护自身权利，要求组织内部建立创业导向的战略，寻找一切可以盈利的机会进行创业，从而影响组织内部战略的改变。

第三，组织内部谈判力量的变化也会导致战略发生改变，控制资源较少的组织成员能够影响强大的成员的战略选择。从单个组织成员行为的观点来看，出于对自身利益的考虑，其最好的策略是遵循组织战略导向，即使其偏好其他选择，也会遵循组织策略导向，单方面违背组织策略并不能获得最优利益。但是，如果能与战略选择偏好相同的其他成员进行协调，形成一致的战略偏好，就能够获得有利的战略安排。在合作组织内部，成员的集体行动同样能够形成一致战略安排。为使策略具有合理性，相信处境相同的成员都会选择这种战略，如果这种协调成为可能，则组织内部利益非对等的形势就会发生变化，战略选择也会发生变化，这是一种资源贫乏者之间的集体行动导致的战略改变。

此外，外部不确定性也是组织战略形成的主要诱因之一，组织内部核心成员承担"决定做什么、如何去做"，承担决策的不确定性；普通成员将决策权，其实是将不确定性委托给核心成员，从而获得一种稳定的工资和分红收入。而将承担不确定性的职能交给核心成员承担，意味着在决策上跟随核心成员，核心成员采取的创业战略会获得普通成员的拥护和跟随。

四、可控制实验的组织创业行为

组织创业行为可以看作一种控制性实验行为。由于组织内部企业家的决断力在市场上不可交易，或者面临不完全市场，因此，合作组织作为多人共有的经济组织，其中企业家的决断力在组织发展中具有十分重要的作用。当资本具有同质性时，较容易创建、协调和实施生产计划、营销计划，决策问题是指选择一种密集手段应用于组织经济活动，但是，由于合作组织成员异质性、提供资源的异质性、农业经营的属性，生产计划难以被创建、协调和实施，无法确定资产之间的配合能为组织带来最大的利润回报，也难以了解资源之间的互补和替代相互作用关系。

组织内部资源之间的相互作用关系在组织形成之前是未知的，如何对其进行组合、整合和联合，需要通过实验或试错手段来确定。首先，组织内部核心企业家需要确定各种体系分工，确定资源之间的最优匹配和关联，然后才能在控制视角下开展创业实验过程，使实验不受外界干扰。其次，必须对创业实验活动有所引导，通过多种形式进行，如对项目团队集中进行指导、形成一致性意见、避免重复实验、吸取以前实验教训、修改实验过程等。最后，也是最关键的问题，即如何设计最佳实验过程，以及这种实验是在组织内还是在组织外进行。在信息对称和零交易成本下，所有资源的所有权利都能够在契约中清楚地描述出来。但是，在具有异质性资源，且其难以被预测和评估的情况下（如种子、土地和生产技术之间的匹配），完全契约是不可能实现的。在一个创业者控制下的生产企业，如果生产契约中有专用性投资，那么就存在"敲竹杠"问题。

案例 4-1 月季合作社土地问题

在成立合作社时，农户以土地入股，合作社提供种苗、技术和农资物质，负责收回产品销售。在成立之初，成员农户都能按照生产合约进行生产，并按时向合作社提供产品。后来，随着地方种植规模的扩大，当合作社所提供的销售渠道在价格上相对于其他客户提供的价格丧失优势时，销售渠道这种资源的专用性就会下降，成员就会退出合作社单干，自己寻找销售渠道来销售月季。这样，就导致合作社组织层面的创业因土地资源的退出而失败。

资产的专用性也是组织可控性创业实验的一个结果，创业过程中，资产专用性可能会增强，也可能会降低，资源的协调使资源专用性发生改变。例如，一块土地进行规模化经营和小规模经营，会使土地种植模式发生改变，资产专用性也会随之出现[①]。随着创业实验的继续，资产会由于地理和时间的约束变得越来越专业化，时间和地点的专用化使得资产更有效地协调，这也是在组织内部协调资产的一个原因。通过协调可以发现更多资源的属性，并且使这些属性更好地为创业服务。组织之所以存在，是因为本质上通过资源的分散占有，生产不能有效进行，如何协调这些资源，并非一目了然。因此，需要创业实验来实现，即试错。

原则上，如果一个实验性团队雇佣外部设计师来引导实验进行，如对行动和程序的进行步骤提供建议，发起新的实验，并从实验中获得结论，调整未来的设计方向，那么会对实验产生影响。但是，这样的治理机制会带来严重的讨价还价成本，在创业过程中，任何创业团队都可以否决设计师的建议，如果团队是在某个权威的指引下，则会节约成本。"权威"的含义就是创业者在实验团队是里重新定义和配置权力，或者对那些没有达到目标的团队成员进行制裁。通过这种全力配置，合作组织创业者能够避免持续的再谈判成本，同时，这种治理结构为组织内创业实验提供了一个可实施的控制性实验的情景。创业者通过对组织内部权利和义务进行相关界定，提高权力配置的有效性，这些权力的组合和建立过程就相当于创业过程。

---

① 在被调查的一个合作社中，其基础产业是生产绿色有机蔬菜，这个合作社从农民那里租来土地，形成规模，大概3 000亩（1亩≈666.667平方米），如果规模经营，那么土地是一种专用性资产。但是，合作社管理层决定将这3 000亩土地分别划分成以2亩为单位的小块，分包给150户，每一户由夫妻两口家庭经营，按照公司的要求生产有机蔬菜。由于是家庭经营，利润分成和集体销售使土地的生产效率大大提高，土地的专用属性与家庭经营和规模管理有机地整合起来，使得资产专用性被进一步发现。

第五章　创业农户参与合作组织意愿实证研究

一、研究背景

涉农创业①是推动农村经济发展、保障农产品生产的重要力量，由于涉农创业具有较大的风险，强化对涉农创业农户的支持力度，有助于推动涉农创业的发展。提供有效的组织平台是扶持涉农创业的重要手段，其信息搜集能力和加工能力能够发挥农户间的信息聚集和传播的作用（屈小博和霍学喜，2007）。普通农户以及在商品性集约经营中进行了较大特殊生产投资的农户，对加入合作组织有较明显的积极性（石敏俊和金少胜，2004）。然而，卢向虎等（2008）则认为由于创业农户已经建立相对稳定的销售渠道，农村合作组织提供的销售服务吸引力不大，因此其参与合作组织的意愿不强。朱红根等（2008）的研究表明，影响农户专业合作社需求的显著因素包括户主文化程度、经营规模、农产品价格感知情况、稻作经营过程中面临的困难程度、农田抵御自然风险的能力等。当农户在创业过程中所面临的障碍不能通过社会网络解决时，正规的网络组织，即农民合作组织就成为其解决问题的重要途径。通过合作创业，成立农民合作组织，能够有效推动农村经济的发展（Chagwiza et al.，2013）。由此可见，在农户参与合作组织的意愿研究中，对创业农户参与意愿的调查和研究相对缺乏。因此，基于对传统农区河南省227个农业内创业的农户的调查，本章使用Logistic模型分析创业障碍对涉农创业农户参与合作组织意愿的影响。

---

① 在本章中，涉农创业农户是指在农、林、牧、副、渔大农业内从事较大规模经营的农户，由于被调查地的人均规模较小，所以单户租种土地超过 30 亩的农户，即可认为在种植业内创业；在养殖方面固定投资达 5 万元以上的农户，即可认为在养殖业内创业。

二、研究假设

创业障碍是指影响创业者的经济、文化和制度方面的制约因素，具体内容如表 5-1 所示（Ekpe et al., 2011）。在本章中，创业障碍特指农民在创业过程中（重点关注农业范围内创业，不涉及非农创业），所面临的经济、文化和制度方面的制约和阻碍因素，这是农民创业过程中要克服的，是取得创业成功的关键所在。在创业网络中，采用合作策略的创业者的成功率要大于采用非合作策略的创业者（周冬梅和鲁若愚，2014）。个体在创业过程中，倾向于向正式和非正式网络寻求帮助，从而克服创业障碍。

表 5-1　创业障碍的类型及其含义

创业障碍	含义
经济障碍	缺乏资产抵押而不能获得贷款；土地和劳动力约束；低收入水平导致储蓄缺乏；低教育水平导致技术缺乏；市场规模约束；公平交易约束；创业机会约束；社会资本和网络缺乏
文化障碍	保守思想导致缺乏风险承担理念；创业团队的合作观念不强；小富即安思想；创业观念和创业精神缺乏
制度障碍	扶持创业制度缺失；已有的制度执行不力；制度规制约束、税收负担、经济支持体系；非正规创业环境约束

创业障碍包括创业进入过程中的障碍和创业经营过程中的障碍（Kloosterman，2010）。金融资本约束、土地资本约束、基础设施落后、市场准入歧视、创业环境不佳、创业素质低是农村创业的重要障碍（胡俊波，2012）。有效的社会网络支持是进入创业的重要门槛，这些创业障碍严重制约着农民的创业意愿。通过组织内部成员的集体行动，有效提高市场绩效（Barham and Chitemi，2009）。对于创业者个体来说，合作组织能够为自雇者提供创业机会，增强自雇者自身创业能力（Datta and Gailey，2012）。当涉农创业者感受到分散经营的艰辛和组织帮助的极大好处时，农业经营大户也会有加入合作组织的强烈欲望（李晓明和尹梦丽，2008）。综上所述，提出假设 5-1：涉农创业农户对创业过程中障碍因素的认知程度越强，其参与农村合作组织的意愿就越强。

三、数据来源

本章采用的数据来源于 2012 年寒假期间南阳师范学院学生在河南省范围内所做的乡村调查。调查人员都经过调查内容、调查技巧的相关培训，以便取得更有效的调查数据，调查人员选择其家庭所在地或临近的农村社区进行调查，以保证所搜集数据的可信性和可得性。调查对象仅限于在农业范围内进行创业的农户,重点是种植业和养殖业两个方面。调查过程中使用录音设备,在调查完毕后,调查员通过录音记录确定问卷内部的信息,以确保问卷信息的可靠性。调查共获得270份问卷,其中43份问卷因部分数据缺失而无效,因此,共获得有效问卷为227份,有效率为84.07%,包括92户养殖业农户和135户种植业农户。

四、变量及模型选择

(一)模型选择

Logistic 模型在社会科学中有着非常广泛的应用,本章选择 Logistic 模型进行研究,即式(5-1)。

$$\log\left(\frac{P_i}{1-P_i}\right) = \beta_0 + \beta_1 X_1 + \beta_2 X_2 + \beta_3 X_3 + \beta_4 X_4 + \beta_5 X_5 + \beta_6 X_6 + \beta_7 X_7 \quad (5\text{-}1)$$
$$+ \beta_8 X_8 + \beta_9 X_9 + \beta_{10} X_{10} + \beta_{11} X_{11} + \beta_{12} X_{12} + \beta_{13} X_{13} + \varepsilon$$

模型的估计使用 Stata 10.0,其输出的是优势比(odds),在本模型中,优势比是涉农创业农户愿意参与合作组织的概率与不愿意参加合作组织的概率的比值,即 $odds = \dfrac{P}{1-P}$。

由于 Logistic 回归模型的系数和优势比有直接变换关系,所以该模型回归系数的解释更贴近实际的解释,从而使该模型得到广泛应用。自变量的系数表示每改变一个单位的自变量,优势比的自然对数值的改变量。$\exp(\beta_i)$ 表示自变量每变化一个单位,愿意参与合作组织出现的概率与不愿意参与合作组织出现的概率的比值是变化前的相应比值的倍数。

(二)变量选择

在模型中,因变量是农户参与创业意愿的概率比,其中 P_i 是第 i 个被调查样本参与农村合作组织的意愿。X 为自变量,包括 7 个方面的内容。

(1)创业者人力资本:性别(X_1)、年龄(X_2)、教育程度($X_3 \sim X_5$)、劳动力数量(X_6)。

(2)创业者社会资本(X_7):家庭成员中是否有村干部(分家出去的直系亲属也算)?如果有,则用 1 表示;没有则用 0 表示。创业是否有合伙人(X_8)?如果有,则用 1 表示;没有则用 0 表示。

（3）创业投资行业（X_9）：1 表示养殖业；0 表示其他行业。

（4）创业障碍因素认知（X_{10}）：设计 6 种创业的障碍性因素，分别让农户选择，如果农户选择 3 种，则赋值为 3，赋值越大，说明农户在创业过程中所面临的障碍性因素越多。

（5）是否参加保险（X_{11}）：如果农户参与正规的商业保险，则赋值为 1；其他赋值为 0。

（6）是否存在压级（X_{12}）：为了考察市场状况，设计了在产品销售过程中是否存在压级和压价现象的变量，如果存在，则赋值为 1；其他则赋值为 0。

（7）对创业政策的满意程度（X_{13}）：对不同扶持政策，分别设置得分：1 表示"非常不满意"；2 表示"不满意"；3 表示"一般满意"；4 表示"满意"；5 表示"非常满意"。然后汇总所有选择的得分，作为农户对创业政策的满意程度的衡量标准。

变量的描述性统计如表 5-2 所示。可以看出，创业农户参与合作组织的意愿较强烈，有 77.53% 的创业农户有参与农村合作组织的意愿，有 22.47% 不愿意参与农村合作组织。此外，种植业和养殖业创业农户参与合作组织意愿的差异不大，所调查的 92 户养殖业创业农户中有 77.2% 的农户愿意参加农业合作组织，所调查的 135 户种植业创业农户中有 77.8% 的农户愿意参加农业合作组织。在所有调查样本中，教育程度为小学及文盲的共占总样本的 25.99%；教育程度为初中的占 42.73%；教育程度为高中及高中以上的占 31.28%。

表 5-2　变量名称及基本统计分析（$N=227$）

变量	含义	平均值	标准差	最小值	最大值
X_1	性别	0.145 3	0.353 2	0	1
X_2	年龄	42.264 3	8.538 3	20	60
对照组	小学和文盲	0.259 9	0.439 5	0	1
X_3	初中	0.431 7	0.496 4	0	1
X_4	高中	0.242 2	0.429 4	0	1
X_5	高中以上	0.066 0	0.248 9	0	1
X_6	劳动力数量	3.383 2	1.128 1	1	8
X_7	是否有村干部	0.149 7	0.357 6	0	1
X_8	是否有合伙人	0.092 5	0.290 3	0	1
X_9	创业投资行业	0.594 7	0.492 0	0	1
X_{10}	障碍性因素	2.387 6	1.004 1	0	6
X_{11}	是否参加保险	0.246 6	0.432 0	0	1
X_{12}	是否存在压级现象	0.383 2	0.487 2	0	1
X_{13}	政策满意程度	10.775 3	2.534 3	6	19

五、实证结果

（一）家庭人力资本

1. 户主性别

在其他条件相同的情况下，女性户主的参与意愿是男性的 1.595 5 倍，但统计上不显著；其中可能原因是，与男性相比，女性风险偏好程度更弱。因此，女性户主更倾向于参与农村合作组织，从而获得合作组织的支持。

2. 户主年龄

年龄对农户参与合作组织具有正向影响，户主年龄每增长 1 岁，其参与意愿增加 1.04%，系数在 10%的水平上不显著；其中可能的原因是，年龄越大其风险规避性越强，越倾向于规避风险。在调查中发现，创业农户的平均年龄在 42 岁左右，其年龄偏大，年龄对风险态度的影响较明显。

3. 户主教育程度

与小学和文盲相比，初中文化程度的农户参与创业是其的 0.834 2 倍，高中文化程度是其的 1.338 5 倍，高中以上文化程度是其的 0.327 8 倍，但三个变量在10%的统计水平上不显著。这表明高中文化程度最倾向于参与农村合作组织。可能的原因是文化程度越高，其抵抗风险的能力就越强，参与意愿也就越弱。

4. 劳动力数量

劳动力数量与涉农创业农户参与农村合作组织正相关，劳动力数量每增加 1人，其参与农村合作组织的意愿提高 33.85%，该系数不显著。可能的原因是劳动力越多，其经营规模越大，越愿意参与合作组织来降低风险和扩大销路，从而降低销售成本，提高销售规模。

（二）家庭社会资本

1. 是否有村干部

在其他条件相同的情况下，家里有人是村干部的涉农创业农户参与合作组织意愿是其他的 1.055 5 倍，但统计上并不显著。其中可能的原因是，村干部一般是农村合作组织的发起人或参与者，其对创业者的影响较大，参与合作组织后能够获得更大的收益，因此其参与意愿较为强烈。

2. 是否有合伙人

在其他条件不变的情况下，有合伙人的创业者的参与意愿的发生是没有合伙人的 1.006 0 倍，但统计上并不显著。其中可能的原因是，有合伙人的创业农户容易理解合作带来的收益，更倾向于参与更大的合作。

（三）创业投资行业

与养殖业相比，从事种植业的创业农户的参与意愿是养殖农户的 0.991 3 倍，在统计上并不显著。其中可能的原因是，畜牧业创业风险较大，从事该行业创业的农户在风险规避心理作用下，倾向于参与合作组织降低风险。

（四）障碍性因素认知

1. 障碍性因素

在模型 1~模型 4（表 5-3）中，障碍性因素都与农户参与农村合作组织的意愿呈显著正相关，障碍性因素认知越强，其参与合作组织的意愿就越强，本章的假设便得到验证。创业障碍性因素对参与合作组织意愿显著正相关的原因可能有以下几点。

表 5-3　创业障碍对涉农创业农户组织化意愿影响的 Logistic 回归分析（N=227）

变量名称	模型 1	模型 2	模型 3	模型 4
	Odds Ratio	Odds Ratio	Odds Ratio	Odds Ratio
性别	1.202 2 （0.608 5）	1.190 8 （0.603 2）	1.221 9 （0.622 7）	1.585 4 （0.856 7）
年龄	1.024 1 （0.020 6）	1.023 8 （0.021 3）	1.024 4 （0.021 3）	1.009 8 （0.022 1）
小学和文盲	0.729 9 （0.316 5）	0.718 6 （0.313 9）	0.729 6 （0.319 7）	0.834 3 （0.372 5）
初中 （对照组）				
高中	1.063 7 （0.538 6）	1.032 7 （0.528 7）	1.060 4 （0.547 5）	1.207 8 （0.632 1）
高中以上	0.446 9 （0.318 2）	0.458 5 （0.332 1）	0.466 4 （0.337 4）	0.378 1 （0.286 4）
劳动力数量	1.312 8[*] （0.222 0）	1.301 4 （0.222 9）	1.302 2 （0.223 7）	1.333 0 （0.236 8）
是否有村干部	1.144 8 （0.577 5）	1.140 0 （0.578 9）	1.124 1 （0.572 2）	1.059 8 （0.551 1）

续表

变量名称	模型 1	模型 2	模型 3	模型 4
	Odds Ratio	Odds Ratio	Odds Ratio	Odds Ratio
是否有合伙人		0.828 7 （0.491 6）	0.868 8 （0.523 3）	0.996 3 （0.614 3）
创业投资行业		1.030 8 （0.352 6）	1.016 4 （0.349 3）	0.993 2 （0.345 7）
障碍性因素	1.360 2* （0.240 4）	1.360 8* （0.244 0）	1.364 7* （0.245 1）	1.481 4** （0.283 0）
是否参加保险		1.216 7 （0.514 7）	1.188 4 （0.506 4）	1.085 8 （0.472 3）
是否存在压级			1.172 2 （0.413 1）	1.384 7 （0.506 5）
政策满意程度				0.835 7*** （0.060 8）
	LRchi2（8）=12.03	LRchi2（11）=12.33	LRchi2（12）=12.53	LR chi2（13）=18.75
	Prob>chi2=0.149 7	Prob>chi2=0.339 7	Prob>chi2=0.404 1	Prob>chi2=0.131 2
	PseudoR^2=0.049 8	PseudoR^2=0.051 0	PseudoR^2=0.051 8	PseudoR^2=0.077 5

*、**、***分别表示在 10%、5%、1%水平上显著

注：因变量=农户参与和不参与意愿比的对数

第一，农业内创业具有投资规模大、回收期长的特征。如果缺乏正规金融机构的贷款，仅靠创业农户自有资金很难维持创业。而创业农户目前缺乏正规的贷款渠道，即使有贷款渠道，也由于缺乏符合规范的抵押物和关系资本，而贷款的概率很小，通过参与正式组织能够提高自身贷款的可获得性，降低创业的流动性约束。

第二，合作组织销售量上的扩大可以弥补农产品价格变动上的损失。

第三，合作组织能够提高农户对市场信息的获得能力。

第四，涉农创业农户抗风险能力差。物价涨幅过大，直接对农户产生巨大影响，产品价格上涨的幅度者低于原（材）料价格上涨幅度，创业收益将下降。

第五，农户对技术掌握困难。

第六，农村合作组织把分散的农户组织起来，在一定程度上降低了单个农户的市场风险。农户在农业生产经营过程中面临的困难越多，越希望借助外来帮扶改变这一现状，其对农村合作组织帮扶的需求就越强烈，参与意愿也就越强。

2. 是否参加保险

与没有参加保险的创业农户相比，参加保险的农户更倾向于参加合作组织，在其他条件不变的情况下，其参与意愿是没参加保险的农户的 1.085 8 倍，但系数在统计上并不显著。这说明在涉农创业保险方面，农户对保险及其作用效果的认知不够充分。

3. 是否存在压级现象

是否存在压级现象与涉农创业农户参与农村合作组织的意愿正相关，存在压级现象越严重，农户越倾向于参与合作组织，但系数在统计上并不显著。这说明在农产品质量鉴定方面，买方掌握的控制权越强，农户越倾向于形成合作组织作为市场势力来与买方抗衡。

（五）政策满意程度

政策满意程度的系数为 0.835 7，在 1%的水平上统计显著，说明对政策的满意程度与涉农创业农户参与农村合作组织的意愿负相关，客户对政策越满意，其参与农村合作组织的意愿就越弱。

第一，政府信息系统健全，便于创业农户获得信息，农户获得信息的途径增多，获得的信息准确性提高，能够有效降低农户创业风险，降低农户对合作组织的需求强度，从而降低其参与合作组织的意愿。第二，政府税费减免、工商登记阻碍因素少，这使办事费用和程序由烦琐变简单，减少农户投入成本，节省农户时间，减少初始创业投资周期，提高运作效率，很好地调动了农户投资创业的积极性。第三，政府优惠的贷款政策，能够提供创业农户所需的信贷资金，有利于农户在创业及经营过程中的资金运转，解决创业过程中资金难的问题。第四，土地政策优惠推进农村土地承包经营权有序流转，提高了创业农户的经营规模，使其获得规模经济和范围经济。第五，补贴政策制度健全，一方面，对创业典型进行奖励，另一方面，对因障碍性因素造成损失的农户给予资金补贴，降低农户创业过程中的损失，增加农户创业信心。如果政策完善且有效，将降低农户参与组织的意愿水平。

六、研究结论及讨论

（一）研究结论

农业内创业和农村组织都是推动农村经济发展的重要动力，本章基于河南省农业内创业的 227 位农户的调查数据，分析涉农创业农户参与农村合作组织的意愿及其影响因素。统计性研究表明，涉农创业农户参与合作组织的意愿比较强烈，养殖业创业农户中有 77.2%愿意参加农业合作组织，种植业创业农户中有 77.8%愿意参加农业合作组织。Logistic 模型分析表明：创业障碍因素的认知和对农村创业政策的满意程度是影响涉农创业农户参与农村合作组织意愿的显著因素；结果表明，当创业农户不能通过非正式社会网络解决创业障碍时，就有意愿诉求于正规的组织网络来解决创业障碍，其对创业障碍的认知越强烈，参与农村合作组织的意愿就越强烈。所以，通过成立农村合作组织，实施合作创业，解决农民创业过程的障碍问题是解决农民创业难的一个重要途径。

（二）讨论

通过创业农户形成的合作组织作为创业团队，其内部企业家先前的创业经验将进一步降低团队成员的无力感，增强其对组织的适应能力（买忆媛等，2015），缓解农户个体创业受到的资源和制度约束。农户参与农村合作组织的主要目的是解决创业过程中的障碍问题，农村合作组织在引领农民创业方面发挥了积极作用（王阿娜，2011），在成立农村合作组织时，应充分考虑农村合作组织在解决创业农户创业障碍方面的功能。

七、对策建议

初创组织的成长是创业导向战略和能力共同演化发展的结果（胡望斌等，2010）。如图 5-1 所示，建构一个基于创业导向的农民合作机制，主要目标是推动创业型农民合作，包括多重目标的耦合机制、多层利益相关者的影响机制、集体创业行为的触发机制和集体创业的可持续发展机制四个方面。

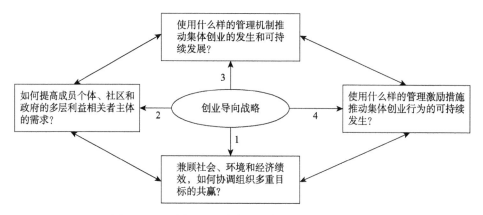

图 5-1　基于创业导向战略的农村合作组织成长机制

（一）多重目标的耦合机制

农村合作组织与企业及其他经济组织的一个较大的区别是农村合作组织的目

标存在多重性，这种多重性体现在其发展需要兼顾社会、环境和经济三重目标。在多重目标耦合的条件下，关键是合作组织应平衡这些目标，从而制定一个均衡的战略，建构一个完善的耦合机制，使其均衡协调这些异质性目标。

经济目标是克服农民个体创业障碍，推动利润增长；社会目标是环境保护、食品安全和消除贫困等。两者之间的协调需要依据不同阶段的情况，赋予经济和社会目标不同的权重。在合作组织创业初期，将产品和服务创新、营销渠道拓展和提高市场竞争能力作为组织发展的主要目标。在合作组织发展成熟阶段，逐步赋予社会目标较大的权重，提升合作组织对社会的贡献。

多重目标协调的关键在于建立一个基于创业流程的分段目标，按照创业的不同阶段，将组织创业和社会创业目标结合起来，建立一个组织创业和社会创业的耦合机制，按照创业的不同阶段，赋予社会创业和组织创业不同的权重，通过权重的调整来调整资源的配置使用，从而保证不同阶段创业目标的实现。

（二）多层利益相关者的影响机制

促使个体创业者形成合作组织的关键是集体创业收益在利益相关者之间的分配。集体创业收益分配的关键是剩余控制权和索取权的分配问题，实质上，这是内部治理结构的设计，是一个二次集体选择的过程（黄胜忠，2014）。目前，我国农村合作组织创业精神处于较低水平（董晓波，2008），关键原因是没有形成有利于集体创业的利益分配机制。创业收益分配应该在保证创业要素提供者或所有者要素收益的前提下，确保集体创业收益不被核心成员侵害，使利益相关者的利益都得到保障。这需要加强组织内部的监督机制，加强普通成员对核心成员的监督，实现对核心成员的约束（于会娟和韩立民，2013）。

不同的组织类型的利益相关群体不同，目前，普遍的组织类型包括普通农民主导型、农村能人主导型、企业主导型和相关组织主导型四种（吴彬和徐旭初，2013）。每一种类型都包括利益的核心主导成员，核心成员主导成员创业决策、创业流程和创业结果的分配，而其主导的创业收益分配机制在一定程度决定了利益相关者的各自利益。集体创业是一种不同利益相关者的重复博弈过程，在重复博弈过程中，利益相关者会采取退出和继续两种策略，影响其他利益相关者的收益，所以说，只有建立一种均衡的创业收益分配机制，才能维持组织层面的持续创业。因此，利益相关者之间的利益均衡是集体创业发生的关键影响机制。

（三）集体创业行为的触发机制

创业型农民之所以参与农村合作组织，是因为可以通过组织的集体创业克服个体创业约束、提升创业绩效，这需要建立有效的集体创业触发机制。

首先，组织内部要建立基于竞争环境的战略管控模式。创业导向战略可以为组织提供长期的价值创造，主要特征是激励集体追求创新和创造机会，激励成员支持有风险的创业项目，而不是仅仅聚焦于财务绩效。同时，基于创业的战略管控能够给予高层管理者充分的权力柔性，激励其进行创新和创业行为。

组织内部战略管控模式的建立，主要表现在以下三个层次。一是所有层，即农村合作组织的所有者层次，其所有权激励所有者认真履行所有者的权力，对组织成长的方向有一个正确的认识，不断通过所有权扩展，为组织未来战略发展提供所有权支持。二是管理层，管理层是组织控制权的关键，日常控制看似与战略管理无关，其实是战略管理的一个具体实践，并为战略变革提供相关信息，是推动战略变革的关键力量，内部控制权能否积极提供战略变革动力，关键在管理层人员对组织战略方向是否认同。如果管理层积极认同当前的战略管理，就会积极提高努力程度；如果不认同，就会阻碍组织战略的变革。三是成员层，成员层的单个主体虽然不能影响组织的战略管理，但其联合和集体行动能够影响组织战略的执行，因此，组织成员对战略的认同，同样会影响组织战略变革。

案例 5-1　集体行动推动组织战略变革

某合作社主要从事农产品种植，其经营受销售瓶颈的阻碍，在市场竞争中具有的竞争优势有限，为了提高组织的生存能力，需要引进农产品深加工项目，实现产品的创新，从而推动组织市场竞争优势的提升。按照自愿的原则，需要成员入股筹资，按照个人的入股来分配股权和收益权，一开始，很多普通成员都是处于观望阶段，在这样的状态下，合作社管理层和所有层（董事会成员）购买了60%的股份，这成了一个信号，使普通成员认为合作组织这次产品变革是组织战略性的转变，因此积极购买股份，投入资本，使合作组织很快购买了设备，推动了组织产品转型，开拓了组织市场范围，推动了组织利润增长，实现了组织创业转型。

其次，提高内部组织结构的柔性程度。灵活、有机的组织结构，使内部成员有能力管理创业过程中的不确定性和模糊性，执行以创新为基础的战略。柔性的组织结构拥有开放的沟通环境和灵活的团队来促进知识交流和共享，并通过充分的授权使创新参与者获得所需资源来推动创业。组织层面创业需要个体之间的信息交流、知识整合和集体决策，这些内容会影响组织的创新性和风险承担性，内部官僚式制度的规范、狭隘的惯性行为等组织内部摩擦力在一定程度会对组织创业行为产生负面影响，因此，在组织内部需要建构一种松散、有机、柔性及多元化的组织结构，来推动组织层面的创业行为。

案例 5-2

某合作社的一名普通社员老刘，在月季经营过程中，自己摸索出一套改善品种的方法，由于老刘文化水平不高，不能正确描述技术革新内部的机制或将这种技术标准化，因此，合作社成立了一个技术团队，以老刘为核心进行产品开发，并且在开发之前，明确了开发后的基本利益分成，并且明确开发团队内部的权力配置以老刘为核心。在这种组织模式下，很快开发了一套产品流程，培育了新的品种，并且将这种研发技术作为一定的股份分配给老刘，这样大大激励了组织内部进行创新的积极性，推动了组织产品和管理的创新。在这个案例里，组织通过判断创新的价值，临时组织研发团队，进行技术的标准化和新产品的培育，从而实现组织创业。

最后，组织内部营造基于创业的文化氛围。营造基于"创业"的文化氛围，一是要建立一种"适应性生存机制"，即通过组织创业行为，最大限度地降低组织经营的风险或不确定性。二是要建立一种团队学习的文化氛围，建立组织应对外部变化的适应性效率，其核心机制是团队学习，通过团队学习，彼此知识的交流更加充分、正确，有利于知识的协调运用及更新，因此团队学习成为组织内部的默示性行为。三是要建立一种基于"创业"的心智模式，在组织内部形成一种突破精神萎靡、眼界的局限和思维的狭隘等约束创业的心智模式，建立一种基于"试错"的精神，通过普遍的试错行为，有效分解风险并最大限度地提高应对风险的概率，形成一种内部敢于尝试和创新的氛围。

案例 5-3

王营村的蔬菜合作社内部创业氛围的建构，关键在于将合作社的规模经营分散化，通过招募家庭经营团体，将蔬菜生产分配给分散农户，以农户为单位，实现统分结合，农户专注于生产创新，而合作社统一进行销售。这样给予参与合作社的农户以充分的自主权，其可以实现内部联合，从事一种新的蔬菜的引入和生产，或者交流一种新的种植技术等，内部形成一种良性的互动技术，有效推动内部学习，提高蔬菜的生产技术和管理技术，保障产品的质量。另外，从销售视角来看，同样实现销售模式的创新，如与市内大的超市建立联盟关系，每天供应大众蔬菜，在时间、质量和运输方面，建构一套成熟的对接方式和利益分配方式，并且以合约的方式进行固化，提高销售经营效率。

案例 5-4

营造文化氛围，同时大力推动技术和管理创新，提高组织的经营效率。石桥月季合作社，为了引进新的品种，在合作社领导的带领下，去欧洲一些花卉产业比较发达的国家进行考察，进行技术引进和实验，并且在合作社内部建立一定的团队，有针对性地对引进的品种进行技术攻关，有效地将本地的气候、土质和种植的技术水平与引进品种的适应性结合起来，有针对性地进行技术改造，并将新的品种分散给社员经营，将技术从技术团队扩散到社员农户经营中，并将技术收益有效控制在社员内部；创新的组织内部扩散的关键在于内部研发团队和一般社员的互动，其可以建立在内部社会网络上，也可以建立在资本联结网络上。

（四）集体创业的可持续发展机制

通过组织的集体创业行为，解决农民个体创业面临的障碍，应对市场风险和政治风险，需要组织层面形成集体创业的可持续发展机制。首先，不断完善"制度自觉"，提高组织应对不确定性的能力，不确定性来源于创业过程中人们对未来的预测和估计，这种估计的准确性源于对其他人行为及其结果的评估，而其他人的行为及其结果受制度及其有效性的影响，因此，组织内部的"制度自觉"的程度，在一定程度上制约了组织层面创业行为及创业绩效的大小。其次，在组织层面建立一种基于"市场"及时响应的机制，以市场需求变化为导向，敏锐掌握市场变化给合作组织带来的风险和机遇，通过自身产品和服务的创新，应对市场变化的不确定性，抓住市场发生的利润空间。最后，建立"跨组织"的创业协调机制。不仅要产生组织层面的创业行为，还要与上下游企业、政府、非政府组织、科研机构等产生协作创业行为，通过组织之间的协作创业行为，为组织个体创业行为创造条件，降低创业的风险和成本。

案例 5-5

可持续创业的实现机制，主要体现在对经营模式、技术、产品的持续创业经营革新方面。某月季合作社积极响应互联网技术的变迁，将互联网引入合作社的销售，建立月季电子商务交易网，并且建立一个团队，由专门人员经营，与一些大的网络经营商合作，搜集市场信息、接订单，并将订单分割给单个月季种植农户，满足各种需求规模，从而提高销售效率。面对技术、制度、市场变迁，应及时有效地响应，建构组织可持续的创业机制。

案例 5-6

可持续创业机制，主要体现为内生性创业行为的发生，在农村合作组织经营过程中，即体现为如何从里向外支持创业、提升创业。合作社 A 主要经营水蜜桃，水蜜桃以鲜销为主，运输和储存环节损耗较大，为了避免销售过程中的损耗，合作社的领导者进行多次创业试验来降低这些损耗，内生了许多创业方案：首先，将合作社的水蜜桃进行网络销售，并改进包装方式，降低运销过程中的损耗；其次，通过微商销售，将销售风险有效转移给购买方；第三，针对大客户，有针对性地实施冷链运输，购置冷藏车运输，以降低损耗。这些内生的创业试验行为的关键是建立一种支持创业试验的范畴。

第六章　农村合作组织创业导向战略形成机制研究

农业经营企业的战略管理问题将是未来研究的重要方向之一。创业导向战略的形成与成长对组织发展具有十分重要的作用，农村合作组织如何形成创业导向，探讨其关键影响因素对推动我国农村合作组织的发展具有十分重要的意义，本章基于组织创业导向形成理论，结合我国农村合作组织发展的实际，探讨农村合作组织创业导向形成的关键影响因素。

一、研究背景

创业导向来源于对组织层面战略管理领域和战略决策模式的研究，是战略选择理论研究的后续，该理论强调组织通过市场分析来选择是实施战略管理行为还是市场进入行为。创业导向不仅是为组织开拓新视野，应对不确定环境变化的一种特定心智模式，而且也提供了一个分析组织总体创业精神氛围的框架。创业导向是一个组织而非个人表现出来的创业精神，其依靠组织层面的集体努力而非个人力量将创业精神转化为组织绩效。创业导向存在于各种组织，包括农村合作组织。

Miller（1983）分析了组织创业的决定因素，认为组织通过超前行动、创新性和风险承担性来获得市场竞争优势，不同类型的企业其组织层面的创业决定因素不同。Miller 将企业分为简单企业、计划型企业、有机企业三种类型：简单企业组织层面的创业取决于领导个人特征；计划型企业取决于细致和整合的市场产品战略；有机企业取决于市场环境和结构特征。

创业导向反映了组织在达成目标的同时，对创新性、超前行动、风险承担、自主性与竞争积极性等的投入倾向。Lumpkin 和 Dess（1996）将创业导向定义为：创业行为所引起的程序、实务与决策活动，这些程序包括愿意进行产品创新、抓住市场新机会、愿意尝试新科技及承受风险，是"组织创业精神"表现的过程，是组织创业精神的基本体现。他们从三个层面诠释创业精神：第一个层面是产品观点，强调最终产出（包括产品与服务）的品质；第二个层面是过程观点，是指改进管理程序，跨组织的沟通与互动；第三个层面是行为观点，是指风险创新行为。同时，他们将创业导向从三个维度扩展到五个维度，认为五个维度之间相互独立，创业型组织并非在所有维度都表现突出，不论在哪个维度具有优势，都可以称为创业型组织。

George 和 Marino（2011）认为，随着创业导向概念模型有关知识的持续性积累，作为创业导向的三个维度，即创新性、超前行动、风险承担性的反映模型应该依据实际研究情况进行扩展，并结合研究对象的特征进行不断丰富，同时需要更多、更具体的衡量项目来反映组织层面的创业导向特征。创业导向是与战略制定和决策制定过程有密切联系的关键概念。企业家精神是一种新进入，这种新进入可以是已存在的或新的产品或服务，或者是进入新的或已有的市场；新创组织或已有组织可以开创新业务，也可以公司内部创业。作为新进入代表企业家精神的核心内容，创业导向是指引导新进入的过程、实践及决策制定的活动，创业导向从战略决策演变而来，其内涵是在动态产出过程中完成新业务创建的行动和内容，被描述为具有创新性、超前行动、风险承担性、自主性和竞争积极性五个维度，如表 6-1 所示。

表 6-1　创业导向五个维度的内涵

维度	内涵
创新性	一个组织从事和支持新思想、新事物、新实验和创造性过程的倾向，可以形成新产品、服务和工艺技术
超前行动	预测和追求新机会、参与新兴市场的精神，是一种对外来市场、需求和外部环境变化的预测行为和应对机制
风险承担性	组织管理层对高风险投资进行承诺的意愿
自主性	是指个人或团队主动提出想法和愿景，并努力执行直到完成的独立行动，一般来说，这种行动意味着主动寻找机会的能力及自我向导的意愿
竞争积极性	指组织直接主动挑战竞争对手，先于对手获得市场或进入市场，从而提升地位和超越竞争对手的倾向

资料来源：George 和 Marino（2011）

具有中国特色的农民的专业合作组织，相对于企业和社团的特殊性，其具有极其突出的中国特色，这增加了对其进行研究的难度（熊万胜，2009）。合作组织由于产权模糊、交易成本过高，其技术效率和企业相比具有明显的差距（Alchian and Demsetz，1972；Porter and Scully，1987）。创业导向是指促使组织层面进行创业的一系列过程、实践和决策制定活动，这一概念是由战略决策视角演变而来，新进业务可以通过"有目的的策划"来实现，创业导向涉及新风险投资行为动态过程中的主要参与者及其意图和行为。针对农村合作组织这种具有中国特色的合作形式的组织，对其创业导向的测量及影响因素的探讨很少，本章使用线性回归模型，考察组织特征、内外部环境等因素对农村合作组织创业导向的影响，并识别出决定农村合作组织创业导向程度的关键因素。

二、研究假设

组织创业导向战略的形成，与组织特征有密切的关系，农村合作组织——这个具有特殊时代使命的组织，关键的组织特征包括组织经营时间[①]、组织的资产规模、产权特征、与政府部门的关系、管理团队胜任能力、集体决策、内部网络和风险感知等，这种组织特征是组织战略的内生决定因素。组织的外部特征表现为组织对外部风险及动荡性的认知。

在市场需求的数量和质量变化较快时，个体应付市场会产生高额的交易成本，需要形成组织来应对市场较大的不确定性，降低个体交易成本。而组织所具备的应付不确定性并降低交易成本的能力的高低，取决于组织所具备的创新、风险承担和市场竞争能力，这种能力的形成需要组织内部形成基于创业导向的战略。内部和外部不确定性越强，要求组织所具备的创业导向强度就越强。

农村合作组织面临的外部环境越来越复杂，其不确定性和动态性日益加强，市场变化，如顾客偏好、产品服务、技术和竞争手段等的不可预见性增强。环境的动荡性越强，组织就越需要采取创业导向来适应环境的动荡性，激励组织强调新事业的创造和创新（Zahra and Garvis，2000），对利润的追求也促使组织采取创业导向来适应动态环境。此外，市场需求的异质性、市场竞争对手的敌对性同样威胁着合作组织的生存，这种威胁激励合作组织尝试创新，并在创新尝试中承担风险，通过积极竞争降低敌对性，因此，合作组织创业导向战略的形成，关键在于组织内部、外部环境带来的威胁及组织适应性战略反应的强度和深度。

（一）组织经营时间的影响

组织经营时间影响合作组织创业团队的信任水平、企业家精神和能力、经营产品的时间和战略调适时间等因素，从而间接作用于组织战略导向的形成。首先，组织经营时间越长，从创业团队视角来看，重复博弈的次数越多，能够留存的成员之间的信任水平越高，成员之间就创业导向战略制定越容易达成一致。其次，对于农村合作组织具有创业精神的企业家来说，必须对合适创业机会的识

---

① 组织经营时间表明了一个组织的特定生命周期阶段，不同生命周期对组织战略选择有较大的影响。

别、评估及资源获取网络的能力做充分考虑，这也需要一定时间的历练和人脉积累（彭华涛，2014），组织经营时间越长，其企业家精神越成熟。再次，合作组织一般经营的是农业产业内项目，项目周期一般较长，建构组织层面创业导向的过程受经营行业的影响，其协调、观察、形成和成熟所需时间较长。最后，由于创业导向战略对组织绩效的影响会呈现周期性变化（苏晓华和王平，2011），所以组织战略调适需要较长的时间，组织经营时间越长，越容易形成创业导向战略。因此，在动态经济环境条件下，组织战略的制定也会随时间推移发生变化，合作组织作为新生事物，其平均经营时间为 5.32 年，在初创阶段，组织创业导向战略随着时间增加而逐步增强。

随着时间的推移，创业者的资源禀赋和能力禀赋都可能发生改变，其把握创业机会的能力也可能发生改变（张骁和李嘉，2012）。合作组织经营时间越长，其各种资源积累、组织负责人创业能力、创业精神等方面的积累越多，对创业机会的识别和把握能力就越强，创新性、超前行动、风险承担性和竞争积极性也就越强。综上所述，本章提出以下假设。

假设 6-1：合作组织经营时间对农村合作组织创业导向战略具有显著正向影响。

假设 6-1-1：合作组织经营时间对创新性具有显著正向影响。

假设 6-1-2：合作组织经营时间对超前行动具有显著正向影响。

假设 6-1-3：合作组织经营时间对风险承担性具有显著正向影响。

假设 6-1-4：合作组织经营时间对自主性具有显著正向影响。

假设 6-1-5：合作组织经营时间对竞争积极性具有显著正向影响。

（二）合作组织的资产规模

创业导向是一项高资源消耗的战略导向，合作组织的创业导向战略的制定，主要在于其资源积累和获取方面，一般包括土地、劳动力和金融资本三个方面。组织层面创业导向战略的决策和实施，受资本规模及结构的影响。合作组织资产规模是其动态配置资源的显示器，资产规模越大，其动用资源的能力就越强。

由于农村合作组织经营受资源的约束性较强，而创业导向又是一种高资源消耗的战略，因此，组织所拥有的资源的数量或规模，会影响组织创业导向战略选择。而合作组织对目前资源的积累和整合能力，直接影响创业导向战略的实现，其资源拥有水平和资源整合能力越高，创业导向的强度就越强。资产规模是合作组织拥有资源最主要的表征，所以资产规模越大，创业导向的强度就越强。如果合作组织能够及时识别、获取和配置组织创业所需的各种资源，就会有更广泛的战略选择，因此，资源拥有量越大，组织创新性、超前行动、风险承担性和竞争积极性就越强，所以说资源拥有水平影响创业导向程度。综上所述，本章提出以下假设。

假设 6-2：合作组织的资产规模对农村合作组织创业导向战略具有显著正向影响。

假设 6-2-1：合作组织的资产规模对创新性具有显著正向影响。

假设 6-2-2：合作组织的资产规模对超前行动具有显著正向影响。

假设 6-2-3：合作组织的资产规模对风险承担性具有显著正向影响。

假设 6-2-4：合作组织的资产规模对自主性具有显著正向影响。

假设 6-2-5：合作组织的资产规模对竞争积极性具有显著正向影响。

（三）大股东所占股份比例

组织的所有权也同样影响组织的创业活动和战略选择。我国农村合作组织普遍由核心成员和普通成员两类成员组成，它们对合作组织投入的股本不同，核心成员所占的股份较多，而普通成员相对较少。所有权不仅决定组织剩余索取权的分配，而且决定合作组织剩余控制权的分配，剩余控制权的掌控是制定组织战略的重要影响因素，拥有控制权的大股东的创业精神只有体现在组织层面上，才能形成有效的创业导向战略，因此，股份比例影响创业导向的形成。

在合作组织内部，普遍使用的是按股分红的收益分配制度，且普遍存在大股东参与合作组织的管理和治理等现象，其持股全部是内部人持股。大股东所持有的股份所占比例越大，按股分红的制度就会激励其采取具有创新性、超前行动、风险承担性、自主性和竞争积极性的战略管理行为。相关研究发现，针对高管的股权（股票期权、限制性股票和股权增值权）激励对创业导向企业成长性具有正向调节作用，能够促进创业导向企业的高速成长（周萍和蔺楠，2015）。李乾文（2007）的研究结论表明，所有权差异对创业导向及其不同维度的影响存在差异。综上所述，本章提出以下假设。

假设 6-3：大股东所占股份比例对农村合作组织创业导向战略具有显著正向影响。

假设 6-3-1：大股东所占股份比例对创新性具有显著正向影响。

假设 6-3-2：大股东所占股份比例对超前行动具有显著正向影响。

假设 6-3-3：大股东所占股份比例对风险承担性具有显著正向影响。

假设 6-3-4：大股东所占股份比例对自主性具有显著正向影响。

假设 6-3-5：大股东所占股份比例对竞争积极性具有显著正向影响。

（四）合作组织与政府的关系

政府部门在一定程度上决定着合作组织扶持资源的获得规模[①]，即合作组织通过政府扶持获得资源规模的大小。与政府的关系是指合作组织与各级政府部门及其关键领导的关系，由于政府部门在项目批准、资源配置、融资贷款、原材料供应、基础设施使用等方面拥有广泛和垄断的权力，合作组织通过与政府的关系网络，可以获得政府补贴、政府合约和正规金融部门的融资，在资源上激励组织创业导向水平的提高。

合作组织负责人作为创业家，其政治技能是一种非常重要的社交技能（程聪等，2014），关系着合作组织通过政治技能获得政府资源的能力水平，也关系着其获得政府资源支持组织创业能力水平的高低。政府在农村合作组织战略制定过程中扮演关键角色，在给定信贷和农地产权双重资本的约束条件下，同质性的农户具有合作困境，因此，异质性大户在寻租动机下成为合作组织的推动者、引导者，在缺乏大户的情况下，基层政府通过中介性机构或代理人充当大户形成合作组织（邓宏图和鹿媛媛，2014），无论是大户推动还是政府基层推动形成的农村合作组织，其战略选择都倾向于与政府部门保持一致，创业导向战略成为获得政府租金的一种组织战略[②]。

首先，合作组织与政府的关系是地方政府选择性激励的结果，地方政府通过选择性激励赋予合作组织建构政治性社会资本和实施政治策略（崔宝玉，2014）；与政府的关系的强弱决定了资源获得的规模，强关系获得较强的资源支持，而创业导向战略是一种高资源消耗的战略，对资源需求量较大，与政府部门建立良好的关系，能够获得政府部门在资源方面的支持，促进创业导向战略的形成。

其次，与政府的关系强弱决定政府支持的强度，强关系能够获得较强的支持，这种逻辑会影响合作组织高管的创新行为。主要原因是农村合作组织为社员服务的宗旨，决定其具有公益性质，在公益性组织内部，高管团队的创新行为具有外部性，其对政府支持具有很强的依赖性（董晓波，2011），政府支持力度越强，越能激励高管团队进行创新。

最后，与政府的关系显示了农村合作组织获得政府支持的强度，在市场竞争中，存在大量不确定性和风险，对于市场竞争中的弱势群体来说，合作社在竞争中并不占优势，其竞争积极性和风险承担能力较弱，与政府建立强关系，通过获

[①] 针对农民专业合作组织的扶持政策，《中华人民共和国农民专业合作社法》第八条规定：国家通过财政支持、税收优惠和金融、科技、人才的扶持以及产业政策引导等措施，促进农民专业合作社的发展。目前看来，主要的支持并没有体现在这些方面，而是局限于规范化建设过程中的直接补助。

[②] 这种创业行为更具体地称为破坏性或投机性行为，即通过这种破坏或投机导向获得创业租金。

得政府的支持来参与竞争，其竞争积极性和风险承担能力会得到增强。

创业导向是一种高资源耗费的战略，政府资源能够满足农村合作组织创业导向战略所需资源，激励其形成创业导向，并在创业导向战略指导下快速扩张。综上所述，本章提出以下假设。

假设 6-4：与政府的关系的紧密程度对农村合作组织创业导向战略具有显著正向影响。

假设 6-4-1：与政府的关系的紧密程度对创新性具有显著正向影响。

假设 6-4-2：与政府的关系的紧密程度对超前行动具有显著正向影响。

假设 6-4-3：与政府的关系的紧密程度对风险承担性具有显著正向影响。

假设 6-4-4：与政府的关系的紧密程度对自主性具有显著正向影响。

假设 6-4-5：与政府的关系的紧密程度对竞争积极性具有显著正向影响。

（五）管理团队胜任能力

合作组织的核心成员多为乡村能人，合作组织管理层是核心成员的重要组成部分[1]，这些核心成员是合作组织的大股东，并且成为实际控制者，多为理事长或理事会成员、监事长或监事会成员、经理、财务人员，位于合作组织高管层。高管层在合作社战略制定中起着关键作用（董晓波，2010a）。高管层成为与合作组织利益联结最紧密的成员，对合作组织具有较强的组织认定。管理团队胜任力是指管理层成功履行其管理职责能力的总和，在复杂动态的环境中，管理团队凭借自身胜任特征对市场变化做出快速反应，制定相应的战略目标，使组织在激烈竞争中获取竞争优势。

第一，组织管理层的社交、外联、社会网络及销售网络的建构能力，有助于创业的识别和创业资源的获得，如能人的社会职务、市场开拓、新技术、新品种的引进能力能够有效推动组织层面的创新行为（刘小童等，2013），组织管理层资源获得能力、技术能力、学习能力能够显著推动组织创新行为。

第二，合作组织理事长的企业家精神是胜任力最主要的构成部分（黄胜忠和张海洋，2014），企业家精神同时也是创业导向战略形成的关键，依据组织行为理论，组织要制定战略目标，需要相应的高管行为，而高管行为受自身胜任特征的影响，创业导向战略选择成为高管应对组织创业过程中不可预测情况的一种反应，这种反应的有效性需要与相应的高管胜任特征（即创业导向型组织的高管胜任特征）匹配，因此，管理团队胜任能力越强，其创业导向越强。

第三，合作组织管理层的资本家和企业家的双重身份使其同时获得剩余索取

---

[1] 核心成员是指那些在合作社的组建过程中，发挥重要作用或在合作社的决策和治理等方面比较有影响力的成员。

权和剩余控制权，使风险承担和风险产生统一，如果合作组织管理层具备较强的胜任能力，由于风险承担能够获得相应的风险收益，其倾向于选择风险性较强、具有一定创新的投资项目，从而获得更高的收益。在这种逻辑下，高的胜任能力倾向于高的创业导向水平。

第四，合作组织管理层能否就市场变化快速形成决策，与管理层的信任和凝聚力、领导的魄力和威信以及内在冲突的协调有密切关系，而对市场的反应速度是竞争积极性的重要影响因素，对市场反应越快速，越能超越对手。管理层获得成员信任程度、凝聚力、领导的魄力和威信、管理层冲突协调的效率是胜任力的重要构成部分，因此，管理层胜任力越强，竞争积极性越强。高层管理团队的竞争态度影响组织的管理战略，农业本身就是一个高风险、竞争较激烈的行业，其进入门槛较低，规模经营和零散小规模经营并存，市场竞争结构极为复杂，会形成以下逻辑，即具备较高能力的管理团队才会倾向于高风险、高竞争性的创业导向战略。

第五，农村合作组织内部管理团队之间的相互信任、凝聚力、学习能力、吸收能力和专业技术能力有效提升创业团队的柔性；在较高的胜任能力下，任何成员之间的组合都是应对组织创业过程的需要，基于项目的创业团队能够为管理层提供更多的自主性，相互之间存在较强的独立性，在组织内部，基于项目建立的创业团队具有相对独立性，能够自己寻找创业机会，筹集资源进行创业。综上所述，本章提出以下假设。

假设 6-5：组织管理团队胜任能力对农村合作组织创业导向战略具有显著正向影响。

假设 6-5-1：组织管理团队胜任能力对创新性具有显著正向影响。

假设 6-5-2：组织管理团队胜任能力对超前行动具有显著正向影响。

假设 6-5-3：组织管理团队胜任能力对风险承担性具有显著正向影响。

假设 6-5-4：组织管理团队胜任能力对自主性具有显著正向影响。

假设 6-5-5：组织管理团队胜任能力对竞争积极性具有显著正向影响。

（六）合作组织集体决策

集体决策是组织层面创业行为的关键机制，集体创业需要集体决策，通过集体决策可以降低创业的不确定性（杨俊，2014），因此，集体决策能够推动组织层面的创业行为。

第一，集体决策是解决复杂问题的一种有效机制，能够推动创新的发生，原因有以下三个：一是组织内部集体协商能够推动组织内部的相互学习，在组织内部推动知识流动和新知识创造，增加组织内部知识资本的积累，推动创新的发生；二是组织内部集体决策能够有效促进信息沟通和交流，使组织内部信息对称，有效的信息交流推动创新的发生；三是集体协商机制能降低创新收益的垄断程度，保障集体利益，推动集体创新的发生。

第二，集体决策能够面对市场变化形成有效决策，在一定程度上，当管理者面临解决方案的不确定性时，建设性的讨论、互惠的无偏见的讨论能够提高集体决策制定的效率（Tjosvold，2013），从而利于组织采取超前行动获得竞争优势。在激烈的市场竞争中，决策能否及时响应市场，从而获得竞争优势，时间非常重要，创业机会稍纵即逝，滞后市场的决策不能推动组织的超前行动，如果集体能够形成有效的决策，则有助于组织采取先于市场的竞争优势。

第三，集体决策是一种风险共担机制，通过集体承担风险，降低个体所承担风险的份额，从而激励集体决策承担更大的风险，推动创业导向的形成。

第四，集体决策程序允许个体充分、公平地表达自己的愿景，提出自己的想法；或者允许内部群体或一个项目的创业团队提出自己的创业创新想法，给予决策参与者充分的自由和自主性。

第五，集体决策形成的决议容易受到群体的支持，这为决策执行者提供了较大的信心支持，使其具有较强的竞争态度，从而提高参与竞争的积极性和决心。

集体决策群体作为一个创业团队，其内部的企业家精神对集体决策结果具有显著影响，这种企业家精神包括集体创新、分享认知、共担风险和协作进取（陈忠卫和郝喜玲，2008）。如果集体决策群体内部具备较强的企业家精神，团队的创业精神通过集体决策就可以形成有效的创业导向战略。综上所述，本章提出以下假设。

假设 6-6：合作组织集体决策机制对农村合作组织创业导向战略具有显著正向影响。

假设 6-6-1：合作组织集体决策机制对创新性具有显著正向影响。

假设 6-6-2：合作组织集体决策机制对超前行动具有显著正向影响。

假设 6-6-3：合作组织集体决策机制对风险承担性具有显著正向影响。

假设 6-6-4：合作组织集体决策机制对自主性具有显著正向影响。

假设 6-6-5：合作组织集体决策机制对竞争积极性具有显著正向影响。

（七）内部网络

Liu 和 Lee（2015）经过研究认为，社会资本的积累能够推动内部管理团队的相互学习，作用于内部的知识管理和应用。内部学习能够有效推动创业导向战略的形成，Clercq 和 Dimov（2013）分析了组织内知识分享对创业导向的影响，研究发现，高水平的内部知识分享与强的创业导向相关，这种高水平的知识分享源于高水平的内部信任和目标一致，这说明合作组织内部网络能够有效推动内部学习，通过知识和信息传递形成高水平的创业导向。

第一，内部学习和沟通能够推动信息交流，包括一些创新项目和创意的推广，使不同层次、不同类型成员之间进行广泛有效的交流，促进创新的发生和推广。

第二，内部网络有助于信息沟通和交流，降低创业项目的风险和不确定性，提高组织的风险承担能力，从而提升组织层面上风险承担的积极性。

第三，内部网络能够显著提高成员的满意程度（廖媛红，2012），推动成员积极参与组织的创业项目，积极应对市场竞争，提高组织整体参与市场竞争的积极性。组织内部网络反映组织内部信任水平，信任能够有效降低个体机会主义行为，推动集体行动的发生，增强集体决策执行的效率，提高承诺的执行程度，能够快速对市场变化做出反应，提高组织层面的竞争积极性。

第四，农村合作组织是农民以集体或联合行动追求效用最大化的"联盟"（刘勇，2009），集体或联合行动最大的障碍是内部成员相互之间缺少信任，如果内部成员之间相互信任并拥有共同利益，形成有效的利益共同体，这种利益共同体同时也是一种风险分担的共同体，相互之间的信任可以提高风险承担能力。

第五，组织内部网络包括管理层和一般成员两个层面。管理层之间的交往能够推动创业想法、创业行为等信息的交流，形成管理层内部的认同和协作，这种协作程度取决于管理层之间的熟悉和信任程度，如果相互之间交往频率，人情来往和信任水平较高，管理层就容易形成统一意见。一般成员之间的内部网络，往往是基于地缘、血缘关系形成的网络，对成员层面的信任水平、信息沟通具有一定的推动作用，能够有效推动组织创业理念和点子在成员之间的交流和酝酿，降低集体创业行动的成本，并约束集体创业行动过程中一般成员的机会主义行为，使其容易对组织战略导向形成一致意见。综上所述，本章提出以下假设。

假设 6-7：合作组织内部网络对农村合作组织创业导向战略具有显著正向影响。

假设 6-7-1：合作组织内部网络对创新性具有显著正向影响。

假设 6-7-2：合作组织内部网络对超前行动具有显著正向影响。

假设 6-7-3：合作组织内部网络对风险承担性具有显著正向影响。

假设 6-7-4：合作组织内部网络对自主性具有显著正向影响。

假设 6-7-5：合作组织内部网络对竞争积极性具有显著正向影响。

（八）内部连接紧密程度

组织内部连接的紧密程度直接影响组织创新意愿、风险承担、竞争态度和超前行动能力等，从而进一步影响组织的创业导向战略。

第一，内部组织的创新是一种集体创新，尤其是对于农业组织来说，需要组织成员的集体参与，连接紧密程度越高的组织对成员的约束越大，这种约束能够通过提高成员违约成本来激励成员参与组织层面的创新，并将组织创新视为自己创新的一部分，其参与组织创新的积极性和持续性都得到增强。

第二，连接紧密程度也反映了风险分担程度，连接越紧密，其对风险分担的效果就越好，组织内部有效的风险分担机制能够提高组织成员对风险的承受程度，激励其承担更大的风险从事新业务的进入。

第三，连接紧密程度反映了组织内部成员之间的交流和沟通程度，从而推动相互之间信任水平的提高，组织内部相互之间能够形成有效的信息沟通，容易达成集体行动，这种低成本的集体行动能够推动组织对市场进行快速反应，形成超前行动。

第四，连接紧密程度增强了组织高管对成员创新创业的激励，如组织内部提升成员发现创新机会的能力，管理者对成员创新、创意的支持和帮助，提高员工创业的自主性。

第五，连接紧密程度加强了组织和成员之间的联系，给予成员更多的组织支持和服务，提高其满意程度，由于组织成员工作满意程度与组织创业导向（集体创业）正向相关，所以，这有利于提高成员对团队的承诺与组织创业导向的形成（Comeche，2010），合作组织的支持也增强了内部成员参与市场竞争的积极性。

连接紧密程度能够为组织创业导向提供资源、人力和创意的保障，推动组织层面创业导向战略的形成。综上所述，本章提出以下假设。

假设 6-8：合作组织内部连接紧密程度对农村合作组织创业导向战略具有显著正向影响。

假设 6-8-1：合作组织内部连接紧密程度对创新性具有显著正向影响。

假设 6-8-2：合作组织内部连接紧密程度对超前行动具有显著正向影响。

假设 6-8-3：合作组织内部连接紧密程度对风险承担性具有显著正向影响。

假设 6-8-4：合作组织内部连接紧密程度对自主性具有显著正向影响。

假设 6-8-5：合作组织内部连接紧密程度对竞争积极性具有显著正向影响。

（九）风险认知水平

组织战略的形成与外界环境的变化具有密切关系，组织依据外界环境的变化制定适应性战略，其核心思想是组织的管理需要随内外部环境的改变而改变，依靠组织内部不同群体之间关系的变化、组织与外部环境关系的变化来确定管理的战略，适应外部环境变化的需求。创业导向是一种管理概念和方法，管理者是否采取创业导向的管理理念，取决于其对组织内外部环境的判断、风险的认知及内部要素的评估，并据此选择创业导向的强度。在对外部环境的感知方面，风险是最重要的因素。风险来源于外部环境的动荡和不稳定性，对外部风险的认知表明当经济行为主体对这种不确定性进行评估时，对环境动荡性认知越强，越倾向于实施创业导向战略来应对市场动荡，提高组织生存率。

第一，对风险认知水平越高，对风险了解的详细程度和评估的精确程度越高，对市场扫描的频率就越高，发现新产品、新服务或流程创新的机会就越多，其创新动机、创新行为发生的频率就越高。

第二，对风险认知水平越高，越会激励组织提高对市场扫描的精度和准确度，为规避风险和获得更高的收益，组织对市场的反应也就越超前。

第三，对风险认知水平越高，对风险评估越精确，风险意识越强，其承担风险的能力和意识就越强。

第四，风险感知的一个重要来源是政府扶持政策和制度的不稳定性，通过制度寻租获得生存存在一定的风险，对这种风险感知越强，越倾向于寻找市场机会、积极参加市场竞争来获得市场竞争优势，这种"倒逼"机制提高了合作组织的竞争积极性水平。

第五，风险感知的一个重要来源是成员的不稳定性，不稳定性越强，组织越倾向于采用柔性的组织形式稳定成员，组织内部柔性管理给成员较大的自主性，其能够根据自己的意愿进行自由创新创业。

而创业导向战略是一种根据实际环境条件进行匹配平衡的过程，即根据环境需要的权变来重构和整合组织资源和能力，动态适应环境变化需要的一种战略模式，外部环境越动荡，越需要创业导向战略来应对，环境的动荡性是风险感知的主要来源，对风险的感知越强，越倾向于创业导向战略。综上所述，本章提出以下假设。

假设 6-9：风险认知水平对农村合作组织创业导向战略具有显著正向影响。

假设 6-9-1：风险认知水平对创新性具有显著正向影响。

假设 6-9-2：风险认知水平对超前行动具有显著正向影响。

假设 6-9-3：风险认知水平对风险承担性具有显著正向影响。

假设 6-9-4：风险认知水平对自主性具有显著正向影响。

假设 6-9-5：风险认知水平对竞争积极性具有显著正向影响。

三、数据来源

本章研究从 2014 年 10 月开始预调研，抽取南阳市两个经营规模较大的农民专业合作社，即兴达无公害果蔬农民专业合作社和南阳市宛城区黄台岗镇众森林业种植合作社，在对管理层和理事长进行深入访谈后，让其对问卷的有效性和可行性进行评价，确认其能够快速理解并回答题项，从而证明问卷具有较好的效度。

大规模调查在 2014 年 10 月~2015 年 4 月完成。课题组从江苏省、辽宁省和河南省随机挑选农民专业合作社获得数据，在获得数据的过程中，首先与合作社或当地农业管理部门沟通，在征得合作社管理层或股东同意的基础上，由课题组成员带队到该合作社进行调研，在数据收集过程中，对合作社负责人（主要的大股东或理事长）进行详细访谈，访谈涉及管理战略、经营目标、与政府的关系及创业资源获得和创业进程等方面，详细了解合作社创业过程的管理。调查采取面对面访谈的形式，由经过专业培训的访谈员进行访谈，一般是一个人访谈一个人记录，访谈时间在 30~40 分钟。

分别从辽宁省抽取 10 个合作社，其大部分分布在辽宁省北镇市；从江苏省抽取 8 个合作社，其大部分分布在江苏省射阳县；从河南省抽取 120 个合作社，前往每个合作社对理事长和主要管理层进行问卷调研。共获得调研问卷 138 份，剔除填写不完整或填写错误的 23 份无效问卷，共获得有效问卷 115 份进行后续分析。调查样本较小的原因有以下几点：首先，由于农村合作组织分布在地理上较为分散，且大部分基地分布在农村，交通不便，问卷的搜集较辛苦和缓慢；其次，农村合作组织的负责人和管理层大部分文化水平较低，并且差异较大，对问卷的理解和填写较为困难，大部分是课题组成员和本人亲自以问答形式进行问卷访谈，所以搜集信息较困难；最后，调查之前搜集该地区农民专业合作社的网上信息，并通过电话进行联系，或者通过当地农村工作委员会、农村工作办公室或农业局协调进行预约，但有时预约好的调研，在调研人员到达地点后由于负责人没有时间或其他原因而无法进行。

四、变量及模型选择

（一）被解释变量

1. 创业导向的度量

结合 Lumpkin 和 Dess（1996）整理的创业导向的相关文献，George 和 Marino（2011）、Gupta 和 Pandit（2012）关于创业导向概念形成和操作的文献整理，以及张宏云（2012）关于创业导向构面的分析，根据我国农村合作组织运营现状，设计创业导向量表。该量表包括五个构面和 16 个题项。首先对创业导向的题项进行主成分分析，调查问卷中的所有题项如表 6-2 所示。

表 6-2 创业导向的度量

题项	问题（度量 1→7）
1	管理层注重以现有产品/服务扩大现有市场→注重以研发创新产品服务扩大市场
2	在过去的五年中，合作社没有推出新产品服务→推出新产品服务
3	合作社产品或服务的变化大多是：微小调整→重大修正
4	在与同类合作社竞争中，本合作社表现出的行为方式是：防守策略→先发制人
5	在与同类合作社竞争中，本合作社很少推出新的产品/服务、管理及操作工艺→经常推出
6	与同类合作社相比，本合作社尽量避免直接冲突，希望与对手和平共处→竞争性强，希望彻底击败对手
7	总体来说，合作社高层管理者偏好低风险项目→偏好高风险项目
8	总体来说，合作社高层管理者在当前目标偏好采取谨慎、渐进的行为方式→大胆，突变的行为方式
9	在面临不确定时，合作社通常采取谨慎的观望态度，避免高成本的决策→大胆的、积极的态度，把握潜在机会
10	合作社强调对合作社成员、高管层和人员的技术创新、产品创新激励
11	专业合作社的成员都能够独立制定关键决策
12	合作社对发展新构想的个人或者群体都给予充分的自由
13	合作社内部员工能够共享外部竞争者信息：非常不同意→非常同意
15	合作社能够并且会快速回应竞争者的行动：非常不同意→非常同意
15	合作社高层管理者经常讨论竞争对手的战略：非常不同意→非常同意
16	合作社管理层善于寻找并抓住建立竞争优势的各种机会：非常不同意→非常同意

2. 主成分分析

为降低衡量过程中的信息重叠问题，对创业导向衡量进行降维，采用主成分分析，题项总体检验的 KMO=0.720 2，介于 0.70 和 0.79，分别对每一个题项做 KMO 和 SMC 分析，发现题项 10 的 SMC 值为 0.159 3，题项 11 的 KMO 值为 0.605 5，这两项测试值偏低（表 6-3），这两个题项都属于创业导向自主性维度。所以进一步检验自主性，三个题项的综合信度的信度系数为 0.358 6，小于 0.4，信度远远小于 0.70 的判断标准（表 6-4），因此删除自主性重新做主成分分析。

表 6-3 创业导向题项的 KMO 和 SMC 检验

题项	1	2	3	4	5	6	7	8
KMO	0.572 5	0.680 3	0.753 3	0.716 4	0.671 8	0.788 3	0.760 4	0.742 5
SMC	0.425 7	0.446 3	0.389 7	0.461 4	0.306 8	0.280 5	0.542 7	0.613 5
题项	9	10	11	12	13	14	15	16
KMO	0.728 4	0.774 8	0.605 5	0.677 8	0.786 2	0.784 3	0.707 4	0.744 4
SMC	0.570 2	0.159 3	0.320 4	0.445 3	0.350 4	0.546 1	0.578 0	0.533 8

注：KMO（Kaiser-Meyer-Olkin）；SMC（squared multiple correlations）

表 6-4　自主性信度分析

题项	内容	度量（1→7）	样本内相关	信度系数
10	合作社强调对合作社成员、高管层和人员的技术创新、产品创新给予充分授权	非常有限的授权→充分授权	0.599 4	0.320 9
11	专业合作社的成员都能够独立制定关键决策	不独立→非常独立	0.744 8	0.302 4
12	合作社对于发展新构想的个人或者群体都给予充分的自由	有限自由→充分自由	0.744 8	0.197 3
总体				0.358 6

　　删除掉自主性测量的题项后，重新做主成分分析，共提炼出四个主因子，四个主成分共解释总方差的 65.17%，每个题项的因子载荷系数如表 6-5 所示，通过观察可以看出，主成分 4 的题项并不十分清楚，缺乏明显的聚集现象，比较分散，因此，拟通过强制分成三个主成分的方法进行分析。

表 6-5　主成分因子载荷矩阵

题项	主成分 1	主成分 2	主成分 3	主成分 4
1	0.485 4	−0.129 4	0.622 1	−0.330 6
2	0.618 1	−0.137 3	0.115 8	0.413 7
3	0.597 7	−0.225 5	0.011 1	0.411 9
4	0.625 0	−0.105 5	0.411 9	−0.423 2
5	0.436 6	0.021 6	0.473 6	0.507 3
6	0.444 1	−0.308 6	−0.258 4	−0.244 0
7	0.648 1	−0.363 6	−0.332 5	−0.168 9
8	0.709 1	−0.304 3	−0.351 7	−0.162 9
9	0.699 9	−0.061 3	−0.253 8	0.146 4
13	0.268 7	0.616 7	−0.252 8	0.232 3
14	0.310 6	0.789 9	0.017 3	−0.110 7
15	0.393 6	0.730 5	0.025 4	−0.123 2
16	0.373 2	0.728 4	−0.092 7	−0.126 1

　　因子分析的碎石图如图 6-1 所示，特征值大于 1 的主成分，图中显示有四个。

　　强制分成三个主成分的因子载荷系数如表 6-6 所示，题项 1~6，题项 7~9，题项 13~16 的因子载荷值较接近。

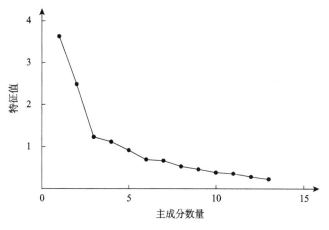

图 6-1 删除掉自主性后的主成分碎石图

表 6-6 因子载荷矩阵

题项	因子 1	因子 2	因子 3
1	0.254 8	−0.082 0	0.560 2
2	0.324 4	−0.087 0	0.104 3
3	0.313 8	−0.142 9	0.010 0
4	0.328 1	−0.066 8	0.370 9
5	0.229 2	0.013 7	0.426 5
6	0.233 1	−0.195 6	−0.232 7
7	0.340 2	−0.230 5	−0.299 4
8	0.372 3	−0.192 8	−0.316 6
9	0.367 4	−0.038 9	−0.228 5
13	0.141 1	0.390 8	−0.227 6
14	0.163 1	0.500 6	0.015 6
15	0.206 6	0.462 9	0.022 9
16	0.195 9	0.461 6	−0.083 5

　　绘制观测题项的因子得分的散点图（图 6-2），由远离大多数题项的那些题项形成的聚类，显示了三种不同类型的主成分。按照直线 $y = 0$ 划分为两类，题项 13~16 和其他题项的分离较为明显，将题项分为两类，即题项 13~16 和题项 1~9；按照直线 $x = 3.4$ 将题项 1~9 划分为两类，即题项 7~9 和题项 1~6。因此，利用图 6-2 的散点图，将 13 个题项分成三个聚类的主成分，分别称为三个维度。维度 1 命名为竞争积极性，包括题项 13~16；维度 2 包括题项 7~9，命名为风险承担性；维度 3 包括题项 1~6，命名为"创新与超前行动"。焦豪（2007）认为，在中国独特的文化背景下，创新性与超前行动具有部分共变的特征。李乾文（2007）经过研究认为，虽然创业导向的构成维度具有独立性，但在转型经济背

景下的中国，创新和超前行动两者的特征结合更加紧密，如许多产品、技术、管理和服务创新都具有超前行动的特征。因此，本章分析的创业导向可分为三个维度，即创新与超前行动、风险承担性和竞争积极性。

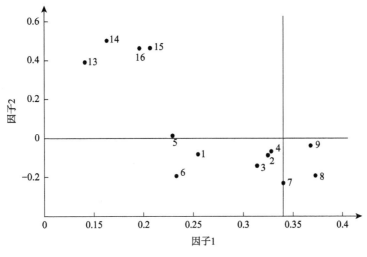

图 6-2 因子载荷分布图

3. 信度与效度分析

1）创业导向整体及子维度的效度分析

对创业导向整体的 13 个题项进行信度分析，其内部一致性系数为 0.776 3，大于 0.70，信度较好。如表 6-7 所示，创业导向子维度的信度分别为：创新与超前行动内部一致性系数为 0.649 3，比较接近 0.70；风险承担性内部一致性系数为 0.792 9，大于 0.70，信度较好；竞争积极性内部一致性系数为 0.807 0，大于 0.70，信度较好。

表 6-7　创业导向子维度信度分析（N=115）

衡量层面	题项和得分：1→7	样本内相关	信度系数	内部一致性系数
创新与超前行动	管理层注重以现有产品/服务扩大现有市场→注重以研发创新产品服务扩大市场	0.640 5		0.649 3
	在过去的五年中，合作社没有推出新产品服务→推出新产品服务	0.680 6	0.620 2	
	合作社产品或服务的变化大多是微小调整→重大修正	0.653 0	0.627 8	
	在与同类合作社竞争中，本合作社表现出的行为方式是：防守策略→先发制人	0.696 7	0.609 7	
	在与同类合作社竞争中，本合作社很少推出新的产品/服务、管理及操作工艺→经常推出	0.550 3	0.661 8	
	与同类合作社相比，本合作社尽量避免直接冲突，希望与对手和平共处→竞争性强，希望彻底击败对手	0.518 0	0.688 6	

续表

衡量层面	题项和得分：1→7	样本内相关	信度系数	内部一致性系数
风险承担性	总体来说，合作社高层管理者偏好低风险项目→偏好高风险项目	0.796 8	0.772 9	0.792 9
	总体来说，合作社高层管理在当前目标偏好采取谨慎、渐进的行为方式→大胆、突变的行为方式	0.900 4	0.584 8	
	在面临不确定时，合作社通常采取谨慎的观望态度，避免高成本的决策→大胆、积极的态度，把握潜在机会	0.826 1	0.777 0	
竞争积极性	合作社内部员工能够共享外部竞争者信息：非常不同意→非常同意	0.709 2	0.820 7	0.807 0
	合作社能够并且会快速回应竞争者的行动：非常不同意→非常同意	0.837 2	0.722 8	
	合作社高层管理者经常讨论竞争对手的战略：非常不同意→非常同意	0.843 2	0.735 5	
	合作社管理层善于寻找并抓住建立竞争优势的各种机会：非常不同意→非常同意	0.802 4	0.745 4	

注：测试量表=均值（非标准化项目）

2）效度分析

研究问卷的内容大多是由国内外相关文献经过要点整理而成，并通过与农村合作组织负责人的充分沟通和预调研形成，具有较好的内容效度。

4. 创业导向变量的测量

1）创业导向整体测量

根据量表的信度和效度分析，量表具有较好的信度和效度，在这种条件下，以单一指标取代多重衡量指标是可行的（焦豪，2010）。以创业导向（EO）整体层面题项的平均得分作为被解释变量，计算公式 $EO = \sum x_i / 13$。创业导向整体的平均得分为 4.57，最小值为 2.38，最大值为 7，其频率分布如图 6-3 所示。大部分被调查样本分布在 4~6，说明总体创业导向整体水平并不高。

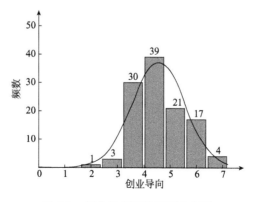

图 6-3　创业导向整体层面分布图

2）创业导向子维度测量

为分析每一个子维度的决定因素，分别以创新与超前行动、风险承担性和竞争积极性三个维度为被解释变量，以各个维度题项得分的平均值作为被解释变量，具体如表 6-8 所示。

表 6-8　创业导向子纬度的描述性分析（*N*=115）

衡量层面	题项和得分：1→7	平均数	标准差	层面分数
创新与超前行动	管理层注重以现有产品/服务扩大现有市场→注重以研发创新产品服务扩大市场	4.37	2.29	4.35
	在过去的五年中，合作社没有推出新产品服务→推出新产品服务	4.86	2.11	
	本合作社产品或服务的变化大多是微小调整→重大修正	3.99	1.94	
	在与同类合作社竞争中，本合作社表现出的行为方式是：防守策略→先发制人	4.53	2.02	
	在与同类合作社竞争中，本合作社很少推出新的产品/服务、管理及操作工艺→经常推出	5.13	1.76	
	与同类合作社相比，本合作社尽量避免直接冲突，希望与对手和平共处→竞争性强，希望彻底击败对手	3.24	1.76	
风险承担性	总体来说，合作社高层管理者偏好低风险项目→偏好高风险项目	3.34	1.83	3.85
	总体来说，合作社高层管理在当前目标偏好采取谨慎、渐进的行为方式→大胆、突变的行为方式	3.88	2.02	
	在面临不确定时，合作社通常采取谨慎的观望态度，避免高成本的决策→大胆、积极的态度，把握潜在机会	4.32	2.11	
竞争积极性	合作社内部员工能够共享外部竞争者信息：非常不同意→非常同意	5.33	1.57	5.43
	合作社能够并且会快速回应竞争者的行动：非常不同意→非常同意	5.38	1.51	
	合作社高层管理者经常讨论竞争对手的战略：非常不同意→非常同意	5.20	1.76	
	合作社管理层善于寻找并抓住建立竞争优势的各种机会：非常不同意→非常同意	5.81	1.38	

（1）创新与超前行动的度量（EO$_1$）。创新是指一个组织对创意、新构想、新事物、新程序、实验活动或从事新产品（服务开发），以及引进新科技程序的支持程度的倾向，因此，它不同于既有的实务和技术，是创业家根据系统化有目的地创造性行为，改变资源的产出价值，创造新消费需求的特殊工具。创新可分为产品、技术、管理和制度创新等方面，不同的创新虽然有不同的途径，但创新的最终目的是通过创新满足市场需求，追逐利润。产品创新的收益随产品生命周期的变化而变化，开始能够获得较高的垄断利润，进入成熟和衰退期后，由于竞争者的进入和模仿品、替代品的出现，利润逐渐下降，因此，持续不断的创新才是企业利润的源泉。农业经营领域的创新，一般发生在微调范围内，一般在以往的经营经验和技术基础上只做小幅度改造，很少发生大规模的创新。例如，一种

新的品种，在试验、试种、成熟等过程后，一般要耗费十几年的时间，并且需要较大的成本才能保证创新的发生，对农业创业经营来说很难实现，一般就只是在原有技术、品种或工具方面做微小改进，这些改进旨在提高生产对区域气候、地理及人文环境方面的适应程度。例如，滴灌技术，针对不同土地，需要对该技术进行微调，这种创新不是引进新的技术，而是技术应用方面的创新，其在组织内部不断发生。

超前行动是指组织对市场未来的需要与需求所采取的预期行动等，比对手超前进入而获得竞争优势，拥有先行优势的组织可以掌握机会，有预应能力的组织可以掌握新的机会，在现有组织回应之前，采取先发行动获取超额利润，如比同行更早推出新产品和业务，引入新的技术、策略性地退出成熟或衰退行业等。创业型组织的主要成就是前瞻性的创新，具有超前行动的组织，在把握新机会上具有领先者的前瞻性意志，而不是成为市场的跟随者。超前行动一般与组织内部和外部信息搜集及柔性调整能力有关，如果组织内部成员之间能够进行有效沟通，就能对外部市场变动较容易地形成有效的一致性认知，较为容易地形成应对战略。此外，对外部进行有效的认知也容易形成针对性的反应对策。

根据量表的信度和效度分析，以单一指标取代多重衡量指标应是可行的，因此，EO_1 的计算公式为 $EO_1 = \sum x_i / 6$，x_i 为各个题项的得分值，得分的总和除以题项的总数得到的平均分，即创新与超前行动的得分。如表 6-8 和图 6-4 所示，创新与超前行动的平均得分为 4.35，大部分（72 人）水平超过 4，这说明农村合作组织负责人或管理层对创新与超前行动比较重视。在创新与超前行动各个度量题项中，对竞争对手的反应行为的认知偏低，得分为 3.24，许多被访谈对象都倾向于尽量避免直接冲突，希望与对手和平共处，我国农村合作组织发展还处于初级阶段，其并没有成为市场的主体，一些合作组织根本没有竞争意识。

（2）风险承担性的度量（EO_2）。风险承担性是指组织愿意投资失败成本很高、风险较大项目的意愿和态度，即将资源投入到产出不确定的项目上的意愿，主要反映组织是否跳脱"会成功才尝试"的模式。如果一个组织具有创业导向，那么该组织的经营项目就具有一定的不确定性，该组织同样应该具有一定的风险承担能力，不同组织经营类型不同，所面临的风险也具有异质性，所以说组织承担的风险因素具有异质性。例如，企业为追逐高利润，不惜冒高风险大量借贷或融入大量资源，在此过程中，企业家的胆识（当组织面临不确定和机遇时，企业家能够冷静客观地选取合适的风险承担态度，并高效制定行动策略的能力）决定了组织风险承担能力。针对农村合作组织负责人（管理者、理事长、监事长），访谈其在风险承担性方面的问题，由于农业经营本身就承担较高的风险，因此，其风险承担倾向偏低，偏向于风险规避。

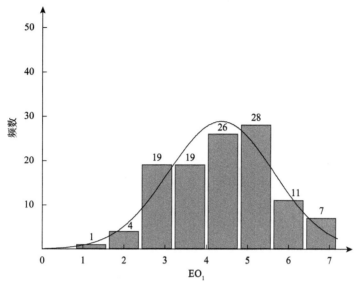

图 6-4　创新与超前行动的分布频数

EO_2 的计算公式为 $EO_2 = \sum x_i / 3$ ，x_i 为各个题项的得分值，得分的总和除以题项的总数得到的平均分为风险承担性的得分。

农村合作组织的风险承担性水平较低，其平均值为 3.85，如图 6-5 所示，风险承担性的分布频数呈两极分化的特征，这说明合作组织负责人对风险承担性的认知存在差异，一部分倾向于风险规避，一部分倾向于风险偏好。在风险承担性题项的衡量题项中，"总体来说，合作社高层管理者偏好低风险项目→偏好高风险项目"的得分偏低，平均得分 3.34，这说明大部分合作组织还处于传统农户经营的风险规避意识阶段，缺乏风险承担意识。其可能的原因是为了组织生存需要，合作组织负责人急需进行产品和服务创新，在产品和服务创新过程中，负责人承担了较大的风险，所以，在风险承担性的认知过程中，其自身已经在承担较大的风险，因此对风险承担性的认知并不敏感。

（3）竞争积极性的度量（EO_3）。竞争积极性是指积极对市场机会进行预测，并先于对手采取行动，应对外面多变的环境来增进本组织的竞争优势，竞争积极性在现实中更多表现为组织日益重视快速反应能力，这种反应能力是针对市场需求和行业内竞争对手的。在同一行业内经营，随着农村合作组织的增加，合作组织的企业家逐步对竞争具有明显的重视，尤其对同一产品市场竞争者的关注逐渐增强，逐步产生了竞争对手的意识。

EO_3 的计算公式为 $EO_3 = \sum x_i / 4$ ，其中，EO_3 为竞争积极性，x_i 为四个题项的得分，得分的总和除以题项的个数为竞争积极性的度量值。竞争积极性的均值为 5.43，如图 6-6 所示，其频数分布大致呈正态分布。在竞争积极性度量中，

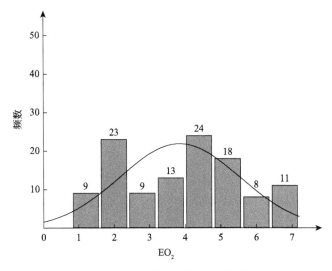

图 6-5　风险承担性的分布频数图

"合作社高层管理者经常讨论竞争对手的战略：非常不同意→非常同意"的题项得分偏低，在竞争过程中，合作组织面临的是一个市场，而非一个个单个的竞争对手，其竞争对手并不明晰，但整体上来看，农村合作组织整体竞争意识较强。

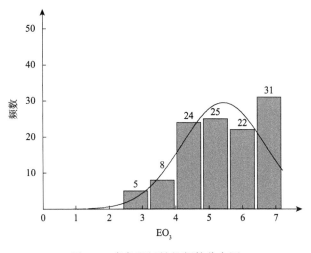

图 6-6　竞争积极性的频数分布图

（二）解释变量

1. 合作组织的经营时间

合作组织的经营时间（time）具体定义为从合作社正式成立经营到被调研之

日的时间，如果存在不满一年的现象，则超过半年按 1 年计算，小于半年略去不计。如图 6-7 所示，经营时间的平均值为 5.32 年，方差为 2.12，经营时间最长的为 10 年，经营时间最短的为 1 年。经营时间没有明显规律，在 1~3 年和 4~6 年的区间内，其分阶段呈递增趋势；在 7~10 年区间内，大部分经营时间在 8 年左右。

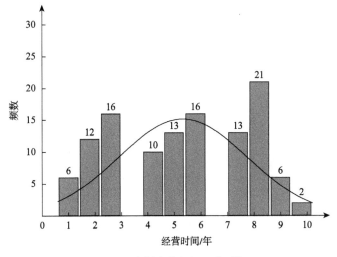

图 6-7　农村合作组织经营时间

2. 合作组织的资产规模

合作组织在被调研时的资产规模（assets），包括所有和租赁的总额，由于合作组织大部分不具备完善的账目资料，所以在研究中，没有考虑资产折旧的问题，资产规模的单位为万元。资产规模的平均值 2 184.35 万元，60%的合作组织资产在 1 000 万元以内；42.61%在 500 万元以内，只有个别合作组织在 2 000 万元以上，大概占合作社总数的 20%；10%的合作组织资产小于 100 万元（图 6-8）。

3. 大股东所占股份比例

关于大股东所占股份比例（shares）提供 6 个选项，分别是：1 表示小于等于 10%；2 表示在 10%~30%；3 表示在 30%~50%；4 表示在 50%~70%；5 表示在 70%~90%；6 表示在 90%以上。频数分布如图 6-9 所示，合作组织内部大股东在所有权上具有显著优势，这种优势在一定程度上制约了普通成员的创业创新行为，同时这也是一些大股东采取风险规避行为、创业寻租行为等的直接和间接原因。

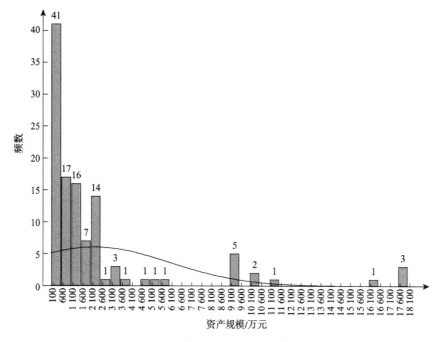

图 6-8　资产规模的分布频数图

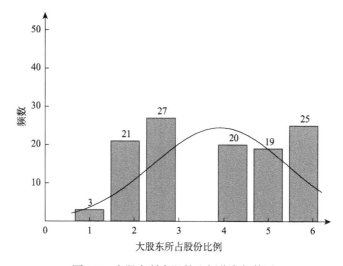

图 6-9　大股东所占股份比例分布频数图

4. 与政府的关系

政府对合作组织的支持政策主要包括财政资金支持、示范社、种植规模补贴（董晓波，2014）。与政府的关系（relations）最主要表现在资源获得方面，设计以下 6 个题项，分别用虚拟变量表示。

题项 1：合作社产品是否获得行业或政府部门的认证（如绿色产品认证），虚拟变量 1 表示是，0 表示否。

题项 2：合作社是否享受政府的某种生产或销售补贴，虚拟变量 1 表示是，0 表示否。

题项 3：合作社是否从银行和农村信用社（或其他政策性银行）获得信贷支持，虚拟变量 1 表示是，0 表示否。

题项 4：合作社是否与高校、科研机构、技术推广部门等建立长期的战略合作关系，虚拟变量 1 表示是，0 表示否。

题项 5：目前合作社领导中是否有在村基层和政府部门担任职务的，虚拟变量 1 表示是，0 表示否。

题项 6：合作组织目前是否是省级或市级示范社，虚拟变量 1 表示是，0 表示否。

6 个虚拟变量答案的加总作为该变量的值。与政府的关系变量的变化范围为 1~6，均值为 2.81，标准差为 1.56，其频数分布如图 6-10 所示，大部分农村合作组织能享受到 3~4 项政府的优惠条件，这种优惠条件能够反映一个合作组织与政府部门的关系。与政府的关系的一个重要作用就是获得公共资源，强关系能够获得更多的公共资源。

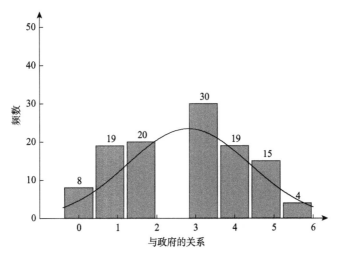

图 6-10　与政府的关系分布频数图

5. 管理团队胜任能力

1）管理团队胜任能力的信度分析

受马红民和李非（2008）、张振华（2009）关于团队胜任力测量指标的启发，结合农村合作组织现状，设计如表 6-9 所示的题项测试农村合作组织管理团队的胜任能力（m_ability）。农村合作组织管理层胜任能力题项的信度如表 6-9 所示，其整体信度大于 0.70，说明该题项具有很好的信度。

表 6-9 管理层胜任能力信度分析（*N*=115）

题项：管理层胜任能力认知	样本内相关	信度系数	内部一致性系数
1. 管理团队能够获得社员的充分信任且具有凝聚力	0.741 9	0.832 1	
2. 内部存在很少的冲突，意见很容易达成一致	0.691 8	0.837 7	
3. 有领导能力，有魄力，在社员中很有威信	0.851 8	0.821 5	
4. 能够为社员着想，保障社员应得的利益	0.872 0	0.820 0	
5. 有很强的社交、拉关系的外联能力	0.603 8	0.853 2	0.854 9
6. 能够有效与政府部门和社会精英进行沟通	0.300 7	0.909 3	
7. 有很强的创新意识和开拓能力，有气魄，有能力	0.747 0	0.831 2	
8. 具有很强的学习、吸收转化管理和技术的能力	0.855 1	0.820 1	
9. 对合作社产品有很高的专业技术水平	0.832 7	0.819 5	

注：测试量表=均值（非标准化项目）

2）管理团队胜任能力的度量

管理层信任能力表示一个合作组织在信任、企业家精神、社交、技术和领导能力方面的表现，在一定程度上反映一个组织管理层具备的创业能力。用各个题项平均得分作为管理层胜任能力，计算公式为 $m\_ability = \sum x_i / 9$，其均值为 5.87，标准差为 0.939 4，各个题项的描述性统计分析如表 6-10 所示。组织管理层较为缺乏的是能够有效与政府部门和社会精英进行沟通的管理人员，这种情况出现的原因可能是农村合作组织利润偏低、风险较大，很难成为一些具有较强背景企业家或管理人员的选择对象。

表 6-10 管理层胜任能力描述性统计（*N*=115）

题项：管理层胜任能力认知	度量	均值	方差
1. 管理团队能够获得社员的充分信任且具有凝聚力	1→7	6.30	1.24
2. 内部存在很少的冲突，意见很容易达成一致	1→7	6.11	1.26
3. 有领导能力、有魄力，在社员中很有威信	1→7	6.35	1.12
4. 能够为社员着想，保障社员应得的利益	1→7	6.35	1.10
5. 有很强的社交、拉关系的外联能力	1→7	5.64	1.58
6. 能够有效与政府部门和社会精英进行沟通	1→7	3.78	1.95
7. 有很强的创新意识和开拓能力，有气魄，有能力	1→7	6.05	1.37
8. 具有很强的学习、吸收转化管理和技术的能力	1→7	6.31	1.17
9. 对合作社产品有很高的专业技术水平	1→7	5.97	1.39

注：1 表示"非常不同意"；4 表示"一般"；7 表示"非常同意"

平均得分的频数分布如图 6-11 所示，大部分选择得分水平在 6 左右，并且比较集中，说明被调查对象对高层管理人员能力的认同度较高。

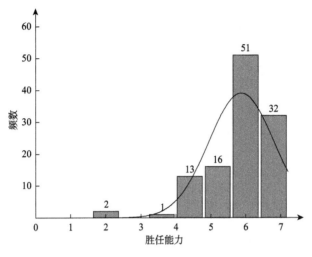

图 6-11　管理层胜任能力分布频数图

6. 集体决策

农村合作组织是追求集体效用最大化的组织形式，集体效用最大化要求面临重大经营决策和制度变迁时进行集体决策（c_decision），在满足集体效用最大化的基础上，降低集体决策的"影响成本"（蔡荣和韩洪云，2011）。结合我国农村合作组织的实际，设计以下 6 个题项来测度组织内部的集体决策。

1）集体决策的信度分析

对集体决策的信度进行分析，如表 6-11 所示，内部一致性系数大于 0.70，说明该题项整体具备较高的信度水平。

表 6-11　集体决策信度分析（N=115）

题项：集体决策	样本内相关	信度系数	内部一致性系数
1. 决策时由管理层集体协商决定	0.777 9	0.689 3	
2. 面对市场变化管理层能够形成有效的决策	0.738 2	0.704 2	
3. 决策时管理层更多考虑公平和利润而非个人偏好	0.726 8	0.705 5	
4. 决策时管理层的冲突多并且非常难协调	0.518 3	0.873 3	0.760 6
5. 决策时管理层都能公平表述自己的意见	0.788 4	0.684 9	
6. 决策形成有一定的规章和代表性的程序	0.767 7	0.651 3	

注：测试量表=均值（非标准化项目）

2）集体决策的度量

集体决策的题项及其得分如表 6-12 所示，从各个题项的描述性统计可以看出，大部分合作组织内部能够就决策进行集体协商，并且能够公平表述自己的意见，并不存在较严重的冲突和难以协调的集体决策问题。

表 6-12　集体决策描述性统计（*N*=115）

题项：集体决策	度量	均值	方差
1. 决策时由管理层集体协商决定	1→7	6.21	1.20
2. 面对市场变化管理层能够形成有效的决策	1→7	6.18	1.09
3. 决策时管理层更多考虑公平和利润而非个人偏好	1→7	6.00	1.37
4. 决策时管理层的冲突多并且非常难协调	1→7	3.38	2.17
5. 决策时管理层都能公平表述自己的意见	1→7	6.19	1.23
6. 决策形成有一定的规章和代表性的程序	1→7	6.08	1.26

注：1 表示"非常不同意"；4 表示"一般"；7 表示"非常同意"

因为集体决策具有较高的信度，所以使用题项的平均得分作为其变量的数值，$c\_decision = \sum x_i / 6$。集体决策的均值为 5.67，方差为 0.858 9。其频数分布如图 6-12 所示，大部分得分在 5 分以上，这说明无论是决策形成还是制度的执行，都具备较高的认可程度。

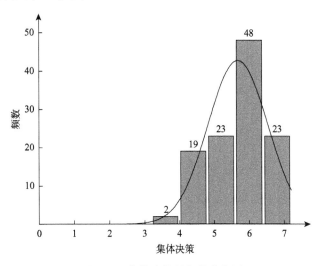

图 6-12　集体决策的频数分布图

7. 内部网络

组织内部网络（intranet）对组织学习、信任建立和集体决策起到关键作用，尤其在组织战略选择及制度变迁方面，内部网络起到有效协调的功能。相关研究发现，合作社社长组织内部网络趋向同质性，其与理事会成员关系影响社长内部社会资本水平（鞠立瑜等，2012）。与外部网络关系相比，内部网络关系对合作社盈利绩效影响更大（由卫红等，2011）。依据以上两方面的研究，结合农村合作组织的实际情况，设计内部网络测量的题项。

1）内部网络的信度分析

对合作社内部网络的信度进行分析，内部一致性系数为 0.822 8，大于 0.70，说明合作社内部网络的信度水平较高（表 6-13）。

表 6-13　合作社内部网络信度分析（*N*=115）

题项：合作社内部网络	样本内相关	信度系数	内部一致性系数
1. 管理层人员之间相互非常熟悉	0.857 8	0.736 0	
2. 合作社成员之间相互非常熟悉	0.786 0	0.798 2	0.822 8
3. 管理层之间非常团结，相互之间非常信任	0.890 9	0.723 9	
4. 管理层之间人情往来频繁，交往十分密切	0.762 2	0.854 1	

注：测试量表=均值（非标准化项目）

2）内部网络的度量

内部网络是指合作组织管理层、成员之间的熟悉、信任及相互的网络投资方面，以及内部管理和成员之间的熟悉和信任程度。内部网络在一定程度上能够有效降低组织决策的协调和组织成本，激励组织进行创业。其各个题项的得分及描述统计如表 6-14 所示。

表 6-14　合作社内部网络描述性统计（*N*=115）

题项：合作社内部网络	度量	均值	方差
1. 管理层人员之间相互非常熟悉	1→7	6.45	1.04
2. 合作社成员之间相互非常熟悉	1→7	6.33	1.14
3. 管理层之间非常团结，相互之间非常信任	1→7	6.54	0.87
4. 管理层之间人情往来频繁，交往十分密切	1→7	6.03	1.31

注：1 表示"非常不同意"；4 表示"一般"；7 表示"非常同意"

使用各个题项的平均得分衡量内部网络的水平，即 $intranet = \sum x_i / 4$，计算出 4 个题项的总得分的平均值。其频数分布如图 6-13 所示，大部分被调查对象选择 6~7，其平均值为 6.34，标准差为 0.894，说明被调查对象对内部网络的认同感较强。在合作组织内部，相互之间熟悉与信任是集体创业的关键。

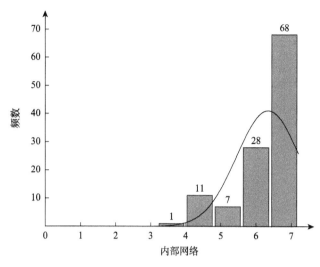

图 6-13　内部网络频数分布图

8. 连接紧密程度

合作社内部连接的紧密程度同时也反映社员参与合作社经营活动的程度，我国合作社作为一种组织形式，其内部有着与市场不同的契约，这种契约约束成员的行为，促使成员形成集体行动，契约所反映的约束程度同时也是内部成员连接紧密程度（link_tight）。虽然多数成员与农村合作组织有较多的业务参与，但是紧密程度不够，成员与组织之间关系更像市场契约（邵科和徐旭初，2013）。

1）连接紧密程度的信度分析

检验合作社连接紧密程度信度（表6-15），其整体信度为0.674 1，信度低于但接近0.70，可能是被调查对象在对题项的理解方面具有较大的柔性。

表 6-15　合作社连接紧密程度信度分析（*N*=115）

题项：合作社连接紧密程度	样本内相关	信度系数	内部一致性系数
1. 合作社产品很难选择其他销售渠道	0.370 2	0.706 6	
2. 成员进入合作社需要严格的程序和审核标准	0.731 9	0.580 7	
3. 成员退出合作社需要严格的程序和审核标准	0.695 3	0.597 0	
4. 成员农户无自由选择产品销售渠道的权利	0.670 9	0.609 6	0.674 1
5. 成员农户无自由选择原材料供应商的权利	0.532 8	0.666 7	
6. 合作社有统一的技术指导和生产监督	0.394 2	0.672 5	
7. 合作社利益分配机制和制度非常合理	0.642 3	0.615 0	

注：测试量表=均值（非标准化项目）

2）连接紧密程度的度量

使用 7 个题项来度量连接紧密程度，各个题项得分的描述性统计如表 6-16 所示。在描述性统计中，被调查对象对合作社产品销售渠道约束强度的认知方面的水平最低，即合作组织内部的创业和创新行为具有一定的外部性，如果没有很强的连接紧密程度，这种外部性将弱化组织内部的创业激励。

表 6-16　合作社连接紧密程度描述性统计（N=115）

题项：合作社连接紧密程度	度量	均值	方差
1. 合作社产品很难选择其他销售渠道	1→7	4.07	1.87
2. 成员进入合作社需要严格的程序和审核标准	1→7	4.96	1.97
3. 成员退出合作社需要严格的程序和审核标准	1→7	4.94	1.95
4. 成员农户无自由选择产品销售渠道的权利	1→7	4.98	2.02
5. 成员农户无自由选择原材料供应商的权利	1→7	5.00	2.05
6. 合作社有统一的技术指导和生产监督	1→7	6.15	1.28
7. 合作社利益分配机制和制度非常合理	1→7	5.60	1.74

注：1 表示"非常不同意"；4 表示"一般"；7 表示"非常同意"

使用题项的平均得分作为连接紧密程度的值，即 $link\_tight = \sum x_i / 7$。其平均值为 5.10，方差为 1.01。其频数分布如图 6-14 所示，大部分被调查对象选择 3~5，大致呈正态分布。

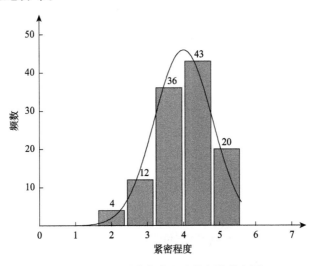

图 6-14　组织连接紧密程度的频数分布图

9. 风险认知

战略选择是组织适应动态竞争环境的根本手段，决策者对战略的风险认知 risk_per 在一定程度上决定了战略选择，农村合作组织战略选择受内部管理层对风险认知水平高低的影响。

1）风险认知的信度分析

风险认知是指被调查对象对合作社经营过程中存在的市场风险、制度风险和组织风险的认知。对风险认知题项的信度进行分析（表 6-17），其整体信度为 0.605 4，低于 0.70，说明信度水平不高，其可能原因是在对题目的理解方面，如制度风险的评估方面，由于被调查对象文化及经营水平的差异，认知存在较大的不一致性，导致信度偏低。

表 6-17 风险认知信度分析（N=115）

题项：合作社经营存在哪些风险因素	样本内相关	信度系数	内部一致性系数
1. 产品市场风险较大，价格波动，市场动荡性较强	0.548 2	0.640 2	0.605 4
2. 政府政策不稳定性较强，变化较快，很难适应	0.695 5	0.526 8	
3. 合作社经营容易受到政府部门干扰，不稳定	0.719 1	0.485 4	
4. 成员不稳定，进退较多，行为难以控制和监督	0.737 7	0.462 7	

注：测试量表=均值（非标准化项目）

2）风险认知的度量

设计 4 个题项度量风险认知，其描述性统计如表 6-18 所示。从题项得分的均值可以看出，认知较高的是市场风险，认知较低的是政府干扰风险。

表 6-18 风险认知描述性统计（N=115）

题项：合作社经营存在哪些风险因素	度量	均值	方差
1. 产品市场风险较大，价格波动，市场动荡性较强	1→7	4.83	1.78
2. 政府政策不稳定性较强，变化较快，很难适应	1→7	3.93	1.96
3. 合作社经营容易受到政府部门干扰，不稳定	1→7	3.42	1.88
4. 成员不稳定，进退较多，行为难以控制和监督	1→7	3.59	1.89

注：1 表示"非常不同意"；4 表示"一般"；7 表示"非常同意"

使用风险认知题项平均得分作为该变量的赋值，即 $risk\_per = \sum x_i / 4$。均值为 3.94，标准差为 1.27，其频数分布如图 6-15 所示，得分水平大致分布在 4~5，偏度不明显。

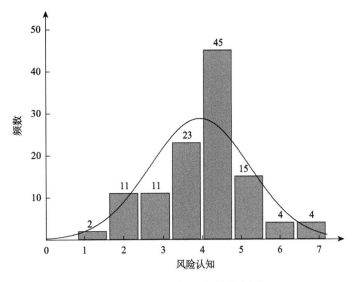

图 6-15　风险认知的频数分布图

（三）模型选择

使用如下线性回归模型分析农村合作组织创业导向的影响因素。

$$EO_i = \alpha + \beta_1 time_i + \beta_2 assets_i + \beta_3 shares_i + \beta_4 relations_i + \beta_5 m\_ability_i$$
$$+ \beta_6 c\_decision_i + \beta_7 intranet_i + \beta_8 link\_tight_i + \beta_9 risk\_per_i + \mu_i$$

被解释变量为创业导向整体（EO）；创业导向包括三个维度，即创新与超前行动（EO_1）、风险承担性（EO_2）、竞争积极性（EO_3）。

解释变量为经营时间（time）、资产规模（assets）、大股东所占股份比例（shares）、与政府的关系（relations）、管理团队胜任能力（m_ability）、集体决策（c_decision）、内部网络（intranet）、连接紧密程度（link_tight）、风险认知（risk_per）。

五、实证结果

（一）变量统计及相关分析

1. 变量统计

因变量和自变量的描述性统计如表 6-19 所示。

表 6-19 变量的描述性统计（N=115）

变量名称	平均值	标准差	最小值	最大值
EO	4.571 0	0.988 0	2.38	7
EO_1	4.356 5	1.272 4	1	7
EO_2	3.852 0	1.677 5	1	7
EO_3	5.432 6	1.246 1	2.5	7
time	5.321 7	2.422 6	1	10
assets	2 184.35	3 783.01	1.94	18 000
shares	3.921 7	1.499 4	1	6
relations	2.817 3	1.564 8	0	6
m_ability	5.876 7	0.939 4	1.67	7
c_decision	5.678 3	0.858 9	3.67	7
intranet	6.343 4	0.894 3	3.5	7
link_tight	5.106 2	1.014 2	2.14	7
risk_per	3.945 6	1.275 9	1	7

2. 变量相关分析

变量的皮尔逊相关矩阵如表 6-20 所示。由相关矩阵可以观察到，无论是创业导向整体，还是创业导向的各个子维度，都在一定程度上与一些自变量显著相关，如创业导向整体与管理团队胜任能力之间的相关系数为 0.276 3（sig.<0.000），与集体决策的相关系数为 0.400 3（sig.<0.000），相关程度高且显著，但是，相关关系只能说明两个变量之间在发展变化的方向与大小方面存在一定关系，不能确定两个变量的因果关系。

（二）创业导向整体决定因素的回归分析

1. 估计策略

（1）首先控制经营时间、资产规模、大股东所占股份比例、与政府的关系四个变量，将创业导向整体作为因变量对这四个变量进行回归，形成基础模型 1。

（2）然后逐步加入管理团队胜任能力、集体决策、内部网络、连接紧密程度、风险认知，分别形成模型 2~模型 6。

（3）计量软件为 Stata 10.0，结果如表 6-21 所示。

表 6-20 模型变量的相关性分析（N=115）

变量	EO	EO_1	EO_2	EO_3	time	assets	shares	relations	m_ability	c_decision	intranet	link_tight	risk_per
EO	1												
EO_1	0.855 1***	1											
EO_2	0.755 4***	0.542 0***	1										
EO_3	0.504 7***	0.542 0	0.107 3	1									
time	0.081 9	0.055 8	0.019 8	0.106 0	1								
assets	0.223 9**	0.303 5***	0.051 2	0.060 7	-0.251 9***	1							
shares	0.013 5	-0.016 8	0.040 8	0.019 5	-0.024 4	0.044 8	1						
relations	0.210 7**	0.173 7*	0.167 8*	0.108 3	0.117 4	0.259 7**	-0.039 8	1					
m_ability	0.276 3***	0.150 8	0.104 2	0.376 8***	0.209 0**	-0.170 5*	0.109 3	0.118 5	1				
c_decision	0.400 3***	0.231 3***	0.248 2***	0.427 2***	-0.057 0	0.071 8	0.104 1	0.158 2*	0.333 7***	1			
intranet	0.232 0**	0.038 6	0.107 7	0.430 2***	0.013 3	-0.054 2	0.322 8***	0.007 6	0.297 2***	0.549 5***	1		
link_tight	0.150 6	0.145 5	0.083 9	0.081 2	0.074 4	-0.137 7	-0.227 3**	0.014 7	0.171 1*	0.279 1***	-0.012 0	1	
risk_per	0.083 7	-0.017 2	0.108 5	0.132 5	0.007 8	0.032 9	0.107 8	0.118 0	-0.005 4	0.069 3	-0.014 2	-0.041 9	1

*、**、***分别表示在 10%、5%、1%水平上显著

表6-21 创业导向整体决定因素回归分析（N=115）

被解释变量-创业导向整体

自变量	模型1 Coef.	t	模型2 Coef.	t	模型3 Coef.	t	模型4 Coef.	t	模型5 Coef.	t	模型6 Coef.	t
常数项	3.9037*** (0.3601)	10.84	2.3066*** (0.6007)	3.84	1.5570** (0.6209)	2.51	2.2670*** (0.6721)	3.37	2.8876*** (0.6222)	4.64	3.7521*** (0.4316)	8.69
time	0.0491 (0.0391)	1.26	0.0309 (0.0379)	0.82	0.0605* (0.0362)	1.67	0.0495 (0.0379)	1.31	0.000063 (0.0386)	1.21	0.0492 (0.0392)	1.26
assets	0.000056** (0.000025)	2.20	0.000070*** (0.000025)	2.81	0.000056** (0.000023)	2.36	0.000062** (0.000025)	2.49	0.000063** (0.000025)	2.45	0.000056** (0.000025)	2.20
shares	0.0081 (0.0601)	0.13	-0.0168 (0.0581)	-0.29	-0.0194 (0.0558)	-0.35	-0.0494 (0.0616)	-0.80	0.0349 (0.0608)	0.57	0.00370 (0.0606)	0.06
relations	0.0888 (0.0607)	1.46	0.0601 (0.0589)	1.02	0.0475 (0.0568)	0.84	0.0817 (0.0589)	1.39	0.0846 (0.0600)	1.41	0.0841 (0.0613)	1.37
m_ability			0.3134*** (0.0964)	3.25								
c_decision					0.4422*** (0.0988)	4.47						
intranet							0.2944*** (0.1033)	2.85				
link_tight									0.1806** (0.0907)	1.99		
risk_per											0.0459 (0.0716)	0.64
F	2.66**		4.43***		6.50***		3.89***		2.98**		2.20*	
R^2	0.0883		0.1688		0.2298		0.1515		0.1202		0.0917	
ΔR^2			0.0805		0.1415		0.0632		0.0319		0.0034	
adjR^2	0.0883		0.1307		0.1944		0.1126		0.0798		0.0500	

*、**、***分别表示在10%、5%、1%水平上显著

注：括号内为回归系数的标准误

2. 模型诊断

检验模型异方差性，模型1~模型6的异方差检验如表6-22所示，将显著水平设定在5%以上。

表 6-22 创业导向整体模型 1~模型 6 异方差检验

模型	假设	chi2（1）值（Prob>chi2）	拒绝还是接受原假设
模型 1	H_0=同方差	0.02（0.900 2）	接受
模型 2	H_0=同方差	1.91（0.166 8）	接受
模型 3	H_0=同方差	0.52（0.473 0）	接受
模型 4	H_0=同方差	0.48（0.489 2）	接受
模型 5	H_0=同方差	2.92（0.087 6）	拒绝
模型 6	H_0=同方差	0.01（0.929 1）	接受

注：进行的是 Breusch-Pagan/Cook-Weisberg test for heteroskedasticity（布罗歇-帕甘/库克-韦斯伯格异方差检验）

如表6-23所示，6个模型的方差膨胀因子（variance inflation factor，VIF）都小于5，不存在多重共线性。

表 6-23 创业导向整体多重共线性检验

变量	模型 1	模型 2	模型 3	模型 4	模型 5	模型 6
time	1.11	1.13	1.12	1.11	1.11	1.11
assets	1.18	1.21	1.18	1.18	1.20	1.18
shares	1.00	1.02	1.02	1.13	1.06	1.02
relations	1.12	1.14	1.15	1.12	1.12	1.13
m_ability		1.10				
c_decision			1.04			
intranet				1.12		
link_tight					1.08	
risk_per						1.03
是否有共线性	否	否	否	否	否	否

模型 5 在 10%的置信水平上存在异方差性，异方差的处理一般采取以下方法：第一，最小二乘估计+稳健标准差；第二，广义最小二乘法（generalised least squares，GLS）；第三，加权最小二乘法（weighted least squares，WLS）；第

四，可行广义最小二乘法（feasible generalised least squares，FGLS）。本章使用第一种方法处理。

3. 理论假设检验

根据表 6-21，分析被解释变量对创业导向整体的影响。

（1）经营时间的影响系数为 0.049 1（t=1.26，P=0.212），系数符号为正，在 10%的统计水平上并不显著。农村合作组织作为新生事物，其发展从不规范到规范，是一个逐渐成熟过程，也是一个逐步创业过程，目前其处于成长的初级阶段，随着时间的推移，其组织层面的创业精神和创业行为逐步趋向成熟，因此，其影响为正。由于系数估计值较小，系数估计量的标准误较大，系数不显著。假设 6-1 没有得到验证。

（2）资产规模的影响系数为 0.000 056（t=2.20，P=0.030），在 5%的水平上统计显著，其对创业导向整体层面具有显著的正向影响，假设 6-2 得到证明。创业导向是一种高资源消耗的战略导向，组织层面创业行为的发生，需要雄厚的资源为基础，因此，具备较大资产规模的合作组织，其创业机会把握和创业团队建构相对较为容易，更容易制定以创业导向为核心的战略管理策略。

（3）大股东所占股份比例的影响系数为 0.008 1（t=0.13，P=0.893），系数为正，在 10%的统计水平上不显著，假设 6-3 没有通过验证。其可能原因是所有权的过度集中，并不必然导致所有者采取风险和资源投入较大的创业导向战略，其风险规避的强度也许会更大。

（4）与政府的关系的影响系数为 0.088 8，（t=1.46，P=0.147），系数为正，在 10%的统计水平上不显著，假设 6-4 没有通过验证。为验证管理层胜任能力、集体决策、内部网络、连接紧密程度和风险认知对组织创业导向整体层面的影响，在控制经营时间、资产规模、大股东所占股份比例和与政府的关系的基础上，依次独立加入管理层胜任能力等 5 个变量，分别建构模型 2~模型 6，验证假设 5~假设 9。

（5）管理团队胜任能力的系数为 0.313 4（t=3.25，P=0.002），说明在控制经营时间、资产规模、大股东所占股份比例和与政府的关系的基础上，管理层胜任能力对组织创业导向整体具有显著正向影响，假设 6-5 得到验证。

（6）集体决策的影响系数为 0.442 2，（t=4.47，P<0.000），说明在控制经营时间、资产规模、大股东所占股份比例和与政府的关系的基础上，集体决策对组织创业导向整体具有显著的正向影响，假设 6-6 得到验证。

（7）内部网络的影响系数为 0.294 4（t=2.85，P=0.005），说明在控制经营时间、资产规模、大股东所占股份比例和与政府的关系的基础上，内部网络对组织创业导向整体具有显著正向影响，在 1%的水平上统计显著，假设 6-7 得到验证。

（8）连接紧密程度的影响系数为 0.180 6，（t=1.99，P=0.049），符号为正，且在 5%的水平上统计显著，说明在控制经营时间、资产规模、大股东所占股份比例和与政府的关系的基础上，连接紧密程度对组织创业导向整体具有显著正向影响。

采用"最小二乘估计+稳健标准差"的方法对模型 5 进行重新回归，回归结果如表 6-24 所示，在稳健回归结果中，连接紧密程度的系数没有改变，但其估计标准误从 0.090 7 下降到 0.086 1。符号为正，在 5%的水平上统计显著，从而验证了假设 6-8。

表 6-24　模型 5 的稳健回归估计（N=115）

变量名称	系数	t	$P>|t|$
常数项	2.887 6（0.530 1）	5.45	0.000
time	0.046 6（0.040 2）	1.16	0.249
assets	0.000 063（0.000 028）	2.25	0.027
shares	0.034 9（0.053 0）	0.66	0.512
relations	0.084 6（0.062 2）	1.36	0.177
link_tight	0.180 6（0.086 1）	2.10	0.038
F	3.16		
R^2	0.120 2		

（9）风险认知的影响系数为 0.045 9（t=0.64，P=0.523），符号为正，在 10%的统计水平上不显著，说明在控制经营时间、资产规模、大股东所占股份比例和与政府的关系的基础上，风险认知水平对组织创业导向整体不具有显著正向影响。

（三）创新与超前行动影响因素分析

1. 估计策略

（1）以创新和超前行动为因变量，经营时间、资产规模、大股东所占股份比例、与政府的关系为控制变量，进行线性回归分析，构建模型 1。

（2）以模型 1 为基础模型，依次独立加入"管理团队胜任能力、集体决策、内部网络、连接紧密程度、风险认知"，形成模型 2、模型 3、模型 4、模型 5 和模型 6，结果如表 6-25 所示。

表6-25 创新与超前行动决定因素估计结果（N=115）

变量	模型 1		模型 2		模型 3		模型 4		模型 5		模型 6	
	Coef.	t	Coef.	t	Coef.	t	Coef.	t	Coef.	t	Coef.	t
常数项	3.680 7*** (0.456 4)	8.06	2.369 8*** (0.782 6)	3.03	1.985 8** (0.834 5)	2.38	3.133 5*** (0.881 0)	3.56	2.367 3*** (0.788 1)	3.00	3.798 6*** (0.547 8)	6.93
time	0.066 2 (0.049 5)	1.34	0.051 3 (0.049 4)	1.04	0.074 5 (0.048 6)	1.53	0.066 3 (0.049 6)	1.34	0.063 0 (0.048 9)	1.29	0.066 1 (0.049 7)	1.33
assets	0.000 1*** (0.000 03)	3.26	0.000 1*** (0.000 032)	3.60	0.000 1*** (0.000 032)	3.32	0.000 1*** (0.000 032)	3.30	0.000 11*** (0.000 032)	3.53	0.000 10*** (0.000 032)	3.24
shares	-0.021 1 (0.076 2)	-0.28	-0.041 5 (0.075 8)	-0.55	-0.041 0 (0.075 0)	-0.55	-0.040 3 (0.080 8)	-0.50	0.013 5 (0.077 0)	0.18	-0.017 6 (0.077 0)	-0.23
relations	0.061 5 (0.077 0)	0.80	0.038 0 (0.076 8)	0.50	0.031 7 (0.076 4)	0.42	0.059 1 (0.077 2)	0.77	0.056 1 (0.076 0)	0.74	0.065 1 (0.077 8)	0.84
m_ability			0.257 2** (0.125 6)	2.05								
c_decision					0.319 3** (0.132 8)	2.40						
intranet							0.098 4 (0.135 4)	0.73				
link_tight									0.233 4** (0.114 9)	2.03		
risk_per											-0.035 6 (0.090 9)	-0.39
F	3.63***		3.83***		4.19***		3.00**		3.81		2.92**	
R²	0.116 7		0.149 4		0.161 2		0.121 0		0.148 9		0.118 0	
ΔR²	0.032 7		0.032 7		0.044 5		0.004 3		0.032 2		0.001 3	
adjR²	0.084 6		0.110 4		0.122 3		0.080 7		0.109 9		0.077 5	

、**、***分别表示在10%、5%、1%水平上显著

注：被解释变量"创新与超前行动"维度；括号内为回归系数的标准误

2. 模型回归诊断

首先检验 6 个模型的异方差性和多重共线性。异方差检验如表 6-26 所示，模型在 5% 的显著水平上都不存在异方差现象。

表 6-26　创新与超前行动影响因素模型 1~模式 6 异方差检验

模型	原假设	chi2（1）值（Prob>chi2）	拒绝还是接受原假设
模型 1	H_0=同方差	0.18（0.673 0）	接受
模型 2	H_0=同方差	0.22（0.635 7）	接受
模型 3	H_0=同方差	0.03（0.869 9）	接受
模型 4	H_0=同方差	0.11（0.739 3）	接受
模型 5	H_0=同方差	1.17（0.279 5）	接受
模型 6	H_0=同方差	0.11（0.739 1）	接受

注：进行的是 Breusch-Pagan/Cook-Weisberg test for heteroskedasticity（布罗歇–帕甘/库克–韦斯伯格异方差检验）

多重共线检验如表 6-27 所示，6 个模型的方差膨胀因子都小于 10，说明存在多重共线性的概率较小。

表 6-27　创新与超前行动多重共线性检验

变量	模型 1	模型 2	模型 3	模型 4	模型 5	模型 6
time	1.11	1.13	1.12	1.11	1.11	1.11
assets	1.18	1.21	1.18	1.18	1.20	1.18
shares	1.00	1.02	1.02	1.13	1.06	1.02
relations	1.12	1.14	1.15	1.12	1.12	1.13
m_ability		1.10				
c_decision			1.04			
intranet				1.12		
link_tight					1.08	
risk_per						1.03
是否有共线性	否	否	否	否	否	否

经过综合异方差和多重共线性检验，模型 1~模型 6 不存在异方差和多重共线性，可以进行创新与超前行动影响因素分析。

3. 理论假设检验

根据表 6-25，分析解释变量对创新与超前行动的影响系数及其显著水平。

如模型 1 所示，模型的整体性检验显著（F=3.63，sig.=0.000），经营时间、资产规模、大股东所占股份比例和与政府的关系联合解释变异的 11.67%。

（1）经营时间对创新与超前行动的影响系数为 0.066 2（t=1.34，P=

0.184）；说明经营时间对创新与超前行动具有正向影响，在 10%的统计水平上不显著，假设 6-1-1、假设 6-1-2 并没有得到验证。

（2）资产规模对创新与超前行动的影响系数为 0.000 1（$t=3.26$，$P=0.000$），资产规模对创新与超前行动具有显著的正向影响，假设 6-2-1 和假设 6-2-2 得到验证。

（3）大股东所占股份比例对创新与超前行动的影响系数为–0.021 1（$t=-0.28$，$P=0.782$），大股东所占股份比例对创新与超前行动的影响为负，系数在 10%的统计水平上不显著，假设 6-3-1 和假设 6-3-2 并没有得到验证。

（4）与政府的关系对创新与超前行动的影响系数为 0.061 5（$t=0.80$，$P=0.426$），系数为正，在 10%的统计水平不显著，假设 6-4-1 和假设 6-4-2 并没有得到验证。

（5）在模型 1 的基础上，加入管理团队胜任能力变量，形成模型 2，模型 2 的整体检验显著（$F=3.83$，$P=0.000$），R^2 提高了 0.032 7，模型的解释力进一步增强。管理团队胜任能力的影响系数为 0.257 2（$t=2.05$，$P=0.043$），系数为正并在 5%的水平上显著，假设 6-5-1 和假设 6-5-2 得到验证。

（6）如模型 3 所示，在模型 1 中加入集体决策变量，与模型 1（只包含经营时间、资产规模、大股东所占股份比例、与政府的关系四个变量的模型）相比，模型 3 整体显著性水平提高（$F=4.19$，sig.$=0.000$），模型的解释力进一步增强（$\Delta R^2=0.044\ 5$）。在该模型中，集体决策对创新与超前行动的系数为 0.319 3（$t=2.40$，$P=0.018$），系数为正并且在 5%的水平上显著，假设 6-6-1 和假设 6-6-2 得到验证。

（7）在模型 1 的基础上，加入内部网络变量，通过回归分析形成模型 4，与模型 1 相比，$F=3.00$，$\Delta R^2=0.004\ 3$，虽然为正，但 adjR^2 从 0.084 6 降低到 0.080 7，说明模型的解释力下降了，并且模型整体显著性也下降了，即 F 值降低了。再观察内部网络对创新与超前行动的影响系数为 0.098 4（$t=0.73$，$P=0.469$），在控制经营时间、资产规模、大股东所占股份比例、与政府的关系四个变量的基础上，内部网络对创新与超前行动的影响为正，但系数在 10%的水平上不显著，假设 6-7-1 和假设 6-7-2 并没有得到证明。

（8）在模型 1 的基础上，加入连接紧密程度变量，模型的整体显著性进一步增强（F 值从 3.63 增加到 3.81），模型的解释力进一步增强（$\Delta R^2=0.032\ 2$）。连接紧密程度对创新与超前行动的影响系数为 0.233 4（$t=2.03$，$P=0.045$），系数为正且在 5%的水平上统计显著，假设 6-8-1 和假设 6-8-2 得到验证。

（9）在模型 1 的基础上，加入风险认知进行回归得到模型 6，模型的显著性下降（F 值从 3.63 降低到 2.92），虽然$\Delta R^2=0.001\ 3$，但 adjR^2 从 0.084 6 降低到 0.077 5，模型的解释力下降。风险认知对创新与超前行动的影响系数为

-0.035 6（t=-0.39，P=0.695），系数为负且不显著，假设 6-9-1 和假设 6-9-2 没有得到验证。

（四）风险承担性影响因素分析

1. 估计策略

（1）以风险承担性为因变量，经营时间、资产规模、大股东所占股份比例、与政府的关系为控制变量，进行线性回归分析，形成模型 1。

（2）以模型 1 为基础模型，逐步加入管理团队胜任能力、集体决策、内部网络、连接紧密程度、风险认知变量形成模型 2、模型 3、模型 4、模型 5 和模型 6，估计结果如表 6-28 所示。

表 6-28　风险承担性决定因素估计结果（N=115）

变量	模型 1		模型 2		模型 3	
	Coef.	t	Coef.	t	Coef.	t
常数项	3.121 5***（0.630 5）	4.95	2.321 9**（1.097 6）	2.12	0.777 4（1.152 6）	0.67
time	0.002 0（0.068 5）	0.03	-0.007 0（0.069 3）	-0.10	0.013 4（0.067 2）	0.20
assets	2.79×10^{-6}（0.000 045）	0.06	9.73×10^{-6}（0.000 045）	0.21	2.36×10^{-6}（0.000 04）	0.05
shares	0.052 8（0.105 2）	0.50	0.040 3（0.106 3）	0.38	0.025 2（0.103 7）	0.24
relations	0.179 7*（0.630 5）	1.69	0.165 4（0.107 7）	1.54	0.138 5（0.105 5）	1.31
m_ability			0.156 9（0.176 2）	0.89		
c_decision					0.441 7**（0.183 4）	2.41
intranet						
link_tight						
risk_per						
F	0.86		0.85		1.88	
R^2	0.030 4		0.037 4		0.079 4	
ΔR^2			0.007 0		0.049 0	
adjR^2	-0.004 8		-0.006 7		0.037 2	
变量	模型 4		模型 5		模型 6	
	Coef.	t	Coef.	t	Coef.	t
常数项	2.049 2*（1.213）	1.69	2.192 5**（1.103 7）	1.99	2.748 0***（0.754 4）	3.64
time	0.002 2（0.068 4）	0.03	-0.000 23（0.068 5）	-0.00	0.002 3（0.068 5）	0.03

续表

变量	模型 4		模型 5		模型 6	
	Coef.	t	Coef.	t	Coef.	t
assets	$6.48×10^{-6}$ （0.000 045）	0.14	$8.50×10^{-6}$ （0.000 045）	0.19	$3.02×10^{-6}$ （0.000 045）	0.07
shares	0.015 0 （0.111 4）	0.14	0.077 3 （0.107 9）	0.72	0.041 9 （0.106 0）	0.40
relations	0.175 1* （0.106 4）	1.64	0.175 9* （0.106 4）	1.65	0.168 2 （0.107 2）	1.57
m_ability						
c_decision						
intranet	0.192 9 （0.186 6）	1.03				
link_tight			0.165 1 （0.161 0）	1.03		
risk_per					0.113 1 （0.125 2）	0.90
F	0.90		0.90		0.85	
R^2	0.039 8		0.039 7		0.037 6	
ΔR^2	0.009 4		0.009 3		0.007 2	
adjR^2	−0.004 2		−0.004 3		−0.006 5	

*、**、***分别表示在 10%、5%、1%水平上显著

注：被解释变量="创业导向-风险承担性"维度；括号内为回归系数的标准误

2. 模型回归诊断

异方差检验如表 6-29 所示，模型 3 在 10%的统计水平上存在异方差，通过稳健性估计进一步验证。

表 6-29   风险承担性影响因素模型 1~模型 6 异方差检验

模型	原假设	chi2（1）值（Prob>chi2）	拒绝还是接受原假设
模型 1	H_0=同方差	0.86（0.354 5）	接受
模型 2	H_0=同方差	2.93（0.086 7）	10%水平上拒绝
模型 3	H_0=同方差	1.23（0.267 9）	接受
模型 4	H_0=同方差	1.86（0.172 6）	接受
模型 5	H_0=同方差	1.87（0.171 4）	接受
模型 6	H_0=同方差	0.56（0.454 7）	接受

注：进行的是 Breusch-Pagan/Cook-Weisberg test for heteroskedasticity（布罗歇-帕甘/库克-韦斯伯格异方差检验）

如表 6-30 所示，6 个模型的方差膨胀因子都小于 10，不存在多重共线性。

表 6-30　模型的多重共线性检验

变量	模型 1	模型 2	模型 3	模型 4	模型 5	模型 6
time	1.11	1.13	1.12	1.11	1.11	1.11
assets	1.18	1.21	1.18	1.18	1.20	1.18
shares	1.00	1.02	1.02	1.13	1.06	1.02
relations	1.12	1.14	1.15	1.12	1.12	1.13
m_ability		1.10				
c_decision			1.04			
intranet				1.12		
link_tight					1.08	
risk_per						1.03
是否有共线性	否	否	否	否	否	否

3. 理论假设检验

根据表 6-28，分析解释变量对创业导向中的风险承担性维度的影响系数及其显著性程度。

如模型 1 所示，模型整体显著性不强（$F=0.86$），经营时间、资产规模、大股东所占股份比例、与政府的关系四个变量联合解释被解释变量 3.04%的变异，模型的解释力较小。下面为各个变量影响系数及其显著性。

（1）经营时间、资产规模、大股东所占股份比例三个变量的系数均没通过显著性检验，P 值分别为 0.977、0.951、0.617，假设 6-1-3、假设 6-2-3、假设 6-3-3 均未通过检验。与政府的关系对风险承担性的影响系数为 0.179 7（$t=1.69$，$P=0.094$），说明与政府的关系对风险承担性具有正向影响，且在 10%的置信水平上显著，假设 6-4-3 得到验证。

（2）在模型 1 的基础上回归，加入管理团队胜任能力变量，检验该变量对风险承担性的影响，与模型 1 对比发现，模型整体的显著性并没有得到改善（F 值从 0.86 降低到 0.85），（R^2 从 0.030 4 增加到 0.037 4）。观察管理团队胜任能力对风险承担性的影响系数 0.156 9（$t=0.89$，$P=0.375$），系数为正，但统计不显著，假设 6-5-3 并没有得到验证。由于模型 2 在 10%的水平上存在异方差性，所以通过稳健性回归，得到系数为 0.156 9（$t=0.89$，$P=0.148 8$），虽然 t 值有所升高，但仍然不显著。

（3）在模型 1 的基础上回归，加入集体决策变量得到模型 3，检验在控制模型 1 四个变量的基础上，集体决策对风险承担性的影响。比较模型 3 与模型 1，发现模型得到了显著改善，$F=1.88$，模型整体在接近 10%的水平上显著，模型解释力得到增强（ΔR^2=0.049 0）。观察集体决策对风险承担的影响系数 0.441 7（t=2.41，P=0.018），系数在 5% 的统计水平上显著，假设 6-6-3 得到验证。

（4）在模型 1 的基础上回归，加入内部网络变量，得到模型 4，模型 4 与模型 1 相比，模型整体的显著性和解释力都没有较大改变（F 值从 0.86 增加到 0.90，ΔR^2=0.009 4）。内部网络对风险承担性的影响系数为 0.192 9（t=1.03，F=0.304），系数为正但不显著，假设 6-7-3 没有得到验证。

（5）在模型 1 的基础上，加入连接紧密程度变量，探讨连接紧密程度对风险承担性的影响，与模型 1 相比，模型 5 的整体显著性和解释力并没有得到很大的改善（F 值 0.86 增加到 0.90，R^2 从 0.030 4 增加到 0.039 7）。连接紧密程度对风险承担性的影响系数为 0.165 1（t=1.03，P=0.307），系数为正但并不显著，模型整体也不显著，所以假设 6-8-3 没有得到验证。

（6）在模型 1 的基础上，加入风险认知变量回归得到模型 6，对比模型 6 和模型 1，模型整体显著性和解释力并没有得到显著改善（F 值从 0.086 降低到 0.085，R^2 从 0.030 4 增加到 0.037 6），模型整体不显著。风险认知对风险承担性的影响系数为 0.113 1（t=0.90，P=0.368），系数为正但不显著，假设 6-9-3 没有得到验证。

（五）竞争积极性维度影响因素

1. 估计策略

（1）以竞争积极性为因变量，经营时间、资产规模、大股东所占股份比例、与政府的关系为控制变量，进行线性回归分析，构建模型 1。

（2）以模型 1 为基础模型，逐步加入管理团队胜任能力、集体决策、内部网络、连接紧密程度、风险认知变量形成模型 2、模型 3、模型 4、模型 5 和模型 6，估计结果如表 6-31 所示。

表 6-31 竞争积极性性决定因素估计结果（N=115）

变量	模型 1		模型 2		模型 3	
	Coef.	t	Coef.	t	Coef.	t
常数项	4.821 9***（0.469 6）	10.27	2.190 9***（0.760 5）	2.88	1.491 0*（0.796 0）	1.87
time	0.058 9（0.051 0）	1.16	0.029 0（0.048 0）	0.60	0.075 2（0.046 4）	1.62
assets	0.000 022（0.000 033）	0.67	0.000 045（0.000 031）	1.43	0.000 021（0.000 030）	0.72
shares	0.018 5（0.078 4）	0.24	−0.022 5（0.073 6）	−0.31	−0.020 6（0.071 6）	−0.29
relations	0.062 1（0.079 2）	0.78	0.014 9（0.074 6）	0.20	0.003 5（0.072 9）	0.05

续表

变量	模型 1		模型 2		模型 3	
	Coef.	t	Coef.	t	Coef.	t
m_ability			0.516 3*** （0.122 1）	4.23		
c_decision					0.627 6*** （0.126 6）	4.95
intranet						
link_tight						
risk_per						
F	0.71		4.23***		5.60***	
R²	0.025 2		0.162 5		0.204 4	
ΔR²			0.137 3		0.179 2	
adjR²	−0.010 3		0.124 1		0.167 9	

变量	模型 4		模型 5		模型 6	
	Coef.	t	Coef.	t	Coef.	t
常数项	1.125 （0.808 6）	1.39	4.182*** （0.822 7）	5.08	4.431 8*** （0.559 9）	7.91
time	0.059 9 （0.045 6）	1.31	0.057 4 （0.051 0）	1.12	0.059 2 （0.050 8）	1.17
assets	0.000 035 （0.000 030）	1.17	0.000 026 （0.000 033）	0.78	0.000 022 （0.000 033）	0.68
shares	−0.111 5 （0.074 2）	−1.50	0.035 3 （0.080 4）	0.44	0.007 1 （0.078 7）	0.09
relations	0.046 1 （0.070 9）	0.65	0.059 5 （0.079 3）	0.75	0.050 1 （0.079 6）	0.63
m_ability						
c_decision						
intranet	0.665 1*** （0.124 3）	5.35				
link_tight			0.113 6 （0.120 0）	0.95		
risk_per					0.118 1 （0.092 9）	1.27
F	6.43***		0.75		0.89	
R²	0.227 9		0.033 1		0.039 4	
ΔR²	0.202 7		0.007 9		0.014 2	
adjR²	0.192 4		−0.011 2		−0.004 6	

*、**、***分别表示在 10%、5%、1%水平上显著

注：被解释变量="创业导向-竞争积极性"维度；括号内为回归系数的标准误

2. 模型回归诊断

如表 6-32 所示，模型 2 在 10%的水平上拒绝同方差假设，存在异方差，使用

稳健估计重新估计系数。

表 6-32 竞争积极性影响因素模型 1~模型 6 异方差检验

模型	原假设	chi2（1）值（Prob>chi2）	拒绝还是接受原假设
模型 1	H_0=同方差	1.53（0.215 9）	接受
模型 2	H_0=同方差	3.15（0.075 9）	10%的水平上拒绝
模型 3	H_0=同方差	0.01（0.902 7）	接受
模型 4	H_0=同方差	0.20（0.657 6）	接受
模型 5	H_0=同方差	0.50（0.481 0）	接受
模型 6	H_0=同方差	0.50（0.481 0）	接受

注：进行的是 Breusch-Pagan/Cook-Weisberg test for heteroskedasticity（布罗歇–帕甘/库克–韦斯伯格异方差检验）

如表 6-33 所示，模型 1~模型 6 不存在多重共线性。

表 6-33 竞争积极性影响因素的多重共线性检验

变量	模型 1	模型 2	模型 3	模型 4	模型 5	模型 6
time	1.11	1.13	1.12	1.11	1.11	1.11
assets	1.18	1.21	1.18	1.18	1.20	1.18
shares	1.00	1.02	1.02	1.13	1.06	1.02
relations	1.12	1.14	1.15	1.12	1.12	1.13
m_ability		1.10				
c_decision			1.04			
intranet				1.12		
link_tight					1.08	
risk_per						1.03
是否有共线性	否	否	否	否	否	否

3. 理论假设检验

如表 6-31 所示，建构回归模型，分析解释变量对创业导向竞争积极性维度的影响方向及其显著程度。

（1）模型 1 是竞争积极性对经营时间、资产规模、大股东所占股份比例、与政府的关系的回归，模型整体不显著（F=0.71），这四个变量只解释了被解释变异的 2.52%，四个变量的系数在 10%的置信水平上均不显著，说明假设 6-1-5、假设 6-2-5、假设 6-3-5 和假设 6-4-5 都没得到验证。

（2）在模型 1 的基础上，加入管理团队胜任能力变量得到模型 2，对比模型 2 和模型 1，发现整体显著性得到改善（F 值从 0.71 提高到 4.23，R^2 从 0.025 2 增加到 0.162 5），管理团队胜任能力对竞争积极性的影响系数为 0.516 3（t=4.23，

$P=0.000$ ），系数为正，在 1% 的统计水平上显著，假设 6-5-5 得到验证。由于存在多重共线性，使用稳健回归，得到管理团队胜任能力系数为 0.516 3（$t=3.83$，$P=0.000$），t 值有所降低，主要是因为稳健回归系数的标准误上升，由原来的 0.122 1 上升到 0.134 7，该变量依然显著，假设 6-5-5 得到验证。

（3）在模型 1 的基础上，加入集体决策变量得到模型 3，对比模型 3 和模型 1，发现模型整体显著性有明显改善（F 值从 0.71 增加到 5.60），在 1% 的统计水平上显著。模型的解释力进一步增强（R^2 从 0.025 2 增加到 0.204 4）。观察集体决策变量对竞争积极性的影响系数 0.627 6（$t=4.95$，$P=0.000$），系数为正且在 1% 的水平上统计显著，假设 6-6-5 得到验证。

（4）在模型 1 的基础上，加入内部网络变量得到回归模型 4，对比模型 4 和基础模型 1，发现模型整体显著得到改善（F 值从 0.71 增加到 6.43），在 1% 的统计水平上显著。模型整体的解释力增强（R^2 从 0.025 2 增加到 0.227 9）。内部网络对竞争积极性的影响系数为 0.665 1（$t=5.35$，$P=0.000$），系数为正，在 1% 的统计水平上显著，假设 6-7-5 得到验证。

（5）在模型 1 的基础上，加入连接紧密程度变量得到模型 5，对比模型 5 和模型 1，模型整体显著性和解释力都没得到有效改善（F 值 0.71 增加到 0.75，没有大的改变，模型整体不显著，R^2 从 0.025 2 增加到 0.033 1，模型解释力没有显著改善）。连接紧密程度对竞争积极性的影响系数为 0.113 6（$t=0.95$，$P=0.353$），系数为正，在 10% 的统计水平上不显著，假设 6-8-5 没有得到验证。

（6）在模型 1 的基础上加入风险认知变量得到模型 6，对比模型 6 和模型 1，F 值从 0.71 增加到 0.89，R^2 从 0.025 2 增加到 0.039 4；模型整体不显著，自变量对因变量变异的解释力并没有得到有效改善。观察风险认知变量的系数为 0.118 1（$t=1.27$，$P=0.206$），系数为正，在 10% 的统计水平上不显著，假设 6-9-5 没有得到验证。

六、研究结论及讨论

（一）研究结论

本章基于调研数据，综合分析农村合作组织创业导向整体及其子维度的影响因素。首先，利用主成分分析，结合研究文献将创业导向分成创新与超前行动、风险承担性和竞争积极性三个构面。其次，利用线性回归模型探讨创业导向整体的显著影响因素，研究发现农村合作组织的资产规模显著正向影响创业导向整体强度。在控制合作组织经营时间、资产规模、大股东所占股份比例、与政府的关系不变的条件下，管理团队胜任能力、集体决策、内部网络、连接紧密程度四个变量显著正向影响创业导向整体的强度，在影响程度上，集体决策显著大于其他三个变量。最后，利用线性回归模型探讨创业导向子维度的显著影响因素，研究发现：①资产规模显著正向影响创新与超前行动强度；在控制经营时间、资产规模、大股东所占股份比例、与政府的关系变量不变的条件下，管理团队胜任能力、内部决策和连接紧密程度显著正向影响合作组织的创新与超前行动维度。②与政府的关系在 10%的统计水平上显著正向影响风险承担性强度；在控制经营时间、资产规模、大股东所占股份比例和与政府的关系变量不变的条件下，仅有内部决策显著正向影响风险承担性的强度。③在控制经营时间、资产规模、大股东所占股份比例、与政府的关系变量不变的条件下，管理团队胜任能力、内部决策和内部网络变量在 1%的统计水平上显著正向影响竞争积极性的强度。本章研究假设的验证结果如表 6-34 所示。

表 6-34 本章假设验证结果

变量	因变量	假设	是否支持假设
经营时间	创业导向	假设 6-1	不支持
	创新与超前行动	假设 6-1-1、假设 6-1-2	不支持
	风险承担性	假设 6-1-3	不支持
	竞争积极性	假设 6-1-5	不支持
资产规模	创业导向	假设 6-2	支持
	创新与超前行动	假设 6-2-1、假设 6-2-2	支持
	风险承担性	假设 6-2-3	不支持
	竞争积极性	假设 6-2-5	不支持
大股东所占股份比例	创业导向	假设 6-3	不支持
	创新与超前行动	假设 6-3-1、假设 6-3-2	不支持
	风险承担性	假设 6-3-4	不支持
	竞争积极性	假设 6-3-5	不支持
与政府的关系	创业导向	假设 6-4	不支持
	创新与超前行动	假设 6-4-1、假设 6-4-2	不支持
	风险承担性	假设 6-4-3	支持
	竞争积极性	假设 6-4-5	不支持
管理团队胜任能力	创业导向	假设 6-5	支持
	创新与超前行动	假设 6-5-1、假设 6-5-1	支持
	风险承担性	假设 6-5-3	不支持
	竞争积极性	假设 6-5-5	支持

续表

变量	因变量	假设	是否支持假设
集体决策	创业导向	假设 6-6	支持
	创新与超前行动	假设 6-6-1、假设 6-6-2	支持
	风险承担性	假设 6-6-3	支持
	竞争积极性	假设 6-6-5	支持
内部网络	创业导向	假设 6-7	支持
	创新与超前行动	假设 6-7-1、假设 6-7-2	不支持
	风险承担性	假设 6-7-3	不支持
	竞争积极性	假设 6-7-5	支持
连接紧密程度	创业导向	假设 6-8	支持
	创新与超前行动	假设 6-8-1、假设 6-8-2	支持
	风险承担性	假设 6-8-3	不支持
	竞争积极性	假设 6-8-5	不支持
风险认知	创业导向	假设 6-9	不支持
	创新与超前行动	假设 6-9-1、假设 6-9-2	不支持
	风险承担性	假设 6-9-3	不支持
	竞争积极性	假设 6-9-5	不支持

综合以上结论，认为创业导向整体和不同维度的显著影响因素存在差异；同一组织特征对创业导向的不同维度影响的显著程度和方向存在差异。因此，在培养组织层面创业导向时，应依据创业行为的需要，有针对性地选择具体维度，强化对具体维度的培养。

（二）讨论

1. 农村合作组织战略决策外部环境的影响

本章研究反映的外部环境的变化较少，如市场的动荡性、制度环境的动荡性、组织成员的稳定性及资本来源、经营过程中的稳定性。作为松散的合作组织形式，农村合作组织在一定程度上容易受外界的干扰和影响，其战略导向更容易受政府部门及其他经济组织的干扰，其决定因素较为复杂，应充分考虑外部环境的变化及农村合作组织的适应性反应。

2. 农村合作组织战略选择的流程

组织战略选择是一个动态的适应性变化过程，需要按照时间变化和外部环境变化，详细考察组织战略选择的变化，揭示影响组织内部战略选择的关键利益相关者和这些关键人物在做决策时的心理和行为流程，从而彻底揭示具有中国特色的农村合作组织战略选择的决定因素。

3. 农村合作组织战略的动态变化和稳定性

应将农村合作组织创业导向与时间结合起来进行分析，反映合作组织创业导向战略的动态变化，并描述这种变化与当时环境及组织特征变化的相关性，从而揭示组织战略动态变化的影响因素。

七、对策建议

一个合作组织能否有效成长为创业型组织，关键在于是否具备创业导向战略的形成和提升机制，针对创业导向的形成，有以下几个关键方面。

（一）内部和外部诱致性制度变迁

我国处于经济转型时期，农村合作组织作为快速发展的组织，战略选择必然受到制度转型的影响，在转型期的特定制度结构下，正式和非正式制度直接或间接影响合作组织战略的制定和实施，从而影响农村合作组织的生存和发展。以往研究组织内部管理的过程中，将制度问题作为"外生变量"，这说明基于西方战略管理理论已经无法解释转型经济环境中的现象，需要将制度作为"内生变量"来考察其对战略管理的影响及进而对组织行为和绩效的影响。制度嵌入和转型经济过程中的合作组织的社会网络嵌入，共同构成管理和研究合作组织的理论基础。

对于农村合作组织来说，创业导向所具有的丰富的制度根源包括以下两个方面，即合作组织嵌入的正式制度（规制环境和政府政策性干预）和非正式制度环境（组织文化），合作组织的战略管理是否偏向创业导向，在很大程度受政府–合作组织关系的影响，政府的影响具有时间上的持续性，通过建立法律制度框架来约束组织及其负责人的企业家行为。当正式制度的约束给合作组织造成更大的经营成本时，组织创业导向（如创新行为）将具有高度的不确定性。因此，合作组织面临的重要问题是如何通过正式制度获取战略的合法性，在正式制度约束对组织造成消极影响时，缓解正式制度约束的影响，使合作组织摆脱困境。

1. 完善合作组织的身份确认制度

以正规的制度环境的建构约束和诱导合作组织成为创业型农村合作组织，合作组织之所以陷入战略管理的"惰性"，关键是因为其生存环境，尤其是制度环境的影响。政府在制度扶持过程中存在相应的附加条件，如符合地方产业结构调整及主导产业的发展需要或新型农业主体发展的需要，这导致农村合作组织"一窝蜂"式的发展，相当大一部分农村合作组织处于停运或根本没有实际运营的阶段，还有一部分属于名存实亡的"伪合作组织"，因此，通过调节正规规制环境，消除和降低以上两种合作组织生存的空间，将扶持的重点放在能满足社员服务需求的"真合作社"上（张超和吴春梅，2015）。这种制度规制要以合作社是否为实际经营为出发点，对资产的变化、销售变化，以及税金和工商税务报表、财务报表方面进行严格的动态检查，只有实际经营的农村合作组织，才有资格获得扶持。对于真正实际经营的农村合作组织来说，仅仅靠资源供给是不够的，还需要进行制度调节，在制度设计过程中，应充分尊重合作组织实际经营者的意见，充分重视这些组织领导人在创业过程中面临的制度障碍，使得制度建构不仅是政府或相关专家的自设计，更多的是农村合作组织发展过程中的内在需求。

案例 6-1　伪合作社的设立模式

在访谈中了解到，一些合作社领导人反映在当地存在一些伪合作社。一个发起人找到几个合伙人，在没有任何实体经营的条件下，到主管部门注册成立一个合作社，领取国家补贴资金，当面临主管部门检查时，其会找到有实体经营的农户，将其资产或经营场地暂时拿来应付上级的检查。例如，邢某组建的是一个农机服务合作社，当面临上级检查时，会找到一个场地（一个大的院子），然后找到有农机的农户，承诺每台机器在这个大院内停一天给 100 元，中午并且请这些机器的拥有农户免费吃一顿大餐，当上级检查人员离开后，农户将机器带回各家，这样将上级应付过去，继续获得补贴。

这种设立模式的关键在于：①与政府部门内部的信息是对称的，能够及时了解上级政策所包含的隐性或显性的信息，并且能够有效把握，这需要能够有效地和政府部门进行信息对接，建立有效的沟通机制；②能够在短期内募集到实体经营要求的固定资产、设备和场地，这需要在当地农户中具有一定的社会关系；③能够利用政府的政策、制度等来寻租，如获得贷款、政府的奖励或其他优惠条件。这种伪合作社的大量存在会导致"劣币驱逐良币"现象的发生，导致一些具有实体经营的农民专业合作社的大量流失。

通过以上观察，了解到伪合作社的存在是政府制度和合作社设立者之间的双边寻租行为造成的，防范关键在于制度的完善及农村社会环境，可通过制度排斥和集体排斥来实现市场的除清。

通过访谈同时也发现，政府部门已经逐渐关注这些伪合作社的存在，也正在通过一系列的措施治理这些伪合作社。例如，通过年审、税收申报或半年检等措施，或者通过降低补贴标准，提高伪合作社获得补贴的难度和成本。这些措施使一些伪合作社的寻租成本提高，纯租金的降低迫使其退出合作社经营，经过一番治理后，所留下的合作社一般具有实体经营，是能够承担合作社功能的实体。

现有的制度建设，不应该成为伪合作社获取租金的手段，而应该成为促使合作组织成为真正的市场经营主体的推动者，因此，从制度的顶层设计上，重点要推动以下三个方面。首先，建立合作社真伪辨别程序和监督程序，主要将实际经营的业务范围和经营过程作为主要辨别方式，并且建立一个动态的真伪辨别机制，通过动态监督合作社的经营行为，确定其身份归属，属于骗取合作社身份的，立即清除合作社的扶持范围，并且追回以前支持的付出。其次，建立合作社的动态扶持制度，针对合作社内部进行持续创业试验的项目，建立一个动态扶持机制，有效支持其内部创业试验，规范合作社的创业理性，提高合作社创业效率。最后，下沉管理权力，与合作社结合最紧密的是农村基层组织，应将合作社的管理权和扶持权力有效下放给农村基层组织，并建立纵向的监督和惩罚机制，约束管理者和合作社，从机制上约束农村基层组织。

案例 6-2

村社合一是指在村集体经济组织的基础上建立合作社。在中国农村，农民对村集体经济组织还存在一定的信任感，通过村社合一，有效调动农村土地、资本和人力，从而有效提高创业效率。某村合作社将村里的闲置土地，通过置换方式形成规模，并将村里剩余劳动力，如留守老人和闲散人员组织起来，形成合作社的有效劳动力，此外，通过股份的形式融合村里闲散资本，购买农业机械和其他设备，形成合作社经营，不仅提高了农村居民的收入，还提高了土地利用率，减少了撂荒的比例。

案例 6-3

某村具有丰富的旅游资源，紧靠景点，村里建立了合作社，合作社筹集资金，对农户的多余房舍进行修缮，统一标准化改造成农家乐，统一编号，并由合作社建立统一的品牌，统一经营管理。在人员方面，统一培训留守人员，形成标准化服务，提高合作社经营管理水平。

2. 完善合作组织的产权制度

创业型农村合作组织持续发展的一个重要保障是产权要明晰。我国农村合作组织的产权结构具有多维度、多层次的复合产权制度特征。少数的核心成员以资本合作为主，在创业资本来源过程中占绝大多数；多数普通成员以劳动投入为主。无论是核心成员，还是普通成员，都是集体创业的参与者，都对创业租金具有不同程度的要求。因此，要保证集体创业的可持续发展，就需要建立一个有效的产权制度，保证不同层次创业参与者的应得收益，同时，应保证对不同层次成员的选择性激励强度。一方面，设置合理的期权结构，保证创业投入的未来收益的获得，使集体创业人员能够合理地将创业租金的未来期权转化为股权，并保障其获得性；另一方面，保障对创业租金产权边界的合理界定，明晰产权归属，尤其是具有公共产权性质的创业租金，必须按照法律法规制度，将其量化到成员个人层面。

产权制度完善对组织创业行为的影响主要表现在三个方面：一是产权清晰能增强组织成员对合作组织投资的激励（科斯等，2003）；二是产权制度清晰能够降低代理成本，主要是减少组织成员的"偷懒"和"搭便车"行为。三是产权清晰能够影响合作组织的资源配置效率。因此，合作社独特的制度安排使其效率在某些程度上并不比正式企业差。产权的配置一方面有利于减少外部干预，尤其是政府部门对合作社发展和经济活动的干预；另一方面加强了对合作社经营管理者的约束和激励，促使他们形成集体创业行为，维护和改进组织成员的福利，形成合理的委托-代理关系。

农村合作组织是一种特殊的制度结合体，以合作社为例，合作社的各项制度安排共同影响和制约成员的合作行为，从而影响组织绩效，社员所有的所有权制度和民主控制的治理结构这两项安排不仅对成员合作行为具有显著正向影响，而且对组织绩效也具有显著的正向影响（孙亚范和余海鹏，2012）。目前，合作组织股权结构呈现较为集中的局面，如图 6-16 所示，大股东所占股份比例达到总股份 50%以上的样本占总样本的 38.26%。达到 30%以上的占总样本的 80%。这说明目前股权结构较为集中，呈现一家独大的现象，在股权比较集中的阶段，容易将所有权和管理权集中在一起，不容易将职业管理者引入组织管理。

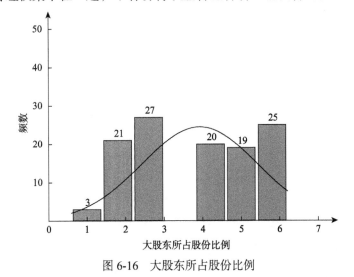

图6-16　大股东所占股份比例

（二）组织内部创业氛围的营造

创业型农村合作组织的发展需要在组织内部营造一个创业的文化氛围，营造创业偏好的氛围，引导成员积极进行尝试，培养试错、创新、思考和探索的思维，通过成员之间的相互学习和共同探索，实现对新产品、新技术、新管理方式和经营模式的尝试，关键有以下几个方面。

1. 塑造和培育组织内部的创业精神

首先，培养合作组织负责人的创业精神，选择创业型的领导人，培养其创造力、创业精神，使其积极面对压力和竞争对手，具有丰富的感染力和人际关系协调能力，具有创新的热情、干事的活力、面对失败的勇气和承担风险的耐力。其次，革新组织结构，培养具有创业精神的创业团队，将僵化的官僚化层级制度转变为充满创新的创业团队，培养团队的创业精神，确定团队的统一目标，并不断追求目标的实现，并时时准备创新，通过达到一个又一个的目标来实现创业团队的成长。最后，培养组织层面的创业精神，更新组织的竞争策略，建立不断开发及推出高附加值产品以创造利润的策略，形成主动学习的精神。

案例 6-4

任用有创业精神的领导人，创业精神主要体现在创新、风险承担和先人一步上。此外，创业精神的领导人，还应具有被人信任的魅力。合作社 A 的负责人，是市一级的劳动模范，并且在村里具有极高的声誉，村民之所以加入合作社，是因为对该领导人的信任。另外，该合作社领导具有创业精神，从改革开放之初就进行创业，先后做过农资生意、农产品生意和其他与农业有关的生意，在当地有极好的口碑，农户相信其从不买假货、不坑人，因此，其在筹集土地、资金和成员时，很多农户都积极响应。

其创业精神主要表现在创业项目的选择方面，选择苗木培育，培育适应当地自然环境的花卉苗木品种，并将苗木提供给当地绿化和市政建设部门，不愁销售，从而专心于花草苗木的选择与培育，不仅扩大了规模，还提高了生产效率。

其创业精神还表现在个人的魅力方面，在合作社内部创业试验过程中，其为组织带来较高的成功率和利润，从而在组织内部形成了较高的威信和领导力，其还在组织内部建立有效的组织文化，建立基于诚信、守规矩、创新和积极的创业文化，为组织创业提供坚实的文化基础。

2. 营造组织内部的创业驱动环境

组织内部制度创新和文化创新是培育组织创业精神的重要动力，在合作组织内部，对薪酬制度、管理制度、资源配置制度、组织结构、风险管理等方面的制度进行创新，鼓励组织内部个体和团队进行创新、风险承担和积极竞争等行为，从而形成激励创业的制度和文化氛围。

案例 6-5

合作社名称：兴达农民专业合作社。合作社基本情况：合作社为国家级示范社，2009年成立，共10个股东，李某为法人，他并不是该村人，是倡导人和发起人。合作社经营的行业是休闲农业，带动农民致富，员工30多人，大都是二次就业，合作社总计40多人，服装统一，为员工统一购买劳动保险。组织内部文化是合作社效率的来源，在合作社内部建立"人人为我，我为人人"的精神，通过这种精神，减少合作社成员偷懒等机会主义行为，使合作社成员建立起合作社为家的精神。

集体决策的实现：理事会共同决策，冲突的解决方式是平衡解决，谁有道理听谁的。例如，引入新产品先由理事会定调子，技术组负责执行。

创业资本的获得：监事长是当地的党支部书记，对于钉子户，其做了大量的思想工作，以个人人品担保推动土地流转。在土地流转过程中，农户十分重视合作社的承诺，在合作社资金不足的基础上，筹集资金首先要满足土地流转农户租金的支付，建立农村社区居民和合作社信任关系。

合作社一共有十几个产品，七年前只有18亩地，现在3 000多亩地，资产规模800多万元。目前利润较小，两年后等树苗长成之后就能获得利润，这与农业的生产特性相关，尤其是林业，因为树苗的培育需要较长周期，并且其具有最优销售期，如果不在该期间销售，那么销售利润率就会大打折扣。因此，李社长说服其他股东，坚决选择在最优的时间段内销售该批树苗，在长期虽然保证了合作社的最大利润，但是造成合作社在短期内利润增长速度较慢。

创业团队的建构：基于文化信仰、相互之间的交往及口碑相传机制建立团队内部成员之间的信任，以及对团队负责人（李社长）的信任。在此基础上，内部协调、集体决策及对外行动都比较容易达成。另外，在团队建构过程中，比较重视人品和文化信仰，在合作社内部注重组织文化建设，强调奉献精神和集体合作创业精神。

集体创业的保障措施有以下几个方面。

1）生产保障

若积极分子带头，一般成员不会偷懒，原因是小组生产，小组内成员相互监督、平衡制约、相互指导、相互扶持，团队内部协作精神与配合行为比较得当。内部员工劳动效果由小组长来评价，小组内部集体评价每一个人的劳动积极性和努力程度。在劳动过程中，由于小组成员属于同一个农村社区，相互比较了解小组成员的人品，所以可以相互信赖。搞农业发展合作社文化，要求成员要有觉悟、要有思想、要有传统道德，在选择成员的过程中，人品不好的不要，如打架斗殴的、不孝顺老人的、偷鸡摸狗的坚决不要，好的人品是第一位的。

2）管理保障

管理团队很少变动，大家相互信任，都相信合作社的未来发展会很好，集体努力来提高合作组织的成长绩效。

3）项目保障

合作社是政府发展农业的良好平台，不受政府的直接支配和控制。其在经济上独立，与政府无任何资金和管理方面的控制关系，只有合作社做大做强才能获得政府的支持。2015 年该合作社获得的一个最大项目是植树造林工程，政府以此支持合作社发展。

4）创业目标明确

合作社有明确的目标，即响应政府的号召，发展生态农业，"科技发展，荒山变果山；生态平衡，乡村成花园"。这些目标是建立在政府文件所倡导的产业和行业发展的基础上的。

3. 营造组织内部的合作信任环境

要实现成长、农村合作组织，需要与不同的主体进行合作，如果没有一个好的合作环境，合作组织将很难发展。组织创业同样需要一个好的合作文化，一个好的合作文化环境有利于创业团队的建构、创业资源的获得和机会的共同探索。发展合作文化关键在于惩罚机制的完善，政府将具有欺诈、违反经营法规和信用法规等行为的个人和组织通报在公共平台上，通过信息的有效沟通来降低不合作行为的收益，约束其行为。没有信任就没有合作，因此，创业氛围的营造需要一个合作的环境；信任主要有基于网络的信任关系和基于社区的信任关系，这种信任能够给创业者一个良好的经营环境，从而鼓励其发挥创业精神，并将创业文化提高到一个新的水平。

案例 6-6

合作环境的培育，关键在于相互的信任关系的建立。合作社信任关系的建立，主要分为合作社高层之间的信任关系、普通成员和核心成员之间的信任关系、普通社员之间的信任关系，在这三种关系中，关键是核心管理层之间的信任关系。某合作社是由三个比较好的生意伙伴 A、B、C 建立的，吸收了 50 多户农户，形成种植合作社，在经营过程中，三个人形成有效的分工和协作关系。其中，具有创业精神的 A 负责选择项目，统一领导和管理合作社的经营，合作伙伴 B 和 C 都很听他的，关键是在创业试验和以前创业过程中，A 表现出了卓越的创业能力，B 和 C 都相信在 A 的带领下，合作社能够获得更高的利润；B 负责外联，负责市场开拓，在 A 的领导下，B 将销售管理得有声有色；C 负责生产管理，C 本身就是技术上的一把好手，能够有效管理生产，通过三者的有机配合，合作社得到很快的发展。

案例 6-7　普通成员退出的影响

合作社 B 管理了 50 多户农户，在项目选择过程中，由于对市场预测不足，市场销售不旺，好多合作社成员选择退出，合作社经营规模下降。在访谈中了解到，成员退出不仅是市场问题，更重要的是信任问题。在合作社销售过程中，出现过合作社核心管理人员侵占合作社普通成员利润的问题，合作社核心成员故意压低本该给定的价格，将价格差额占为己有，从而引发信任问题，因此，合作社普通成员不断退出，自我销售和经营，这使得合作社难以为继。

4. 市场机会扫描和识别

形成一个发现机会、抓住机会、扩展发展机会的氛围，通过建立多个自由和具有柔性的创业项目团队，实施创业行为，从而带动组织层面的创业行为。例如，在调研中发现合作社 A 内部规定，只要成员发现一个好的盈利机会，在社员内部可以建立基于该机会的创业团队，该团队通过内部和外部融资，集体实施创业思想，盈余在该团队内按照贡献公平分配，该项目完成后团队自动解散，成员也可以同时参与多个项目团队，这样就把创业资源动态和灵活地整合起来，带动整个合作组织层面的创业行为。

创业机会识别和市场扫描能力的培养，关键在于处理市场信息的搜集和加工问题，合作社的成员和领导人由于文化素质、搜集能力的差异，信息搜集能力较低，在这种情况下，应从以下两方面培养合作组织成员的创业机会识别能力。一方面，需要培养合作社负责人和成员对信息搜集、创业机会识别的敏感能力，通过互联网、专业培训、与高校合作等其他方式，提高其机会识别能力。另一方面，提高合作组织内部交流和互动，通过成员之间的互动和交流，提高信息的扩散速度，同一信息在合作社不同成员之间得到有效加工，由于不同人对信息的搜集和加工能力不同，同一信息会得到不同的解读，从而对信息进行深加工，提高创业发生的概率。

案例 6-8

合作社负责人、核心成员和普通成员，在"大众创业、万民创新"的环境下，都有创业的可能，一旦发现创业机会，都有可能把握机会，通过合作创业等手段将创业付诸实施。例如，合作社的一般成员，改良鲜果的包装，使得鲜果的保质时间延长，也就延长了合作社万亩鲜果的销售时间，从而为合作社提高利润提供了机会，这也是创业机会。

案例 6-9 核心领导成员的创业行为

合作社 A 的核心领导人有四位，其中有一位瞅准了一个比较好的创业机会，能够将合作社剩余资产盘活，并为组织带来更多的利润，因此，合作社临时成立一个合作社创业团队，详细策划这次创业，并将创业的未来收益分配、风险分担详细地明确下来，并以合约的形式确立。核心成员可以不脱离组织，在组织内部成立创业团队，也可以在组织外部单独成立创业企业，成为独立于组织的核心企业。

5. 创业团队的建构和组织结构的革新

在组织内部树立创业典型个人或创业典型团队，组织层面首先有一个或一部分的创业典型，使其收益高于普通社员，并且在政治地位和其他方面给予更好的条件并鼓励这些典型进行更多创业活动，依靠"创业榜样"的力量引导更多成员进行创业，从而形成一种集体创业的局面。在组织内部形成对创业行为的激励，这种激励不仅应建立在物质水平上，还应建立在精神层面上。物质激励应建立在创业租金的配置方面，属于不同团队的创业租金要尽可能地清晰界定，以保证创业收益属于真正参与创业的人员或群体。精神激励建立在合作社负责人选拔、外出培训和参加组织层面重要决策、会议的选拔方面，应充分重视创业者的行为。

组织内部创业团队的建立主要有三种模式。

一是自愿合作模式，由于内部成员分别掌握不同的资源，资源具有互补性和替代性，且不同的资源发挥的功能不同，其属性存在差异，所以对于不同的创业，应根据专有属性的不同，自愿成立团队，发挥团队资源整合的合力，从而为组织创业提供团队基础。

合作社 A 由 5 个人联合成立，在这 5 个人中，有 3 个人具有剩余资本，其中一个人开发一个创业项目需要融资，就联合另外 2 个人成立了一个创业团队，并将创业项目传达给社员，有 20 多名合作社以土地入股，成立新的创业项目，从而完善创业资源整合，为创业发展提供有利条件，通过资源整合，加上创业项目提供者的合理安排和流程管理，组织内部创业顺利开展。

二是通过组织内部权威的分配，成立创业团队，某合作社在访谈中提到他们内部创业团队的建立过程，是基于权威的配置的，合作社中一个魅力和权力都比较大，且具有较高被信任能力的人，即一个合作社核心成员找到一个营利的项目，但是，该项目创业团队的成立不是在自愿的基础上，而是靠这位具有核心权力的领导进行配置，其选择了 3 名核心成员，让这 3 名核心成员负责调配组织资源和人力、设计创业方案、实施创业过程，依靠权威配置，减少磋商和协调的时间和成本。

三是通过联合成立合作社 A，设计一个需要协调超市和农资供应者的商业模式，因此，合作社派出核心成员，与超市进行谈判，最后，创业团队由合作社核心成员、超市生鲜部经理和农资供应商组成，团队完善了创业计划，实施了联合创业，该创业团队是跨组织形成的。

6. 提高合作组织负责人战略管理能力

通过提高企业家素质来满足合作组织发展。在企业家才能的培养过程中，关键是培养负责人的战略管理能力，使其具备战略管理知识，能够有效地对农村合作组织发展方向和发展机遇进行把握，并通过创业行为使用合作组织有效的资源从而提升组织绩效。一方面，这种能力的培养通过专家培训，建立专家和农村合作组织负责人的联系机制，不仅包括技术专家，更包括对农村合作组织有深入研究的管理型专家，通过专家的战略培训，农村合作组织的负责人摆脱传统的保守、封闭的战略理念，成为真正适应现代市场竞争的企业家，以企业化的经营方式负责和管理农村合作组织。另一方面，建立合作组织负责人之间的沟通平台，推动先进管理经验的传播，促使合作社负责人获取更多的管理知识，相互比较不同战略管理的绩效，从而推动更多的合作组织形成创业导向，成为创业型组织。

战略管理能力的提升，不仅仅依靠组织外部政府的力量，更多的是依靠内生的战略管理能力的培育。在创业型组织的形成过程中，关键是建立基于创业导向的战略管理体系，这需要建立具有创新性特征的战略管理能力、具有风险承担特征的战略管理能力和具有积极竞争特征的战略管理能力，而这些能力不仅涉及组织外部，而且涉及组织内部。首先，创新性战略管理能力，培育的关键在于培育核心领导人创新能力，包括技术、制度和管理创新行为，使其具备创新的眼光、视野和敏感程度。例如，在访谈中遇到一个合作社，合作社负责人积极与地方政府对接，掌握地方政府未来投资的倾向，并与政府签订合同，负责城市绿化的特色植物培育，并与地方农科院进行合作，引进和研发适合本地的绿化树种，为打造地方特色绿化提供有效的品种，为合作社带来可观的利润。其次，风险承担的能力的培育，关键在于对风险的精准的识别、评估和更有效的防范措施的建构，这需要培养创业项目的风险分析流程和技术，利用现代风险分析工具，通过现代风险分析手段，正确评估风险的大小和发生的概率，从而为合作社的发展提供决策依据，同时也提高合作社负责人风险承担的能力。最后，提高积极竞争的能力，目前合作社在农村成立的规模和数量激增，在同样的扶持条件和先天条件下，要使组织获得竞争优势，就需要建立积极竞争的战略导向。积极竞争的战略能力的建立，要求组织负责人不能将组织视为弱者，要将其看作和企业竞争对手一样具有竞争优势，积极开发具有竞争优势的产品，成立具有竞争优势的团队和培养先于市场需求开发产品的能力，这需要一个具有侵略性的负责人，应培养负责人进攻的属性。

（三）组织外部创业氛围的营造

1. 以合作组织为核心，打造创业产业集群

推动基于一定农产品生产和加工的农村合作组织，联合形成一定的规模，加速自发发育过程，吸引更多潜在创业者进入活动，或者通过组织内部的分裂、繁育过程，形成众多的从事该产品经营的合作组织，从而形成一种集群发育成长的"自强化"过程。在此过程中，政府部门提供共享的业务服务信息，有针对性地进行技术培训，提供交流平台，稳定市场秩序，避免直接干涉产业集群的营造和自成长。

创业导向的战略管理需要创新性、风险承担性和市场竞争积极性，这三方面的能力需要外部环境。

首先，集体创新性的发生是组织创新的外部保障，对于合作社来说，其单独进行产品创新具有一定的难度，创新信息只有聚集到一定规模，获得合适的条件和出现相互配合的人员，创新才会形成，这需要经营相同或类似产品的组织在地理上聚集到一定程度，并建立有效的社会网络连接机制和正式的制度网络连接机制，从而推动合作组织的创新发生。

案例 6-10

南阳石桥月季产业集群，位于从南阳市区到鸭河工区 50 千米的路上，由 100 多家合作社成立，其均从事月季生产，产品相似和雷同，在地理上比较聚集，密度较大，并且都是合作社，并且还有大量从事农资、技术和研发的机构，还有大量种植月季的农户，在这种氛围中，大量的商业模式、技术和制度的创新随之发生。例如，某合作社处于这样的环境中，其看到互联网的广泛应用，并且看到集群周边和内部并没有成立在互联网上，没有从事月季销售的电子商务公司，因此建立了一个月季销售网络，为月季合作社提供销售服务，从而实现互联网创业。

案例 6-11

合作社 B 同样位于月季产业集群内，其发现合作社销售的一个关键问题是缺乏储存设施，该合作社通过筹资建立冷库，为其他合作社提供储存服务，到一定时间再将月季推向市场，提高了市场销售价格，获得储存增值收益。合作社建立

储存设施，要有一定的业务量，通过社长的社会网络关系，为组织提供大量待储存的月季，从而解决了业务量的问题。因此，合作社的创新需要建立在大量聚集的基础上。

其次，风险承担能力的培训，同样需要产业聚集。风险承担同样建立在对风险的防范能力提升的基础上。对于农村合作组织来说，风险主要来源于销路、生产技术和应对政府管理这三方面，大量聚集在一起的合作社或企业，通过集体风险防范，有效地提高了合作组织风险防范的能力。第一，风险承担能力的提升与产业网络和社会网络。在产业集群内部，长期的互动形成有效的信息沟通网络和社会组织网络，这些网络是合作组织抗风险能力的主要来源，同时也是组织风险承担能力提升的关键，通过集群内部社会网络和信息网络，企业可以解决产品的销路问题。例如，在有限的时间内，一个合作社很难应付一个大单子，合作社之间的联合，可以满足单子，同时也为其他合作社提供销售单子，使组织风险承担能力更强。第二，集体风险承担能够有效提升风险承担能力。当组织面临的风险与其他企业类似时，一方面，一个组织的成功风险防范措施，就可以成功复制到其他合作组织，降低寻找抗风险措施的成本；另一方面，组织集体面临的风险，势必引起政府部门的注意，政府部门会联合企业、组织和科研组织，集中攻关，找到合适的解决方案，从而提升组织防范风险的能力。第三，当合作社面临政府管制时，合作组织可以联合起来，形成有效的集体行动，与政府谈判，从而争取更大的利益，将制度风险降到最低，从而提高合作组织抗风险的能力。

案例 6-12

某合作社 A，位于农业产业集群内，政府为了防止环境污染，实施严格的环境管理措施，这使得合作社的经营停顿，合作社没有相关的技术解决方案，同时政府也没有提供相应的解决方法，组织一度陷入困境。过了一段时间，附近合作社找到了相应的应对方法，采用先进的符合环境保护的标准，这种信息在农业集群内部迅速扩散，使同类合作社进行技术改造，实现整体的技术解决方案，从而为合作社防范技术风险提供了有效措施，提高了风险承担能力。

案例 6-13

当集群内合作社面临政府管制风险时，合作社 B 通过集体谈判，降低了制度风险；以合作社为主导，建立了行业协会，通过行业协会制定了相应的标准，并将标准推广到集群内部其他合作社。在这个过程中，政府制定标准的权力就被合作社所组成的行业协会行使，降低了政府对制度管制的能力，提高了农村合作组织参与制度制定的能力，提高了农村合作组织抵抗制度风险的能力。

2. 提升创业能力，嵌入地方产业集群

依托地方产业集群，实现农村合作组织的产业集群嵌入。首先，是产业嵌入。农业产业集群是各种网络（生产、加工和销售网络）组成的体系，各种网络交织互动，推动集群转型升级。农村合作组织嵌入农业集群的某一网络，在专业领域与其他组织进行分工协作，从而使其获得更多网络支持和网络信息，有效推动组织层面的创业活动。网络嵌入关键在于选择嵌入的节点和嵌入的深度，结合合作组织自身的资源禀赋、集群发展的生命周期等相关因素，选择适合自身经营条件和未来创业选择的网络和节点进行嵌入，获取专业分工的好处。其次，是关系嵌入。在传统的乡土社会中，关系是获取资源的重要工具，合作组织通过嵌入农业集群，与集群内部经营主体建立业务或社会关系，通过这种关系为组织创业获取资源，使其组建柔性团队，更好地实施组织层面的创业。最后，是创业嵌入。集群内存在较多的组织创业机会，合作组织通过对集群内部创业机会的识别和探索，利用组织内部企业家精神、资本等要素，抓住集群内部创业机会进行组织层面的创业。

在已形成的创业集群内部，合作组织能够有效创业，嵌入产业集群内部，并通过集群的助力，提高自身的经营绩效，进一步提高创业能力，从而形成良性循环。合作组织创业能力的提升和嵌入是一个相辅相成的过程。首先，合作组织嵌入当前产业集群网络，不是简单的业务复制，而是具有创新的业务嵌入，为组织提供创新动力。某合作社 A 看准农业产业集群中缺乏深加工环节，而不是一个原材料简单加工环节，因此延长产业链，引入深加工环节，通过筹资建立家具厂，将本地生产的优质板材加工成家具，获得产品增加值，合作社通过创业，延长了集群的产业链。其次，产业集群为合作组织提供了高效的创业机会和简洁的流程。在集群内部，信息的沟通、企业的合作、社会网络的连接等因素，都能为合作组织创业提供机会。在集群内部积累的大量的金融资本，为合作组织创业提供了创业资本；集群内部大量的、具有丰富经验的产业工人，为组织创业提供了大量人力资本，其为合作组织提供了丰富的创业机会。最后，合作组织的创业，为集群优化升级提供了保障，通过合作组织的创业，带动更多的创新力量，通过这些力量推动集群优化升级。这种机制的背后，不仅是合作组织创业行为本身，而且是合作组织与其他形式组织之间相互合作、共同创业，并升级为集群自身的集体创业，从而实现自身优化、自身升级。

3. 营造浓厚的地区创业氛围

具备创业导向的合作组织能够吸引更多的创业农村精英的加入，通过组织的创业导向战略，带动更多社区农民进行创业，增强社区创业氛围（王阿娜，

2011）。在具备积极创业氛围的社区内，组织负责人和成员之间有效整合资本，就创业机会进行有效集体识别，进行资源有效协作、团队专业化的管理，从而提高组织应对市场风险的能力，获得更多的竞争优势，提升组织绩效。我国农村基本处于"乡土社会"，在乡土社会中，农民在社区内的日常互动更具有天然性或强制性，由互动形成的价值观和社会规范最终形成社区氛围，社区氛围一旦支持创业，就容易形成创业氛围。因此，促进农村地区创业行为，不仅仅要改善农村创业环境，更重要的是培育农村创业氛围（蒋剑勇和郭红东，2012），通过倡导创业精神，宣传具有创业精神的农村合作组织典型，营造鼓励模仿、尝试，宽容失败的环境，改变公众偏好，通过农村合作组织创业精神的培育，带动农村社区的发展。农村合作组织形成过程中，精英农户和政府分别在组织生态化和制度化过程中起关键作用。相关法规完善和合作组织社区嵌入性的加强，有利于我国合作组织制度化，从而推动合作组织的设立和发展（梁巧和王鑫鑫，2014）。

案例 6-14　"合作社+生态村落"模型的建立

通过访谈某个国家级示范社，了解到该社经营的是鲜桃，社长赵某具有农民企业家应有的创业理念，最大的目标是建立一个基于职业农民的生态村落模型。其将该模型描述为：①持续的生态安全的农产品生产，以鲜桃为例，因为鲜桃是季节性产品，采摘后及时售卖，其收益期也是比较短的，因此其将不同采摘期的品种在一定规模内（30 亩）分片种植，这样可以使不同时间内都有鲜桃采摘，实现不同时期收益的可持续性，并且通过时令的改变使农产品价值提升，另外，发展林下经济，使收益再次提高。②整合使用生态有机肥、生物防治技术等措施，使生产污染最小。③生态村落的经营农民具有职业化特征，生产在时间和收益上的可持续性，使农民在城市打工和在农村从事农业生产具有相同的收益。④连片生产，以一定规模为生产单元，雇佣具有稳定性的职业农民（最好是具有一定文化水平的夫妻）从事生产，使农业生产建立在类似村落的基础上，保证生产的稳定性。

通过访谈了解到，一些合作社领导人其实具有农民企业家精神，其在组织层面上进行一定的创业行为和设想，其创业设想一般建立在自身生产经营基础上的经验积累上，这种积累使其有了新的想法、新的机会。但是，目前存在一定的制约因素，表现在以下几点：①资金缺乏，关于合作社，金融机构认为其连接松散、想散就散，如果散了，信贷资金的回收就难了，因此，很少有金融机构给合作社贷款，即使贷款，其获得贷款的成本也较高。②土地缺乏，表现在两方面，一是农民将土地当成宝，自己经营虽然不能获得很高的收益，也不愿意流转给合作社经营；二是不能形成有效的连片经营，如果其中有一个"钉子户"，那么连片经营就实现不了，也就无法实现规模经营，不能获得规模经营的好处。③人力资本缺乏，无法雇佣到有效的劳动以满足农业生产需要或雇佣成本较高。④创业与政府，当政府决定奖励经营较好的合作社一些固定设备（如拖拉机）时，真正经营的合作社实体并没有得到相关信息，当获得信息时申报时间已过，其实只是具备关系的合作社（并无真正经营的合作组织）领取了奖励，而真正具备信息优势的合作社能够获得更多的政策优势。

（四）加强与政府的关系网络的建设

研究结果表明，与政府的关系显著正向影响创业导向的风险承担性和竞争积极性。与政府的关系网络的建设，可以有效提高创业导向的以上两个维度。由于各项关于农村合作组织的制度和规则都处于完善阶段，与政府部门建立关系的成本较高，农村合作组织虽然跨越"合法性"门槛的成本较低，但后续发展过程中，通过政府部门的关系来获得资源的成本较高，而政府部门资源的获得是组织发展的关键之一，所以只有得到政府部门的允许和认可，才能获得政府支持，提高创业的能力和意愿，才能够在动态、不确定的竞争环境下生存。

1. 对政府—合作组织关系进行有效管理

农业创业的良好环境是合作组织发展过程中，政府农业扶持方式转变的重要模式（黄祖辉和俞宁，2010），政府对合作组织的扶持，能够提高合作组织低成本获得政府扶持的土地、金融和制度的优势，并内部创造性地使用这些资源，使组织层面的创业行为获得更好的绩效。

通过与政府部门沟通和建立关系，为农村合作组织提供必要的政治资本，进一步为其创业行为提供资源平台，为合作组织发展和创新产品、扩大经营范围及进入新市场提供通道。这需要进行有效的"政府—农村合作组织"关系管理，从战略层面推进两者之间的关系，并将这种关系转变为创业型农村合作组织发展的重要动力。两者之间关系的有效管理关键在于建立一个两者信息沟通的平台，政府将产业调整、宏观经济动态、政府采购需求及国内外市场方面的信息通过平台提供给合作组织，为合作组织发展提供信息支持；合作组织将自身发展过程中面临的人才、资本、技术等方面的困难通过平台反映给政府部门，在政府统一协调的情况下，有选择性、有步骤地解决合作组织面临的问题。

两者关系的有效管理还需要政府部门建立一个独立的部门，在信息有效沟通的基础上，协调金融、财税、土地、产业及相关部门，根据地方经济发展或社会经济需求，统一协调政府部门所掌控资源的配置，扶持具有创业特征的合作组织。

案例 6-15

某蔬菜专业合作社负责人的访谈表示：申请项目获得补贴的成本较高，国家一般补贴力度较小，资金缺乏。合作社为了持续经营，在生产周期较长的林木、苗木的内部，套种一些见效快的蔬菜或其他品种，实行多元化经营，同时经营林木和蔬菜，蔬菜属于短期作物，来钱快，这样能够保证资金的顺畅周转。

某合作社领导反映，建议将补贴给予实质性经营、有实力经营的合作社，使补贴政策更加有效。

2. 建立平等、互利的政府与合作组织的关系

减少政府对合作组织的干预，有利于激发农村合作组织参与公平、公正的市场竞争，减少其通过政府关系进行寻租的机会，从而形成真正的创业型组织。在政府治理较严的制度环境下，合作组织与政府之间是不对称的相互赋权关系，政府拥有绝对的干扰优势和作用空间（徐旭初，2014），因此，合作组织与政府之间是不平等的关系。但是，政府对合作组织的规制是合作组织健康和规范发展的根本，其正式制度的设计和实施，是我国合作组织健康发展的基础和保障（崔宝玉等，2012）。同时，由政府主导下的合作组织发展机制，是引导合作组织健康发展的现实选择（杜奋根，2012）。这需要重新审视政府和合作组织之间的关系，建构一个公平互利的共赢关系，推动组织创业的发生：一方面，合作组织根据地方政府部门的产业调整方向调整自己的经营，使创业方向与地方政府导向一致，使自己的经营规则、内部制度规范与政府的法规政策一致，从而扩大和政府合作的机会和空间；另一方面，政府依据农村合作组织动态发展的需求，调整管理策略、制度法规和引导方向，为农村合作组织成长提供适应性制度环境。

政府不应成为合作组织创业租金的"掠夺之手"，而应该成为合作组织创业的"援助之手"，这种转变必须建立在合作组织与政府平等的关系上，平等关系的建立，需要建立正确的政社关系：①政府不得干涉合作社的合法经营过程，尤其是合作组织微观经营过程、人事和产权管理，政府只负责营造一个好的经营环境，为组织成长提供优良的制度环境；②合作社不能只依靠政府补贴，通过获得政府扶持"寻租"，要依靠实在的经营和守规矩的经营来获利，靠合作社的实在创业获得政府的认可和扶持；③政府和合作社平等关系的建立，要依靠两者之间建立的正确的制度保障，依靠合作社和政府的共同合作，建立一个共赢的制度规则，保障合作社在合理的制度环境中成长。

3. 转变政府职能，营造良好的市场环境

政府部门应将扶持的重点放在营造合作组织独立自主发展的公共服务平台和良好的市场环境上（苑鹏，2009）。首先，为合作组织建立政策性保险政策，合作组织缺乏对系统风险，如对自然灾害、病虫害、瘟疫及其他不可抗拒因素所造成的损失的防范能力，需要对其经营进行保险和再保险，从而使其具备持续创业的能力，这需要政府对保险公司进行补贴，有效激励保险公司对合作组织投保。其次，实行普惠性政策，通过普惠性政策，改善和提高合作组织进入市场公平竞争的能力，包括实施竞争性财政政策、提高保险覆盖面、补贴惠及面等措施。最后，加强人才、技术、信息的普惠性，对合作组织的生产技术人才、管理人才和营销人才进行专业培训，提升产品质量、合作组织管理能力和营销能力。

政府对合作社的扶持，如扶贫，不应机械地提供资金和技术，更重要的是给合作社提供自我成长的机会和能力。在能力扶持方面，主要是内生能力的培育。一方面，在市场竞争能力方面，为合作社建立一个公平的竞争环境，避免其依靠政府补贴、政府采购等方式获取利润，建立实在的经营，依靠产品、技术和管理创新来提高市场竞争力；另一方面，在资源能力培育方面，改变其依靠资源输入提高组织经营利润的方法，将其转变为依靠资源整合、依靠资源的有效开发和创业行为来提高组织利润。

案例 6-16

某镇政府选择符合地方特色的产业，有经营特色并且能够有效推动当地地方经济发展的合作社进行重点扶持，在扶持过程中，不采用盲目的输血方式，而是根据合作社的现实需求，引进农科院的先进技术，并以该技术为依托，为合作社培训合格的技术人员，从而真正将补贴用于合作组织的经营，避免了合作组织的"寻租"行为。

（五）加强资本的获得和积累机制

物质资本资源对合作组织成长影响最大（郭红东等，2009），也是创业导向战略的资源保障，合作组织建立完善的物质资本获得和积累机制，有利于创业型农村合作组织的成长。

1. 融合农村金融环境，获得组织创业的金融资本

组织层面的创业，能够将生产经营与资本利用、资金借贷与产业发展、农户生计与社区发展有效结合起来，能够有效调动组织内部、社区和金融机构投资的积极性，提高组织层面的创业绩效（图 6-17）。

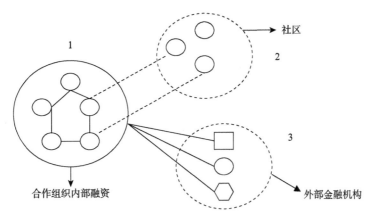

图 6-17　合作组织融资环境优化模型
实线表示边界和业务比较具体，虚线表示边界不确定性较强

　　社区融资应避免几个"陷阱"，在访谈过程中谈到一个"融资陷阱"的问题，即合作组织成为某些利益相关者非法融资的工具，其利用合作组织来欺骗社区成员，从而获得非法融资。首先，在建立合作组织融资的过程中，合作组织不应以自身为主体进行融资，因为其本身不具备融资资格，而相对于合作组织来说，其成员在合作组织内部开展创业行为并面临资本缺乏时，其可以作为个人主体与组织外社区成员签订口头或书面融资合约，通过个人来融资。其次，通过优化农村金融环境，避免以合作组织为平台进行变相融资、成立新合作组织，关键在于要求其有实际经营，如果没有实际经营的合作组织，仅仅搭建一个框架，通过一个虚构的框架来进行融资，则不可避免地会侵害到农村社区的其他利益相关者。因此，应建立一个农村专业合作组织的业务规定范围，避免其利用合作社进行非法金融活动。最后，提高政府的监管手段和水平，政府针对合作组织建构一个动态的监管体系，动态监管其业务范围，一旦发现其有非法融资的苗头，立即采取相关措施，这种动态的监管体系可以由地方基层组织，也可以由相关的基层人员执行，从而避免合作社进行非法金融活动。

　　1）内部成员之间实现借款融资

　　组织内部成员之间的借贷具有较强的优势，方便组织层面创业项目的实施，由于农业创业项目具有临时性、季节性等特点，正规金融融资较为缓慢，手续复杂，交易成本较高，所以当面临创业投资需求时，内部拆借成为重要的解决方法。

　　成员之间拥有的金融资本存在不均衡性，部分成员存有剩余资金，这部分资金成为潜在的创业投资资本，如果让这部分剩余资金的投资风险由所有者独自承担，其创业投资的激励就偏弱。首先，通过成员之间的相互拆借，一方面，可以有效利用这部分剩余资金；另一方面，还可以有效地分担风险，提供资金者可以获得稳定的利息，资金借贷者可以获得创业投资资本，保证了创业项目的有效实施。其次，成员内部拆借的利息仍然存在于合作组织成员之间，这不但增加了一部分成员的收入，也使其成为下一步隐性融资的来源。最后，内部成员之间的拆借有助于形成内部信息交流，借出方为了保证资金的安全，有激励了解创业项目的风险和收益等方面的信息；而借款者为了获得拆借资金，有激励向组织其他成员发布创业项目的信息。

关于合作社成员之间的融资，内部融资合约是必需的，在合作社内部，无论是核心成员与普通成员，还是核心成员与普通成员之间的融资，都属于个人之间的融资，需要签订个人融资合约，并且在合作社平台上建立有效的偿还机制。观察实践经验可知，合约签订和偿还机制的确定，关键是要在内部建立一种激励相容的激励机制。首先，建立一种基于销售业务的偿还机制，合作社控制着成员的销售业务，将借款方的销售收入按照事前约定的比例，直接从借款方转移给出借方，实现分期偿还，既保障出借方的权利，又让借款方没有那么大的还款压力。其次，建立基于资本抵押的偿还机制，在签订借款合约的内容中，明确抵押资本的内容和属性，明确抵押的权利，从而保障出借方的权利。最后，建立基于个人担保的融资合约，在签订成员之间的借款合约时，明确担保人，担保人可以是组织成员，也可以是组织外成员，通过个人担保来降低合作社融资风险。

案例 6-17　合作社为成员融资

合作社不仅为农户提供种子、化肥、农药和生产技术，还为农户提供土地；在生产必需时，合作社为农户融资，向农户提供一定的利息，弥补合作社的融资成本。同时，在农户土地经营规模较小的条件下，合作社为农户提供土地流转服务，流转土地给农户，这种形式一般采用"反租倒包"，但是承包的对象是合作社成员，这样，既满足了农户生产，又满足了合作社需求。

案例 6-18

月季合作社为社员农户提供农资、种苗等生产资料，关键的一点是，当农户经营资金缺乏时，通过对其以前业务量的观察，农民专业合作社为其提供融资，并承担销售业务，将销售资金的一部分作为偿还融资款，这既保证了农户正常的资金需求，又为合作组织提供了销售量上的保障。但是，这存在一个风险，即合作社本身提供资金的能力有限，不能满足农户大量资金的需求。此外，如果农户面临偿还问题，合作社无法追回资金时，就会面临资金链断裂的风险，从而使合作社无法经营。

案例 6-19　合作社成员之间融资具有风险

在访谈过程中，发现成员之间融资，尤其是核心成员之间的融资，存在较大的风险。例如，在创业过程中，核心成员之间是融资，不仅是融资关系，而且是经营之间的关联，即存在一个共同进退的关系，意思是如果赔了，大家都没钱赚，那么借钱的就无法偿还融资，会面临较大的偿还风险。还有一个重要因素，即如果借钱的将创业项目失败归咎于出借方，那么这笔融资很可能就不会偿还了，这对于出借方来说存在较大的出借风险，因此，成员之间的融资存在较大的风险。

2）正规金融与非正规金融紧密连接

当创业投资项目超过内部融资需求时，就需要外部正规金融机构的支持，一方面，要建立良好的信用，另一方面，还要建立良好的资金管理机制，这不仅需要良好的财务管理制度，还要与金融贷款部门建立有效的资金回笼机制，创业经营项目的回笼资金往来通过贷款金融机构结算，贷款机构对创业经营绩效进行适时监督，如果发现资金流入流出异常，财务管理及经营项目发生重大异常时，就发布预警信息，采取提前收回贷款或要求借款人追加担保等方式来降低贷款风险。该种机制不仅有效约束了组织创业投资过程中的机会主义行为，还能缓解偿还资金的压力。

关于合作组织与正规金融联结，许多地方进行了尝试，但是，在实践过程中，以下几种模式比较可行。

第一种模式，即以合作组织为平台，合作组织集体担保的成员融资模式。这种模式的特征是通过合作组织这个平台，与合作社签订协议，通过合作社集体资产担保，为成员融资，并承诺将从合作社成员销售收入中抽取一定比例，定期偿还给农村信用社或金融机构，保障金融机构信贷资金的安全。但是，这种模式存在约束条件，一方面，合作社如果失败了，将无法偿还信贷资金，这种担保机制就崩溃了，损失由农村信用社承担；另一方面，如果成员农户通过其他渠道销售产品，合作社就无法监督和获取销售收入资金，也就无法偿还信用社的信贷资金。

第二种模式，即以土地担保融资，成员农户都拥有的共性资本就是土地或宅基地，用这些土地和宅基地进行担保，从正规金融机构获得融资，投入合作社经营过程，缓解合作社创业过程中的流动性约束。这种模式存在的障碍在土地担保价值和担保金额的确定方面，由于没有完善和成熟的土地融资市场，因此需要较高的度量成本。从合作社角度来看，土地抵押后，其经营是否会受到限制和约束，或衍生其他形式的法律问题，这些都存在不确定性。

第三种模式，即以期权为抵押融资，对创业项目比较好。未来收益金额和概率比较大的创业项目，可以将未来的收益权作为抵押，在通过第三方评估后，从金融机构获得资本，并通过金融资本的运用，使创业项目的收益更加确定，形成良性循环，为组织带来持续融资。这种模式的主要缺点在于市场变化加大，而融资合约的条款和内容变化较为缓慢，因此，这种合约无法适应市场变化的需求。

与正规金融联结，获得正规金融的支持，是合作组织持续发展的关键，在联结模式的探索过程中，出现了许多有益的模式，但是这些模式需要优化，而优化的关键在于合作组织的经营资本与金融资本在生产经营过程中的深度融合，其使金融机构能够动态监测合作组织的经营过程，并与合作组织协同调整融资合约，通过信息沟通降低双方的风险。

案例 6-20　合作社和信用社深度融合

某合作社与农村信用社签订战略联盟协议，共同开发某项产品，通过该产品的销售收入的现金流来偿还贷款，信用社承诺如果项目需要持续投入，可以按照一定的比例持续投入，以保障创业项目的可持续运营，由于仅仅抓住市场机遇，所以该产品盈利情况非常好，实现了合作社和信用社的双赢，并且这种模式可复制。

案例 6-21　土地合作社和农村信用社合作

在社区土地整合的基础上，成立土地合作社，以合作社的土地作为抵押，从农村信用社融资，并依托资金实现合作社的真实业务经营，从何实现合作社的创业项目，通过合作社创业项目的收入来偿还资金和农户土地租金，从而实现合作社和农村信用社的双赢。

3）社区民间借贷机制

社会资本是创业资本的重要来源，农村合作组织处于一定的社区环境，其经营过程嵌入当地社会范畴，因此，组织层面创业资本，同样需要从社区社会关系网络中获得。一方面，通过合理的利率竞价方式、合理地界定借款的价格，资金的借贷者和资金的供给者在讨价还价过程中形成合理的利率，从而使资金能够有效、迅速地聚集起来，保证创业投资项目的顺利实施。另一方面，建立有效的还款机制，通过分期偿还，或者建立稳定的、借款人可监控的账户来控制创业资金流的方式，实现资金贷出者对资金的监督。

在农村经济中，合作社依靠其独特的社会网络，占有一定的竞争优势，这种优势内在形成关键在于能够通过社区民间借贷，融合创业所需要的特殊资本。如何通过社区民间借贷融资，对于合作组织来说，关键在于如何克服民间借贷的机会主义行为。农村合作社虽然不能作为主体来融资，但是，其可以以关键核心成员作为中介替代融资，即合作社成员可以通过其社区网络融资，并将资金有效投入合作社的经营过程。通过观察，发现有两种实践模式。第一种模式，以合作社股份为抵押，从社区民间借贷主体融资，从而降低借款方的机会主义行为；合作社股份同样是一种收益权，具有抵押的条件，因此，合作社成员可以将股份或分红权力作为抵押，从社区朋友网络中获得融资。第二种模式，是以股份的形式吸收民间融资，这种方式具有非法融资的嫌疑，但是，这种以成员身份实现风险分担的方式，如果以真实的业务经营为依托，应该可以成为一种实现融资的模式。

案例 6-22

合作社 A 的核心成员王某，拥有合作社 25%的股份，其想增大自己的股份，但是又缺乏现金，村里李某有钱，王某向李某借钱，并以合作社股份的 25%抵押，借来钱后又购买了 15%的股份。王某股份总额增加，李某获得利息收入，实现了双方的共赢。

案例 6-23

合作社 B 通过入股的形式，吸引大量的资金，后来合作社领导人失踪，没有人承担还款责任，从而形成集体事件，如何防范这种非法集资的合作社是目前合作组织研究的关键内容之一。

针对合作社民间融资，应采取比较严格的控制和监管措施，主要从以下几个方面入手。首先，准确识别非法融资和经营性融资的区别，与实际生产和经营活动或实体经营活动相关，非与"伪合作社"相关，资金来源和去向透明、可控并且能够为营利性活动服务的，与社员紧密相关的融资，应视为经营性融资；而无实体经营支撑，靠资本运作的合作社的融资应视为非法融资。其次，实施有效的监督措施，有效的监督不仅是对融资的开头和结果进行监督，而且是对融资的整体，即全部过程进行监督。对现金流进行监督，避免中间现金流出现断裂或转向，保障一般社员的利益。最后，合作社内部建立完善的监督机制，如果某个社员以合作社的名义融资，那么合作社就必须履行监督职责，避免其融资的个人行为的后果让合作社整体负担。

4）完善金融风险监控机制

第一，组织层面建立资金监管专有人员，监督资本充足率、贷款损失准备金充足率，大额贷款、不良贷款等项目，及时预报风险情况。第二，组织专有人员对创业项目的资金往来进行持续监督，定期发布项目风险信息、经营信息及进展情况，建立自律基础上的风险控制。第三，有效利用监管信息，降低创业项目经营的风险。第四，充分利用社会审计人员，借款人可以委托社会审计人员，定时定点开展审计工作，节省监管成本。第五，将创业项目与保险结合起来，通过第三方保险降低创业风险，从而降低借款风险。第六，实施多种形式的抵押担保，盘活农户成员的固定资产、土地和各种财富资金，通过抵押、担保等方式获得创业资金。

组织内部融资的风险控制，主要是控制资金的流向及使用资金的决策制定方面，实行组织内部所有者相互监督，尤其是创业项目资金的使用，一定要按照会计稽核准则，通过多方制衡机制降低风险。另外，结合金融机构，监督合作社资金的走向，并形成有效的预警机制，防止资金不当使用和外流。

案例 6-24

关于项目或政府一些扶持资金、优惠政策方面，合作社反映其比较少或被具有关系的人获得了，针对这种现象，农业管理部门或项目批准部门的观点是："现在不敢盲目批准项目、扶持资金或奖金，关键是很多合作社是一些专业大户转型组建的，其实与普通农户并没有一定的联系，如果将资金和项目给了合作社，等于批给了专业大户或投机者，普通农户并没有得到，但是其又是合作社成员，会告状，那么项目或资金的批准部门就面临一定的风险，因此，紧缩性的资金支持或项目支持就成为其规避风险的策略选择"。

合作社融资风险的控制，主要是建立动态的风险控制技术，保障合作组织信贷风险不超过组织承受能力。这种动态风险控制技术，需要信贷主体和合作组织共同建立。首先，合作社和信贷金融机构应建立一种有效的沟通机制，实现金融机构与合作社及其成员之间的有效沟通，尤其是对合作社及其成员的经营风险信息、经营信息和信用信息的有效沟通，使金融机构能够有效监督合作社组织和成员层面的经营状况、风险状况等内容。其次，合作社和信贷机构建立一个联合预防机制，当面临较大风险时，合作社和信贷机构通过协调机制，就风险信息和双方的诉求进行谈判，找到一个双赢的解决方式。最后，建立一个第三方机构，如合作社联社，集中处理和应对合作社面临的金融风险，实现信贷机构和合作社的双赢。

案例 6-25　基于现金流的金融风险防控机制

合作社在经营过程中，严格垄断合作社成员的销售渠道，其方式是利用品牌包装和关系销售，使一般成员转变销售渠道的企图无法实施。在这种条件下，合作社以抵押的形式，从农村信用社融来资本，并按照需求分配给成员农户，通过控制农户销售的现金流实现对信贷资金的偿还，定期偿还信用社信贷资金，并和信用社进行有效的沟通，视现金流的时间变化调整还贷的金额和比例，从而动态调整风险发生的概率，通过合作社和金融机构的有效沟通平滑金融风险。

案例 6-26　金融机构自身建立风险监控机制

金融机构为合作社成员提供资金的同时，与地方政府签订一份合约，由地方政府担保，为成员农户提供金融资本，由政府按统一标准采购合作社的产品，将利润返还给合作社，而将部分采购款分期付给合作社，由政府出面担保，从而降低偿还风险。

2. 规范土地流转市场，为合作社发展提供稳定的土地资本

完善农村土地市场，规范土地流转行为。首先，健全和完善土地股份合作制度，通过建立一个产权清晰、分配公平、自愿互利、市场开放、治理有效的土地

入股制度，吸引并稳定农户，使其通过土地入股形成合作社稳定的土地经营权。其次，界定土地剩余产权，清晰界定土地所有权和土地承包权之间的关系，并界定两者在土地剩余产权中的权能，通过合理和清晰地界定土地剩余产权，控制入股和转让土地的稳定性。最后，建立动态的土地收益分配制度，当合作社经营收益动态变化时，土地作为股本之一，应动态参与收益分配，并以内部或外部正式规范的形式对其予以确立。

案例 6-27

合作社名称：众森林业种植合作社。访谈人：冯社长。主营业务为林下种植牡丹，牡丹籽送到山东榨油；从 2008 年开始经营，2013 年开始经营林下牡丹经济；经营规模为 1 000 亩林地；未来创业项目为种植果树，果树下面发展牡丹林下经济，2015 年 4 月被评为南阳市宛城区十佳优秀合作社，是省级农业示范社。

组织层面创业资本（土地）的获得及成本：流转的土地大多是林地（杨树林），流转价格为 400~500 元/亩，价格为什么这么低？其原因是林地经营不需要劳动力，个体改造，如改造成粮食或经济林需要大规模的投入和技术，且林地的砍伐受国家控制，个人不能随意改造，若砍伐了还要种树，与外出打工相比，林地经营收益较低，如果流转给合作社，每亩可以增加收入，个人又没有损失，因此，合作社的流转成本较低。此外，林地流转给别人，除非规模经营，别人一般不需要土地。目前种植规模为 1 000 多亩，按股金分配盈余，理事长冯耀林自身投入 40 余万，其他股东共 40 余万，散户共 20 余万，由几个大股东管理，遇到重大决策一起商量，比较幸运的是选择种植牡丹，一年纯收入 20 余万元。

通过社长访谈了解到，土地获得存在一定障碍，尤其是在土地流转过程中，许多农户希望得到更多的补偿，或超过其他流转补偿额较多的农户，不然其就不流转土地给合作社，如果允许该要求，那么其他农户也会跟着要求，那么就大大增加了合作社的经营成本。另外，流转过程中农户不遵守合约，随意退出或终止合同，出于仇富心理或仇强心理，会做一些损人不利己的事情。

案例 6-28

合作社土地合约中，农户违约的问题处理。在合作社实施土地连片的规模经营中，个别农户不愿意出租土地的经营权，成为"钉子户"。处理"钉子户"问题的重要手段是"置换"，一般合作社会征用离村地理位置比较近的区域的土地，用这些优势区位的土地，来置换"钉子户"的土地，从而实现规模经营。解决"钉子户"问题的另一个方式是时间差，当看到已经征用土地的收益较高或高于单独经营时，许多原先不打算入股的农户，经过观察后就同意将土地出租给合作社。

3. 规范农村劳动力市场，为合作社提供稳定的劳动力资本

首先，建立柔性的劳动力供给市场，农村合作组织与劳动力不能签订有效的雇工合约，在劳动力需求较为旺盛时不能获得有效的劳动力供给，由于农业劳动的非连续性和集中性较强，稳定的雇工合约不可能实现，因此，需要建立一个柔性的劳动力供给平台，当合作社需要劳动力时可以通过这个平台动态地得到满足，降低劳动力的搜寻和雇佣成本。其次，对合作组织内部劳动过程进行有效监督，对合作组织内部劳动力生产过程不能进行有效监督会导致农业生产效率低下，合作组织内部可以通过动态薪酬设计机制、控制劳动小组的规模、事前监督和事后惩罚相结合等内部制度建设，实现对组织内部劳动过程的有效监督。最后，建立组织内部劳动力培训机制，面对劳动力价格上升、劳动力素质下降的现状，由于城乡劳动力迁移，农村留守劳动力存在素质低下但价格较高的情况，所以，政府部门应针对地方产业发展需求，培养具有一定素质的专业和职业劳动力，为合作组织发展提供有效的劳动资本。

案例 6-29　实现对劳动过程的监督

在淅川芦笋生产合作社，访谈其生产部的负责人刘某，刘某表示在锄草期间，需要管理 200 多个附近村雇来的劳动力进行劳作，当被问到如何实现有效的劳动监督时，其指出实施的措施是管理人员分片负责，每个人负责 40 亩左右土地的管理，负责监督生产的效果，这是一种事后监督，通过观测第二天锄草的效果来决定是否支付雇佣工资，如果效果不好就需要返工，这样的监督就使得雇佣工的偷懒行为有所减少。但是，这种监督无法在雇佣工人具有退出权时实现，如在采笋的环节中，芦笋生产较快，一般上午采笋，上午不能采的、还没长成的笋下午采，但是，雇工一般上午能够采 80~100 斤（1 斤=0.5 千克），能够挣 50~60 元钱，但是，上午剩下的一下午也只能采 20~30 斤，只能挣 10~20 元，所以大部分雇佣工不愿意下午采笋，但是如果下午不采的话，长一下午笋头就散了，就卖不上价了，这给合作社造成了损失。主要原因是对于雇佣工来说，下午采笋的单位收益较低，所以选择退出，这样合作社不得不提高工资水平，从而造成合作社经营成本的上升。

案例 6-30　建立柔性劳动力市场

合作社没有能力雇佣长久的劳动力，因为雇佣成本较高，合作社的经营需要一个柔性的劳动力市场，为合作社提供柔性的劳动力，在调查过程中，发现有以下两种模式。

第一种模式是田头市场模式。农忙时节，在田头一些约定的地方，如合作社经营地点，许多附近的农民，主要是留守妇女、老人骑着电动车、三轮车聚集在

田头，等待合作社的雇佣。在田头市场，不同的劳动类型价格是稳定的，如拔草是一个人一天60元，等劳动结束时结算。此外，针对不同的劳动力，价格也是稳定的，大致上差异不大，通过田头市场，合作社能够雇佣到当时急需的劳动力。这种模式的主要缺点是不确定性较大，合作社不能按时按量雇佣到自己所需的劳动力，并且劳动力的组合是随机的，当遇到需要配合的劳动时，劳动的效率就大大下降。

第二种模式是劳动中介模式。合作社在附近每一个村里都有一个代理，当需要劳动力时，可以通过这些代理从村里雇佣，合作社派车将这些劳动力拉到劳动地点，阐明劳动的要点、时间和任务，然后开始劳动。这种模式的缺点在于代理人的可靠程度，其是否存在机会主义行为主要表现在价格上，合作社本来给予代理人一定的价差，但是，在自利心理的驱动下，代理人容易采取机会主义行为，在价格上寻租。此外，在雇佣的数量和质量上，也存在寻租行为。

第三种模式是混合模式。在合作社雇佣的劳动力中，除了管理人员之外，还有一些固定的劳动人员，这些人负责日常的业务和技术，当劳动量比较大且比较密集时，才雇佣额外的劳动人员。这种模式的缺点是具有比较复杂的薪资结构，且存在不确定性时，不容易控制，成本也较高。

（六）加强管理团队胜任能力建设

1. 提升组织负责人的个人魅力型特质

合作组织负责人的个人魅力能够显著提高组织绩效（戈锦文等，2015）；魅力是指一个人对创业团队、创业想法、未来的愿景、组织创业成功的原因有自己独到的见解，有魅力的个人能够将其他创业成员聚集在他周围，组建科层式创业组织，其他创业团队成员的价值观、认知和行事逻辑都会被合作组织负责人的愿景替代。首先，应提高合作社负责人个人创业能力水平，个人魅力水平提高能够在不确定条件下，给合作组织带来成功，为成员营造公平、和谐、信任和坦诚的工作环境。其次，提高合作社负责人的诚信、风险、创新性、冒险精神、社会敏感性的个性水平。最后，塑造和提高合作社负责人的魅力行为特质，包括愿景激励、品德高尚、环境敏感、情景激励、承担风险、角色榜样等。

农村合作组织是一个内生于乡土社会的社会组织，然后才是一个经济组织，在复杂的社会关系网络中，能够调动乡土资源，成为组织，提高经济活动效率。在这个复杂的过程中，合作组织的负责人、创始人的个人魅力不可忽视，换一个角度来看，创始人的个人魅力可以成为合作组织成功的关键。合作组织的个人魅力表现在以下三个方面：首先，组织内部的个人魅力表现在组织内部，成员都必须服从创始人，听从领导人的分配，形成领导的权威，这种权威的形成不仅表现在权力方面，还表现在个人品格和能力方面；其次，个人魅力还表现在组织之间形成的网络上，在不同组织竞争过程中，合作组织创始人能够有效、合理地为组织争取到应得的利益和权利，具有较强的网络协调能力；最后，合作组织创始人的魅力还应该表现在具备较强的制度能力上，组织的运作需要创始人制定合适的制度规章，为组织发展提供制度基础。

案例 6-31

合作社冯社长，靠个人品格，推动了合作社的成长，关键在于合作社文化建设方面，其对社员进行选择时，不是看资本拥有和能力拥有，而是看个人品德，不孝顺老人、坑蒙拐骗和口碑不好的村民，坚决杜绝其入股，在合作社内部建立了一个基于传统文化的管理模式。

案例 6-32

合作社李社长之所以成为创始人，是因为在合作组织成立时，许多合作社都选不定项目，不能进行有效决策，存在盲目模仿的成分，而李社长选择的项目比较接近地方建设高效生态经济示范市的要求，成为当地政府重点扶持的项目，不仅为合作社融来资金，而且为合作社带来政府补贴，使合作社发展远远超过其他合作社，其资本获得能力和外部协调能力是组织的核心竞争力，因此大家都服他。

2. 培养组织负责人创业管理能力

在动荡的市场环境中，创业机会的出现概率增大，组织会降低创业机会的搜寻成本，提高创业机会识别能力，从而有效实施创业行为。合作组织企业家的创业管理能力、关系能力和合作能力是组织层面创业导向对绩效影响的关键机制。企业家的创业管理能力能够有力推动创业导向战略的实施，包括对创业计划的制订和实施、创业过程中的风险应对、创业机会的识别及资源的筹集和投入都有重要的影响，这有利于提高组织创业过程中的创业管理和资源利用效率，从而提高组织的绩效。提升组织负责人的创业管理能力，需要做到以下几点。

（1）提升创业机会的发现和识别能力。首先，提高合作组织负责人的信息能力，包括拓展信息获取渠道，提高其数据处理技术应用能力，借助于外部投资机构、专业化数据处理公司等中介机构处理信息的能力。其次，提高负责人政治敏锐性和机会敏锐性水平，在农村社会和政治转型过程中，这种敏锐性能够使合作组织抓住政治转型和市场转型过程中的创业机会，如乡村旅游开发、土地资本筹集、剩余劳动力利用、政府产业政策利用等机会。最后，建立合作组织负责人创业经验交流平台，通过创业经验交流平台，提高负责人对机会的创业警觉和对创业风险的预应能力。

（2）提升资源的整合和配置能力。创业行为是基于资源整合和配置能力的，整合资源的能力是指内部资源整合后的能力大于整合前的能力，如创业团队的组成及内部的人力资源的整合，以及土地资源的联耕联种、合理使用农机资源等。资源整合能力对外表现为通过合作组织的外部网络，获得网络资源的能力，这种网络的节点包括政府部门，潜在给予贷款的金融部门，能够融资的民间借贷机构及民间金融机构，能够获得技术的高校、科研院所，以及技术推广和中介部门，通过这些网络资源可以获得整合资源过程中的短板资源，使其发挥更大的效果。配置资源的能力是指通过企业家的观察，将资源配置到整合效果最大的部门或环节，获得更大的整合效益，从而推动农村合作组织整体绩效的提升。资源整合和配置能力的提升包括资源组织能力、外部资源动员与协调能力、进取心和企业家学习能力三方面的提升。为提高这三种能力，需要建构一个有效的内部资源配置制度、学习平台和网络平台。

从农村合作组织视角来看，将组织现有的资源利益最大化，还需要一些短板资源，通过资本置换或交易，可以低成本获得组织的短板资源，实现组织资源的优化，实现组织和资源整合主体的资源共享和利润分享。通俗地说，整合就是借力、借势，善于彼此利用互补或替代资源，创造共同利益。

整合资源的步骤有以下几点。

（1）发现资源。例如，资金、团队、渠道、客户、创业点子、专业、人脉等；对于农村合作组织来说，其先天存在资源缺乏的属性，有效地发现资源是其发展的关键，其关键资源是政府的制度、社区的信任、农民的朴实和踏实、市场需求的大宗与同质性等。

（2）资源分析。其包括资源之间的互补性和替代性分析、一次性资源和多次性资源分析、永久性资源和过时性资源分析、贬值和升值资源分析、大众性资源和多家资源分析、异质性资源和同质性资源分析、组织创业资源需求序列及关键程度和稀缺程度分析。通过资源分析，明确自己需要的资源、所需资源的紧急程度、资源从内部还是外部获得、谁需求组织内部资源、需求方需求的数量和紧急程度。按照资源分析，列出清单，清楚表明组织需要资源的策略联盟。

（3）资源整合。资源整合的核心是把紧缺的资源整合到组织内部，并且花费较少的成本，这需要"交易"思维，从某种意义上讲，也涉及"舍得"思维。在某种意义上，舍就是得，得就是舍。在取舍的智慧中，要获得组织经营最重要的选择权，就要愿意为外部提供服务，提供的财富和服务越多，别人给组织提供获利的机会越多。整合的关键是互补，只有资源互补，才能从资源整合中获利。

资源整合分为以下几个步骤：首先，获得资源，通过交换、置换、谈判、协商等手段，组织获得创业所需的组织缺乏的关键性资源，并控制这些资源的资产属性和专用性，使这些资源切实为组织服务，不应存在产权方面的模糊性和矛盾；其次，资源整合，对于合作组织来说，资源整合是将获得的关键性资源与现有资源匹配，找到双方最佳的结合点，使整合资源和现有资源能够有效发挥获利作用；最后，共享资源整合的红利，被整合资源所带来的贡献必须清晰界定，需要共享给资源所有者的权利必须兑现。

（4）整合资源处置。合作组织整合的资源，其资产专用性也同样随着创业项目的进展而耗散，处置这些资源需要完善整合资源的退出机制。例如，当整合的土地资源由于其他原因，而关键性下降，如何将这些资源有效剥离，同样需要资源整合的思维。

资源整合的关键在于找到合适的整合方，建立一个公平合理的资源收益分配机制，保障资源整合的顺利、可持续进行。

组织外部资源整合：合作社通过与政府合作，整合扶贫、交通、水利、土地整理、政府补贴等项目资源，通过政府引导和牵头，形成一个高效生态经济产业园区，并积极培育相关的企业进驻园区。通过合作社与贫困户形成制度和合约联结机制，建立大扶贫格局，实施"市场化运作、规模化生产、企业化管理"的园区运作机制，并打造"产业园区+农户"的"农业综合体"的扶贫模式，形成有效的扶贫形式，为推动农村经济发展提供强大动力。

组织内部资源整合：组织内部资源整合，关键在于组织现有资源属性的挖掘，如关于土地的利用问题中，土地不仅只作为生产资本，同时也可以作为抵押品，为组织发展带来金融资本；同样，合作社的人力资本、固定资产都可以抵押，为组织提供发展的金融资本。

创业管理能力还表现为网络建构和嵌入能力，组织创业的关键在于资本获得、机会识别和团队建构方面，这些创业要素都与网络的建构和嵌入能力有关，因此，创业网络的建构和嵌入能力的培育，需要从以下几个方面入手。

（1）网络建构能力。其主要表现为以合作组织为核心，搭建合作组织日常经营和销售网络，这需要培养合作组织负责人的结网能力。在组织创业过程中，合作组织的负责人需要用自己的判断力，判断复杂的社会关系中哪些主体能够为组织创业服务，如提供资源、土地和技术等，哪些主体能够为组织获得资源或识别创业机会发挥中介或桥梁功能。在选定这些功能主体后，建立网络关系成为必需，可以通过人际关系建立，也可以通过市场交易建立，选择正确的网络主体后，再选择低成本、合理的渠道建立关系，使这些功能主体为组织创业服务。运用网络同样是一个重要的问题，正确运用网络，能够使网络越建越大，范围越来越广，网络的密度和中心度都会有所改善，运用网络的原则是寻求一个互惠共赢、双方都能得益的方式，而不只是剥夺和侵占。

农村合作组织还处在一种特殊的政治网络中，合作组织的负责人需要具备建构政治网络的能力。合作组织创业面临"新进入陷阱"，面临经济、经验和圈外人劣势。政治网络是指合作组织负责人建立起的，与政府部门、官员及相关行政机构和监管机构的网络关系。在转型经济中，与政府建立良好的战略合作关系，是农民合作社获取资源的一个重要手段，通过合作关系的建立，合作组织能够获得政府采购、低息贷款、税收优惠以及行业准入等优惠。因此，政治网络是合作组织最重要的战略资源。

政治网络是合作组织为获得政治资源而建构的网络，创业导向是一种战略导向，需要组织创新、风险承担和先于市场采取行动，这些都需要政治网络提供资源的实现途径，利用这些网络可以降低资源获得风险和成本，创业合作组织同样可以利用政治网络先于他人获得有价值的信息，进而超前采取行动。首先，在建构政治网络时，应采取适当的措施，积极创建有利于自身的政治网络，力图和政府建立政治关系，与合作组织创业相关的政府部门、官员，以及相关行政机构和监管机构建立良好的网络关系，以方便有效识别创业机会、获取创业资源。其次，合作组织应该对自己的资源和能力基础有一个清醒的认识，积极采用新的技术、创意、流程革新，推出新产品，在不确定的环境下进入新的行业。最后，政治网络的建构要与创业导向战略结合，政治网络能够为合作组织有效识别创业机会，获取包括竞争者信息在内的各种信息，为将不确定性转化为风险创造有利条件。

（2）建构知识网络的能力。由于合作组织创业具有"新创劣势"，根据知识资源基础理论，组织在面临知识资源约束的过程中，需要建立知识网络进行网络学习，有效整合组织内部和外部资源，并将个人知识资源转化为组织资源，推动合作组织建立持续的竞争优势。竞争优势的获得需要有价值、稀缺、不可模仿和替代的知识资源，这是一个不断整合内部、外部的过程，是一个动态整合过程，这种整合需要一个不断的网络学习的过程，包括对经验丰富的网络主体、认知比较丰富的主体、实践比较丰富的主体进行动态学习的过程。这种网络学习包括对创业知识的识别和开发、成功组建和运营创业团队的经验的学习，同样，也包括认知过程的学习，通过认知学习，可以不断识别市场、技术和自身，通过经验学习、创业认知学习和实践学习，可以提升组织网络学习的效率，推动组织创业。通过建构学习网络，合作组织负责人正确认知市场、技术和外部环境，并通过对学习网络中与自身创业试验类似的标杆企业的借鉴、模仿，将这些网络节点的经验转化为自身的隐性知识，提炼出有益自身创业试验的经验，应对创业环境的不同变动。

案例 6-33

建构农村土地合作社，为土地使用权制度改革创造条件，由农村社区 10 位农民牵头，土地使用权作价入股，成立土地合作社，并带动周边 250 户农户，将合作社土地 1 600 亩的土地使用权作为抵押，从农村信用社获得 50 万元的贷款，土地还归合作社成员农户使用，土地的生产功能没有降低，同时为合作社发展提供了 50 万元金融资本，缓解了合作社资本短缺的情况。

案例 6-34　人力资本的整合

合作社成员农户 200 户，其中关键劳动力 150 人，合作社将这 150 人组成一个劳务公司，为附近家庭农场、合作社提供农业劳动服务，并且提供车、餐费和优惠的劳务价格，以缓解周边合作社和家庭农场的劳动力短缺，同时为合作社赚中介费，农户也获得了工资，三者需求都得到满足。

案例 6-35　固定资产整合

合作社拥有拖拉机等农机设备，这些设备在农闲时放在仓库，不仅不能带来效益，还要支付维修费用，合作社将这些资产抵押给银行，获得金融资本，利用金融资本的有效运作，支付维修费用，缓解了金融资源的短缺，同时降低了资产的维护成本。

（3）创业团队的建构能力。第一，要有共同的愿景，合作的基础是具有共同的目标和创业愿景，在创业团队建构过程中，负责人要有效识别团队成员的创业目标和愿景，在充分沟通的基础上形成团队。第二，创业经验要有异质性和互补性，通过团队成员的经验交流，有效弥补内部创业经验不足、个体成员创业经验不完善等问题，这需要拥有异质性和互补性创业经验的人员组成团队。第三，相互合作和信任水平，创业团队需要共担风险和共享收益，这需要相互之间的信任和合作水平，尤其在农业内部创业，其风险和收益都具备较大的不确定性和风险性，更需要团队之间的信任和合作。第四，选择具有创新意识、能够识别创新机会、辨别投资风险的核心成员并提高其持股比例，有助于创业型合作组织的发展。

在模块化创业时代，建立基于模块的创业团队，可以使创业更有效率。从流程上看，创业需要解决的问题是，如何寻找创业机会、形成创业冲动和想法、获得办公场地、启动发展资金，以及技术实现、产品推广、法律、人事、工商等运营问题。

在创业过程中，每一个流程都是陷阱，都是不容易解决的，需要许多专属性的知识和手段，能够胜任的成员并不多。随着创业机构的出现，思达派、拉勾网、众创网等各样服务机构涌现。每一个流程的任何环节都需要专业团队实现，虽然能够实现标准化、模块化和产品化服务，在业务模式上，不同的环节之间都有模块化"接口"，但是，农村合作组织需要有效建构创业团队。

关于资本团队，随着股权众筹、全民天使和风投市场的迅速崛起，专业的投资人员是团队成员必需的，通过扩展农民专业合作社的资金来源，选择合适的资本投资方、合适的股权投资人，将促进创业型农村合作组织的发展。

关于创业空间建构人员选择"孵化器+众创空间+产业园"的模式，创业空间建构人员的职责包括租地装修，建构完善的孵化服务，为合作组织经营提供场地保障。

关于技术服务团队，如果找不到合适的技术合伙人，招聘不到合格的开发团队，不能快速建成技术产品团队，创业项目就不能有效开展，那么，技术服务可以内部研发，还可以技术外包，对于农村合作组织来说，技术外包是最优选择。

关于公关推广团队，在"渠道裂变+社交"等媒体涌现的时代，有策略地且以合理成本进行公关推广服务，不仅能够提高合作组织的知名度，建立品牌认知，还能够对后续创业环境产生实质性作用，如获得合作伙伴、建立竞争地位、获得新一轮融资。

法务、财务、人力应实现碎片化服务融合，碎片化模式主要是基于需求的不持续性和在特定场景下的需求。在组织创业过程中，存在一些组织非紧要、关键的服务，成熟组织要求非常严格规范的人力、法务、财务等服务，但前期需求简单，基本可通过付费形式完成，因此会形成碎片化服务。在创业服务市场中，目前这些服务还不太成熟，还正在尝试。

合作组织创业团队可以通过模块化组建，同时也可以通过碎片化组建，为农村合作经济创业提供专业化服务，实现合作组织层面上的创业。

3. 聘用职业经理人

提高合作组织负责人胜任力的替代方案还有聘请专业的职业经理人，通过职业经理人进行更有效的组织战略管理，提升组织的管理效率。由于农村合作组织在地理位置、薪酬方面等都不占优势，无法吸引具有战略眼光的职业经理人，替代方案是选择合适的内部管理成员，建立基于知识管理的农村合作组织，对管理比较成功或发展趋势较好的组织进行交流学习，提高其战略管理知识。此外，还可以通过政府的支持政策、业内专家的技术指导及媒体、舆论的宣传报道，激励内部管理者进行管理方面的创新，要积极通过外部学习，提高战略管理水平。培养具有前瞻性战略眼光的管理者，加强合作组织战略的前瞻性，通过目前先进的情报网络和分析工具预测或通过战略咨询机构预测未来的需求变化和市场变动，先于隐性或显性战略对手开发或引入新产品或服务，通过快速的市场反应提高组织效率。要维持创业型组织的成长，组织经营者应拥有充分的经营决策权和决策控制权（贺小刚和徐爽，2009）。

在聘用职业经理人的过程中，合作组织要遵循一定的原则：一是专业性原则，职业经理人必须从事过合作组织相关或类似的职业，是行业内部的专业人士，是懂专业、懂技术的职业经理人；二是符合组织的需求和认可组织的职业经理人，组织需求是最基本的原则，并且能够和当地合作社的内部成员有效沟通，提高沟通效率，因此其不能是"不接地气"的人；三是尽量从农业企业内部挖掘比较成熟的职业经理人，这些人带有渠道和客户资源，能够为组织带来成熟的资源。

案例6-36　职业经理人的培训

合作社在发展过程需要开展新的业务，需要新的业务管理人员，因此，合作社在开展创业的同时，应培训拟开展工作的管理人员，并且委派这些人员到外地考察、学习和参加培训，花费由合作社负担。这种方式是培养内部人员，其虽然有效，但是当内部管理人员不足时，就必须聘用职业经理人。聘用职业经理人可以通过专业的渠道，也可以通过猎头公司，聘用熟悉合作社业务的专业人士，但是这样做成本比较高。

理事会负责聘任经理层人员，并且结合合作社的经营特征和绩效特征，给予职业经理人合理的薪酬。此外，应建立有效的激励机制，激励专业化的经理层团队成员在组织内部冲突解决、创业行为和组织自愿配置中扮演重要角色。

职业经理人的聘用，关键是要激励经理层的创业行为，这就需要建立正确的激励机制，包括经理人的创业租金分成、创业风险承担和创业退出机制等，需要建立一个基于实践的经理层人员聘用机制。

（七）加强组织内部集体决策的有效性

1. 提高内部集体决策的有效性

合作组织是一个由异质性的个体形成的松散联结，一个微小的冲突都会造成这种联结的断裂，因此，如何协调冲突，形成一致的集体行动，是组织创业行为能否发生的关键。协调和解决冲突的能力主要是指在协调管理层形成一致决策，并且降低决策成本的能力。面对多变的市场竞争，如果不能形成有效的决策，组织生存将面临危机。形成组织层面的有效决策，不仅取决于组织负责人是否武断、权威和固执，更取决于组织负责人对组织内部存在的不同声音（决策噪声）的解决和协调能力，这种能力包括说服能力、分析能力和睿智的评判能力，其有利于形成权威的决策，协调不同的意见和冲突。冲突协调还包括组织和成员之间的冲突，在组织层面的创业过程中，成员农户可能与组织的战略决策有冲突，这时成员如果退出，就会影响组织创业的顺利实施，因此，组织管理者和负责人应该学会如何协调异质性成员之间的偏好，形成一致性意见，降低协调和决策成本。

决策的有效性主要体现在以下三个方面。一是决策时间的有效性。由于市场上创业机会的窗口期随着市场竞争的激励程度的增加而缩短，所以需要组织创业决策在时间上尽量缩短，尽量在机会窗口期关闭之前紧紧把握市场机会，获取创业利润，在时间上获取效率。建立在时间竞争基础上的效率，需要组织创业团队做到决策提出、集体商议、团队组建和实施创业，每一个过程和流程都要节约时间，紧密结合市场随时间的变化进行调整，从而实现时间上的有效性。二是成本上的有效性。农村合作组织是农民自身的组织，其先天具有节约成本的需要，这需要创业团队尽量降低决策创业成本，如创业资本的成本、创业方案的设计和执行成本、创业团队的执行成本等，实现成本的有效性需要精心设计创业方案，系统调动创业力量，有效整合创业资源，从而在完成既定创业目标的基础上，实现成本的降低。三是决策执行的有效性。不合理的决策或隐含冲突的决策常常导致时间和成本的有效性迟迟得不到落实，因此，决策的有效性还体现在执行人之间的协同效率上，决策必定隐含着不同人实施不同行为的要求，并且这些行为通过并行或串行来实施，如果执行人之间存在矛盾和冲突，那么在执行过程中，无论多么有效率的决策，都得不到顺利执行，这会导致决策的效率下降，因此，在决策执行团体和人员方面的配置上一定要有效率。

2. 提高内部集体决策的公平性

第一，组织内部实行专业化、民主化、透明化的决策机制，全面完善内部集体决策组织机构、执行程序、制度保障等方面；第二，根据合作组织的业务特点成立专业的决策团队，这些团队在进行重大战略规划和投资决策时要进行充分的调研考察、风险评估、集体讨论等决策流程，并且在组织制度上建立制衡约束和奖罚机制；第三，形成内部集体决策的相互制衡机制，包括业务部门、决策团队和合作组织领导人团队，三方形成有效的制衡机制，通过透明的专业决策程序，实现决策的公平性。

由于农村合作组织是一个由松散的合作机制形成的组织，组织决策的公平性就非常重要，需要建立一个内部集体公平的决策机制。集体决策的公平性主要体现在决策形成的公平和实施的公平两方面。决策的公平性主要体现在组织集体决策方面，集体决策机制是否有效形成是判断合作组织真伪的标志。集体决策主要体现在决策权的配置方面，决策权的配置是兼顾公平和效率两方面的，在效率方面已经深入探讨，在公平方面的研究相对较弱。决策权配置效率关键在核心成员和普通成员方面（这是我国合作组织的特色），如果仅仅照顾核心成员的决策权，那么在效率上可能有所提高，但是在公平上较弱，如果兼顾普通成员的决策权，那么决策效率有可能降低，但是公平性会提高。因此，在效率和公平之间需要寻找一个最佳平衡点，而随着合作组织的具体特征的不同，这个平衡点所处的位置也不同，因此，其平衡是一个动态平衡，并没有唯一不变的均衡点，只能选择一定的范围和区间，创业者需要在公平与合理之间选择一个最佳的平衡点。

创业决策实施的公平性主要体现在实施群体收益的配置方面，收益的配置与收益创造的结构相关，而结构与实施权力的配置相关，因此，实施的公平性与实施权力的配置相关。实施权力的配置首先在创业团队内部，包括创业者和跟随者之间的配置，创业者提供创业想法，想法是一个实施的流程，在实施下一个过程前，创业实施的想法是无法显性表示的，因此，由于控制了未来实施的方案和想法，创业者在实施过程中占据主导地位；而跟随者一般按照创业者的想法执行一些流程业务，因此其在决策实施过程中，并没有创新性的实质要件，只能配置较少的决策权。所以说，实施决策权的配置关键在于创业者和创业团队的核心成员。

案例 6-37　决策权配置的公平性

某月季合作社董事长王某，主要负责决策是否进行电子商务创业，即是否建立月季电子交易平台；而具体创业是由经理层的李某负责，李某负责组建团队，团队包括技术人员、交易人员和信息搜集人员，并且成立不同部门，承担创业的不同任务，实现决策权的配置和实施权的配置。当收益获得时，由董事长王某和监事会等成员集体决策收益的分配，收益决策具有效率，但缺乏公平性。创业想法和方案制订、实施和执行由创业团队完成，团队内部最了解创业过程中的努力分布和贡献程度，因此，团队对收益分配的决策最具有公平性和效率性。

在决策效率方面，宏观离散型决策由合作社负责人负责，而创业过程中的碎片化决策，则由创业团队负责人和内部成员负责。这种层级性的决策机制带来了一定的效率，同时也具有一定的缺陷性。效率在于其与创业流程一致，符合创业不同阶段的特征；而缺陷在于风险阶段收益分配不一致，风险阶段收益的配置应与风险承担一致，而不是机械地按照阶层决策来实施。

3. 降低组织内部集体决策的成本

首先，降低决策的协调成本，降低集体决策时成员之间的冲突协调成本，其关键是实现内部信息的有效沟通，建立一个激励私人信息公开的机制，通过影响个体利益激励个体提供私人信息。其次，降低决策的谈判成本，组织成员的异质性增强，具备不同需求和偏好的成员之间需要讨价还价，异质性越强，就同一决策达成一致的困难越大，讨价还价成本越高，通过建立组织内部有效的沟通机制，实施群体讨价还价模式，缩减讨价还价的次数和时间，从而降低谈判成本。最后，降低影响成本，当组织决策影响成员利益分享或成本分担时，利益相关者会试图扭曲组织决策来获取潜在收益，产生造成决策效率低下的"影响成本"。协调异质性成员利益所求，可以选择合适的组织决策模式和设计合理的管理者激励机制来降低影响成本（蔡荣，2011）。

集体决策成本的大小，关键在于组织内部和外部协调所产生的成本大小。其中，内部协调成本主要为创业团队内部就创业项目内容、流程及所能涉及的边界的协商、谈判和调整所需要的时间、花费和避免机会主义行为所付出的成本。在创业决策中，不可避免在创业团队内部产生冲突和不一致，这些因素导致创业决策的形成障碍。要最小成本地克服这些障碍，就需要在内部建立有效的沟通和交流机制，使内部障碍被有效克服，这些机制包括阶层上下之间、横向团队成员之间的有效沟通和协调，包括权威协调和魅力协调，使用多元协调机制，从而压缩协调成本。在创业决策方面，还包括外部协调成本，因为创业决策需要外部市场主体的协调，才能有效实施创业决策。外部协调包括与创业项目有关的外部市场主体，包括资源部门、上下游部门和市场管理部门之间的协调，这种协调需要建构有效的网络，通过网络的有效运营，达到降低外部协调成本的目的。

内部协调和外部协调都需要比较完善的创业项目和实施计划，通过一个完善的市场策划和运营，说服相关部门按照创业计划配合创业项目实施，从而降低创业实施过程中的时间和资源浪费。

（八）加强合作组织内部网络建设

1. 加强组织内部管理网络建设

内部管理层是合作组织战略的制定者和实施者，只有内部管理层不断沟通并动态配合，才能针对外部环境形成一个动态的创业导向战略，因此，需要加强内部管理层网络建设。首先，加强组织内部管理之间的信任建设，在组织内部建立基于关系和基于制度的双重信任机制，通过正式、非正式沟通方式，促进信息和知识在管理层之间的流动，清除影响信任产生的障碍性因素，提高信任水平。其次，建立组织内部网络有效的风险分担机制，组织内部能否形成有效的风险承担的战略管理模式，关键在于管理风险在管理团队成员的分担机制是否完善，内部组织网络只有在相互信任，且给予对方可信性承诺的基础上，才能形成有效的风险分担机制。最后，建立组织内部有效的成本分担机制，内部网络是否能够形成有效的决策，还在于这种决策造成的损失和成本如何在决策个体之间分担，组织内部通过正式制度明晰决策成本的分担是一种解决方式，另外，成员之间针对项目进行有效沟通，动态调整成本分担，以便形成有效的决策应对市场，也是组织内部网络实施和建设的重要方面。

在组织创业层面，内部网络管理不仅包括创业团队的网络管理，还包括非创业团队和创业团队之间的协调。创业团队内部的网络管理，最关键的是识别能力特征，即团队每一个成员所具备的能力特征，在成员交流和互动过程中，这一点进一步得到证实，依据不同能力特征，在网络中分配不同的角色，从而实现网络节点之间有效的配合，实现网络内部的有效分工和配合，从而提高组织内部网络运营效率。组织内部网络管理还包括网络的结构管理，因此要使网络结构与创业流程的不同阶段相配合。例如，在创业团队建构阶段，需要具备关系营运管理能力的人员负责建构团队，并形成有效的团队关系管理；在资源筹集阶段，需要能够获得资源和融资核心能力的人员进行网络管理，这样才能使组织结构与创业流程动态匹配，有效实现团队内部的网络管理。

组织内部网络管理还包括创业团队和非创业团队之间的网络管理，在组织内部，创业项目不是仅集中在某一个方面，而是常常在许多方面同时体现。在这种条件下，创业团队和非创业团队之间存在一种内部竞争关系，但是，它们同属于一个组织，是组织内部关系和网络的一部分，如何协调这种创业和非创业群体之间的矛盾和冲突，是组织内部网络管理的一个重要部分。这种网络管理要体现创业导向的特征，包括风险在网络中的配置、创新组织和超前行为的决策体系在组织内部的分布。从创业导向视角看，组织和管理内部创业和非创业网络，使组织内部创业和非创业的经营行为得以平衡，从而平衡内部的风险和收益的配置，使组织获得可持续发展。

2. 加强组织内部普通成员之间的网络建设

普通成员之间形成的网络同样是知识共享、风险分担和互助的有机体，能够推动组织创业导向战略的形成。首先，建立网络沟通平台，利用现代网络技术，如微信、微博等沟通媒介，提高合作组织内部普通成员之间交流的次数和时间，推动成员之间相互了解，促进信息沟通。其次，以合作组织为主导，就组织内部核心业务打造一个普通成员的学习和交流平台，针对内部成员，开放式使用这个平台进行学习和经验交流。最后，在普通成员之间形成一个互助、互信和共担风险的文化氛围，基于社区建立有效的社会排斥和惩罚机制，降低普通成员的机会主义行为。

在合作组织内部，普通成员只单独与组织领导层或核心成员进行交流，或者形成阶层的管理关系，而在组织中处于平行阶层的组织普通成员，相对缺乏交流网络。组织内部普通成员之间的交流网络建设，对创业导向战略的建立非常重要，因为他们是组织创业行为的最终执行者，并且担负一线生产任务。组织内部普通成员之间的网络建设主要从以下三个方面进行。首先，是技术网络建设，技术研发属于顶层或外部主体的任务，而技术的使用却是组织普通成员的事情，技术的理解和使用，不仅仅是标准的问题，而且是普通成员内在使用过程中的摸索和实践问题，这种摸索和实践是默识性的知识，只有在这种知识不断交流和学习的过程中，效率才能逐步提升。技术网络可以通过学习交流和正规培训建立，可以通过观摩学习、座谈和现场指导来形成，也可通过基于地理区位的社会网络交流来形成，还可通过组织成员之间随机形成的群体网络形成。其次，是资本网络建设，普通成员在资本筹集方面被约束，通过组织内部普通成员之间的资本交流，可以在一定程度上缓解资本约束。最后，普通成员之间的网络建设还包括制度方面的交流，就创业管理制度方面而言，普通成员更了解如何管理、执行制度，所以其对顶层制定的制度有更深的了解，从而能够推动制度的创新。

3. 加强网络之间的纵向沟通

在组织内部形成了不同的群体网络，包括创业团队网络、核心成员网络和普通成员网络等，而组织创业所需要的风险承担、创新和超前行为的形成，都需要不同网络之间进行有效的沟通和交流，因此，需要加强不同网络之间的沟通。这种沟通包括纵向和横向两种类型。

纵向网络包括核心成员网络与普通成员网络，属于创业决策层和决策执行层之间的沟通桥梁，之所以要形成有效的网络，是因为要处理创业决策制定和执行之间的矛盾。内部核心成员网络和普通成员网络，在权力配置上处于领导和被领导的地位，而这种基于权威的管理和配置，存在一定的负面影响，需要建立有效的非权威的组织沟通，从而有效推动核心层和普通成员的有效沟通。

加强管理层网络和普通社员网络两者的融合，推动组织创业导向战略的形成和有效执行。首先，将普通成员依据一定标准划分为若干群组，将管理层成员嵌入每一个群组，负责这一群组的生产技术和产品服务，将管理层成员和基层融合在一起，形成纵向有效的沟通。这种相互嵌入的模式，能够有效推动两者之间的沟通，普通成员能够有效了解核心层在创业方面的关键想法、实施步骤和主要信息点；核心成员能够了解创业的实际操作过程存在哪些问题和障碍，如何动态实施创业计划的调整。同时，这种相互嵌入的方式也形成一种制衡关系，能够有效杜绝在制订创业计划时，缺乏全面兼顾和考虑。其次，关于如何在不同的网络之间分配风险，创业风险需要有效的承担机制，其不仅仅在创业团队内部，而且在不同的网络之间，如管理层应该分担的比例、操作的生产群组应该承担的比例，这需要不同网络之间形成有效沟通，将风险有效分散到生产群组中，以管理人员为核心，形成群组内部风险共担机制。最后，关于如何分担创业成本的问题，应在不同创业网络之间形成有效的成本分担机制，并就不同群体分担成本形成有效的管理机制，形成制度，使成本能够被有效分担，这种分担包括以管理层在内的生产群组为单位，形成有效的成本分担机制，对创新、风险决策和竞争过程中产生的成本进行有效分担。

案例 6-38　辣椒合作社的风险管理机制

湖北某辣酱制造厂，在辣椒生产地寻找一个合作社进行合作，合作社接到特种辣椒种植合约后，形成一个创业行为，因为该品种生产特性、储藏和销售特性都存在较大的不确定性，并且合约执行过程中"敲竹杠"行为也使该创业行为具有较大的不确定性。另外，该合约仅仅口头形成，由购买方提供辣椒种子和技术方案，而合作社方面只负责生产环节，所有生产风险由合作社承担，如果合约得不到有效执行，销售风险也由合作社承担。该合作社的特殊之处在于其由几个核心大户和若干小户形成，核心大户形成一致意见，接受合约进行创业，但普通小户对风险的评估和认识不足，处于犹豫态势，如何形成有效的风险管理直接决定了小户对待创业的态度。

最后形成的决议是，由几个大户承担小户的生产风险，如果产品低于合同价销售，按照一定的比例，大户承担小户的销售风险，至于生产阶段的风险各自承担。在辣椒成熟时，由于辣酱厂没有及时来收，因此几个大户组织车辆，采摘辣椒直接送到辣酱厂，减小了合作社的损失，这就是在遇到购买商"敲竹杠"行为所造成风险时，大户和小户形成的有效的风险分担和成本分担机制。

在该案例中，如果没有在组织内部形成有效的网络管理机制，那么将很难有效解决风险和成本分担的问题。核心成员组成的管理层对普通成员具有领导和约束作用，但其并没有强制执行，而是通过沟通和协商，形成双方有效的成本分担机制。当面临创业问题时，双方有效沟通，形成一种合理的问题解决机制，从而有效化解创业风险。

（九）加强组织内部连接紧密程度建设

创业导向战略是一种高风险、高资源消耗的战略，需要合作组织集体行动才能够完成，因此，要提高合作组织内部连接紧密程度。这种紧密程度主要体现在成员与合作组织之间产品和服务、资本、利益的紧密性方面。

1. 提高成员与组织之间产品和服务的连接紧密程度

合作组织产品和服务的形成和销售过程，需要组织成员和组织之间形成有效的协调机制，促使成员和组织战略行为一致。组织和成员之间存在的冲突，主要体现在生产标准的执行、监督和实施方面。这种监督不能变成一种上级对下级的监督，否则会产生更多的机会主义行为，更多的应该是组织成员内部之间的平行监督，其更多是依靠组织成员之间的社会网络形成的监督体系，使组织和成员在服务和产品标准方面连接紧密。

（1）成员和组织形成一个生产共同体。组织为成员提供原材料、技术和生产过程服务，农户提供劳动力和土地，双方就某一产品或服务形成一个生产共同体，共同承担生产所带来的风险，共享收益。由于农业生产监督较为困难，通过生产共同体内部成员的自我监督，生产流程和生产标准得以准确执行。在实施过程中，生产共同体形成一系列标准化、制度化的生产流程，并对相关成员进行培训，建立一个相互监督的网格化管理机制，保障制度得以执行，并对产品进行抽检，对执行较好的给予奖励。

（2）成员和组织形成一个销售共同体。合作组织和成员就某一产品销售形成一个销售共同体，共同承担市场风险，集体对抗市场风险。在销售共同体形成之初，关键是风险和收益承担方面的配置，如果合作组织承担销售风险，那么给予成员的价格就会偏低，价格剩余会形成风险溢价；如果组织和成员共同承担风险，那么两者之间就会存在一个最优的风险承担合约，这种风险合约主要体现在约定的价格方面。

（3）成员和组织形成生产、销售综合共同体。融合前两种共同体的特征，合作组织承担成员的生产和销售服务，实现生产和销售过程的统一管理。组织和成员之间实现生产和销售的一体化，不仅要体现生产的监督问题，还要体现市场风险的分担问题。因此，应在生产监督的基础上，形成纵向一体化合约，实现合作组织和成员在产品和服务方面的连接，从而形成有效的管理。

2. 提高成员与组织之间的资本连接紧密程度

成员与合作组织不仅仅形成生产和销售的连接，在创业导向战略驱动下，更多的是形成一种资本连接，无论是组织创业还是个体创业，资本都是创业必需品，在创业导向下，组织成员之间通过资本进行连接，为组织创业提供所需的资本和资源。由于资本的形式多样，成员之间的资本连接也表现出多种形式。

首先，形成金融互助共同体，成员和组织形成一个金融互助共同体，组织为成员提供担保、帮助成员从正规金融机构融资，成员为组织提供股金，集合资金为组织经营提供资本。资本互助合约可以体现为成员之间的自我组合和资金富裕的帮助资金缺乏的，也可建立一个平台，通过平台筹集资金，并且形成有效的担保机制，在保障资金安全的基础上，按照成员的需求提供资本帮助，并建立一个有效的群体决策机制，保障资本的安全。此外，组织内部可以实现金融互助，形成完善的内部融资机制。

其次，形成土地股份合作社，成员农户以土地作为资本入股，参与合作组织经营，承担经营风险，获得经营收益。在土地确权的基础上，以土地为连接机制，将成员资本整合起来，为组织创业提供资本保障。土地作为资本连接媒介时，关键是如何定价的问题，不同成员的土地由于区位、肥沃程度或其他方面因素，价格可能不相同，如何正确定价是形成连接的关键。

最后，形成缴纳股金或抵押金制度，约束农户的机会主义行为，形成利益共同体，同时为合作组织发展提供资本支持。无论是股金还是抵押金，都是组织可运用的资本，但是这种资本在运用过程中，使用者容易发生机会主义行为，导致资源浪费或资金流失，因此在以这种方式进行资本连接时，应建立完善的资本监管机制，使该资本被正确使用。

3. 提高成员与组织之间的利益连接紧密程度

第一，内部形成公平合理的利益分配机制。内部形成按股分红、按惠顾额分配、二次返利等多种分配模式，通过利益分配模式的创新，形成一个利益共同体，为合作组织集体创业提供保障。成员要与组织形成一个利益共同体，推动成员集体行为和组织行为一致，要建立正确的利益机制，建立一个激励相容的组织和成员的利益分配机制。利益分配机制的关键在于组织和成员之间的谈判能力的对比，成员对组织的忠诚感和对组织可持续发展的前景预期。作为理性的成员，其选择基于自身的利益最大化，自身利益最大化的基础是组织能够获得足够多的利润，并且这些利润能够通过一定的机制，分配给组织成员。对组织创业，普通成员并没有太多的关注，其关注的是组织的创业行为能否为自己带来预期的利润，而这部分利润能否合理分配给自己。因此，内部利益的分配非常重要。

第二，建立一个未来期权的利益配置机制。组织创业收益存在不确定性和风险，未来期权的合理配置能够有效推动组织内部的创业合作，从而在组织内部建立创业导向战略。创业的收益，有些可以实现，有些只能预期。在风险状况下，预期利润的分配成为期权的分配，如何使参与创业的成员获得稳定的期权，是组织创业必须考虑的问题。期权的分配与已经实现的收益分配不同，其更多的是不确定性，成员对期权的理解不同。尤其是一般成员，其更趋于现实，如果分配一定的期权，其对期权的确定性等理解不够，就会排斥期权的分配机制；而对于核心成员，期权的分配将十分重要。

第三，建立事前投资和事后利益分配的联动机制。在组织内部实行创业投资的项目制，按照创业项目，根据自愿原则进行投资，按照投资和项目创业利润进行事后收益分配。资本与机会识别同样需要利益，按照创业项目投资和贡献，在事后设计有效的利益分配，保障事前和事后一致，即兑现创业前的承诺，在不确定的情况下提出承诺，在风险状况下或确定利润空间分布的状况下兑现承诺，保障组织创业项目的可持续进行。

收益分配方案的形成有以下两个步骤。首先，将事前投资依据创业项目的需求，按照重要程度和规模进行排序，并有效地记录和公示，并得到创业团队成员的集体认可，然后按照创业的动态变化进行调整，形成一个动态的事前调整方案。其次，将事后收益和事前投资，包括人力资本投资，逐一联系起来，确认事后收益的分配方案，然后使收益分配方案得到创业团队的认可，形成一种公平和效率兼顾的方案。

第七章　创业导向对农村合作组织
绩效影响实证研究

创业导向作为组织重要战略，对组织绩效的作用效果及其机制还处于探索阶段。对于具有中国特色的农村合作组织，探讨创业导向对组织绩效的影响及其作用机制，具有十分重要的现实意义。农村合作组织本质上是利益相关者之间的关系联结（黄胜忠，2014），核心利益相关者对组织战略管理的制定和执行起到关键作用，是组织战略的制定者和具体执行者；创业导向战略对绩效的关键机制，是内部核心利益相关者的企业家才能；相关研究发现，企业家才能对农村合作组织绩效起到推动作用（李道和和陈江华，2014），与合作组织绩效之间具有明显的正相关关系（彭莹莹和苑鹏，2014）。尤其是理事长对创业机会的发现能力、资源整合能力、学习能力和冲突协调能力，对农村合作组织发展具有显著促进作用（舒歆和骆毅，2012），合作社领导人的"企业家"行为是影响合作社组织绩效的直接因素（孙亚范和余海鹏，2012）。综上所述，学者重点关注企业家才能对农村合作组织绩效的影响，相对而言，缺乏创业导向战略对组织绩效影响的正确评估，本章拟分析创业导向对农村合作组织绩效的影响程度及内部机理。

一、研究背景

创业导向对创业绩效影响的"黑箱问题"一直是创业管理学界关注的焦点问题之一（谢洪明和程聪，2012）。针对农村合作组织这个极具特色的组织，对其绩效影响因素的研究，大多从组织结构（邵科等，2014）、治理结构（徐旭初和吴彬，2010）、合作组织类型（杨军，2014）、利益分配机制（赵彩云等，2013）、制度变迁（江欢和庄丰池，2013）等着手。关于绩效，主要是从组织层面和成员层面两个方面探讨（孙艳华和刘乐英，2013）。创业导向作为组织层面的战略管理，在合作组织绩效影响因素研究中相对缺乏，关注的焦点也多集中在企业家能力、能人治理方面。例如，胡平波（2013）研究发现，企业家经营管理能力对合作社的组织绩效、治理绩效和社会绩效具有显著的提升作用；刘小童等（2013）研究发现，农民专业合作社能人治理与其经营绩效具有正相关关系。以上研究集中在合作组织负责人、管理层等核心利益相关者的企业家能力对组织绩效的影响等方面，至于这些核心人员通过什么战略和机制来影响绩效的变动，相对而言仍缺乏研究。创业导向战略作为企业家能力在战略管理中的体现，针对其对组织绩效的影响机制进行探讨，有助于揭示企业家能力提升组织绩效作用的黑箱。因此，本章重点探讨创业导向对组织绩效的影响程度及影响机制。

二、研究假设

在创业导向研究领域中，针对创业导向与组织绩效之间的关系，从直接关系、调节变量到中介机制，学术界积累了大量文献。张骁和胡丽娜（2013）利用元分析技术，通过对 1990~2012 年 135 个研究样本的研究发现，创业导向与企业绩效的相关程度为中等（$r = 0.307$），两者之间的关系受国家发达程度、组织所处行业、绩效测量方式及研究时点等因素不同程度的影响，这表明两者之间的关系受时空、行业特征及绩效评价标准的影响。邢钰和郑丹辉（2014）研究了创业导向与组织成长之间的关系，研究发现，创业导向正向促进组织的成长，创业导向和组织成长之间的关系受环境动态性的正向调节作用，这种调节作用具有阶段性特征，与成熟期相比，初成长期环境动态性的正向调节效果更加明显。Covin等（2006）的研究认为，创业导向对组织的销售增长率具有显著正向作用，这种正向作用受战略决策流程的影响。

（一）创业导向对合作组织绩效的影响

创业导向整体是创业导向五个维度的综合，反映了组织层面的创业精神，其对组织绩效具有促进作用。第一，创业导向通过提高组织内部创新获得先行优势，从而抢占更多的市场份额，提高客户的价值，提升组织绩效。第二，合作组织本身是替代农户进入市场进行竞争的，是降低交易成本、替代个体竞争而进入市场的工具，创业导向的竞争积极性提高这种竞争能力，提升合作组织参与竞争的意识和态度，提升其关注市场、对手和客户的行为，从而影响组织的绩效。第三，合作组织的风险承担激励采取更强的创新和超前行动，击败对手获得竞争优势，从而提高组织绩效。第四，创新和超前行动需要给予组织内部个体或群体充分的自主以进行创业和创新探索，营造一种自主创新和创业的内部氛围，催生创新和创业，从而提高组织绩效。

相关研究也表明，创业导向战略对组织绩效具有显著正向影响，如 Z. Tang 和 J. Tang（2012）以转型阶段中国的中小企业为研究对象，经过研究认为创业导向与组织绩效呈现倒"U"形关系，这种关系受到防御型战略的调节，防御型战略强化了这种曲线关系。Engelen 等（2014）基于资源基础理论和动态能力理论，通过引入吸收能力为调节变量，分析创业导向与组织绩效的关系，实证结果显示，在动荡环境下，吸收能力能够强化创业导向与组织绩效之间的正向关系。Arshad 等（2014）关于马来西亚科技型中小企业的研究发现，创业导向与组织绩效显著正相关，在各个维度中，除自主性影响在 5%的统计水平上不显著相关以外，其他所有维度与组织绩效都显著相关。创业导向不同维度对组织绩效的影响效果和机制不同，创业导向的三个维度对组织绩效均存在显著的促进作用（吴建祖和龚雪芹，2015）。邢蕊和王国红（2015）通过建构"创业导向战略−创新意愿−创新行为"理论模型，研究发现创业导向对在孵企业创新绩效存在显著正向影响。创业导向通过调节政府与组织之间的关系推动组织绩效的提升（郑山水，2015）。综上所述提出假设 7-1。

假设 7-1：创业导向整体对农村合作组织绩效具有显著促进作用。

Lumpkin 和 Dess（1996）认为，由于创业导向是高资源消耗的战略，有必要探索创业导向不同维度对绩效的影响，深入研究组织创业导向子维度对组织绩效的影响，有助于更深入细致地考察两者之间的关系。Kreiser 和 Marino（2013）认为传统的研究只关注创业导向整体对组织绩效的影响，缺乏不同维度对组织绩效影响的差异方面的分析。本章按照这样的逻辑，在理论上考察组织创业导向五个维度对组织绩效的影响。Wiklund 和 Shepherd（2005）研究认为，创业导向对组织绩效的影响受资本可获得性、环境动态性等因素的影响，总体而言，创业导向与资本可获得性、环境动态性两两的交互效应构造模型对绩效变化的解释力不如创业导向与资源可获得性、环境动态性三者的交互效应构造模型。

创新性是指组织从事和支持可能产生新产品、新服务、新技术的创意、试验、创造性活动的意识和倾向。如果一个合作组织具有较强的创新意识和倾向，并且具备较强的创新能力，相对于其他组织来说，就会有更大的概率开发出新产品或新技术，先于其他组织获得发展机会和竞争优势，从而获得相对较高的利润。

Kraus（2013）以服务公司为研究对象，发现在创业导向子维度中，创新行为维度是作用最大的子维度。Kollmann 和 Stockmann（2014）研究发现，探索式创新和榨取式创新对组织绩效影响存在差异，但都显著提高组织绩效。

农村合作组织的创新重点集中在产品创新、服务创新、技术创新和制度创新四方面，黄祖辉和扶玉枝（2012）研究认为，依据产品特征进行的产品技术创新对合作组织效率具有显著正向影响。孙亚范和姜永刚（2010a）研究发现，适合农户需求的服务模式创新是服务合作社快速成长的关键。农村合作组织还承担农户、企业、科研高校和科技服务机构之间的桥梁作用，加快科技创新与成果转化，提升组织绩效（李湘玲和余吉安，2012）。董晓波（2010a）研究发现，合作组织内部高管集体创新与合作组织经济绩效和社会绩效都呈显著正相关关系。孙艳华等（2009）、郑飞虎和徐伟（2014）、刘同山和孔祥智（2014）等的研究表明，制度创新能够使合作组织由低水平向高水平均衡跃迁，提升农村合作组织绩效。综上所述，提出假设 7-1-1。

假设 7-1-1：创新性对农村合作组织绩效具有正向显著促进作用。

超前行动是一个组织具有前瞻性视野的程度和探索发展机会的行动，这样的组织先于对手开发和推出新产品，对市场需求的变化进行前瞻性反应，具有积极的竞争意识和行为。具备超前行动的组织通过两种途径提升组织绩效，一是组织率先推出某种全新产品和新服务打入市场，由于缺乏竞争对手，在一定时间内能够获得垄断利润从而提高组织绩效；二是在某个市场领域内建立良好品牌认知，依靠良好的组织形象和客户忠诚度，保持已有的市场份额，从而获得绩效提升。Kraus 等（2012）在对挪威中小企业的研究中发现，超前行动公司在危机经济环境中显著正向提升企业绩效。

农村合作组织在经营模式上已经存在先动优势，先行将农户融入自身经营体系，具有较强的向上和向下的兼容性，是一种弹性极强的组织形式，能适应不同的经济条件，具有很好的适应性效率（李谷成和李崇光，2012）。一些合作组织在营销模式方面的创新使其超前行动获得竞争优势，提高组织绩效（古川，2013）。与其他组织相比，合作组织内生于农村地区，基于农村社区网络，在土地资本、人力资本等资源获得方面具有超前行动性，能够为提升组织绩效提供成本优势，从而提升组织绩效。综上所述，提出假设 7-1-2。

假设 7-1-2：超前行动对农村合作组织绩效具有显著促进作用。

风险承担性反映的是组织冒风险大胆行动，抓住创业机会，投资高风险项目，以大胆积极的态度把握潜在机会。首先，风险和收益相对应，较高的风险在一定程度上带来较高的收益；其次，风险承担往往被创业机会和组织的超前行动驱动（Tang et al.，2009），高的风险承担性往往伴随组织的创新创业和超前行动，而这些行动往往给组织带来高额的利润，提升组织的绩效。最后，大胆和冒险的决策会增加组织盈利和亏损投资项目的数量，虽然较高的风险会导致绩效方差增加，但同时也会使绩效的平均值增加。

黄胜忠和徐旭初（2008）研究发现，在成员异质性条件下，少数核心成员扮演资本家和企业家的角色,将剩余索取权和控制权集于一身,使风险承担和风险来源统一,这种组织结构有利于吸引核心成员加大资本、人力和社会资源投入,使合作组织市场适应能力提高。戈锦文等(2015)研究发现,魅力型合作组织负责人的风险承担行为有力地促进了成员农户尝试新技术、新品种的信心,推动组织创新发生,从而提高组织绩效。综上所述,本章提出假设7-1-3。

假设7-1-3:风险承担性对农村合作组织绩效具有显著促进作用。

自主性是指组织内部具有创新想法的个人或团队能够自由提出自己的想法和愿景,并将它实行到底的需求和行为,即个人或团队自主探索新机会的能力和意愿是组织创新的源泉。如果组织内部个体或团队具有较强的自主性,就会提高组织创新发生的概率,进而带动绩效提升。此外,自主性强的组织也会增强成员责任感和积极性,从而带动组织绩效的提升。王益富等(2012)研究发现,工作自主性对员工的工作态度和工作绩效等结果变量具有显著效应。宋典等(2011)研究发现,组织内部建构工作自主的工作氛围,鼓励员工自主创新,员工感知到的工作价值较高,有利于员工创新行为,从而可以提升组织绩效。综上所述,本章提出假设7-1-4。

假设7-1-4:自主性对农村合作组织绩效具有显著促进作用。

竞争积极性是指组织为了获得竞争优势、扩大市场份额,而对竞争对手进行的关注、信息搜集和战略应对。如果组织在所经营产品市场中占绝对优势,通过对竞争对手信息的搜集、对其战略的讨论和应对,抓住合适的机会快速反应,采取猛烈、有效、及时的竞争手段击垮对手,从而获得较大市场份额;如果处于弱势地位,则可通过信息搜集、战略应对来稳住自身的市场份额,伺机扩大市场份额。冯海燕和王方华(2015)对327家中国企业的分析表明,组织的竞争进取性显著促进竞争优势的形成,进而促进组织绩效的提升,竞争进取对收益性的作用大于创新先动。农村合作组织本身是农民通过自组织或他组织来形成集体行动,应对市场竞争的一种有效模式,相对而言,其竞争积极性较强。具有较强竞争意识的农村合作组织,其生存绩效和经济绩效都强于其他组织,因此,本章提出假设7-1-5。

假设7-1-5:竞争积极性对农村合作组织绩效具有显著促进作用。

(二)市场导向、组织学习、跨组织合作的中介作用

在分析创业导向与组织绩效的过程中,学者关注中介路径和调节效应。中介路径主要包括胜任力、企业联盟和新企业能力;调节效应主要包括财务资源、人力资源和环境动荡性。相关学者希望通过这些中介变量和调节变量的引入,揭示创业导向与组织绩效之间的黑箱(何良兴,2014)。创业导向作为组织管理中的

一种独特心智模式，是合作组织这种新型合作经营企业发展的决定性理念，为新型农村合作组织提供了一个应对环境动荡所产生的组织危机的很好的战略应对平台和基础，但创业导向并不是简单直接转化为合作组织绩效，而是随着合作组织的发展不断演化，中间也同样存在转化路径"黑箱"。在创业导向到绩效的转化过程中，需要组织内部有效的整合行为，通过资源整合的行为和过程，发挥创业导向转化为组织绩效的中介作用（Lumpkin and Dess，1996）。目前中介作用探讨的重点是市场导向、组织学习、跨组织合作能力（郑馨，2008）。

1. 市场导向中介作用

1）创业导向与市场导向

市场导向是指一系列旨在通过不断跟踪市场需求，为客户创造更多价值的跨职能行为，强调的是对客户需求的预测和客户期望的满足。而创业导向是指通过具有风险的创新和超前行动，进入一个新的市场领域，是创造新的市场或进入新的市场，是创造市场的行为。

市场导向与创业导向存在正相关关系（Miles and Arnold，1991）。首先，市场导向要求对市场的需求密切关注，为组织创业提供有效的工具和路径，市场导向对市场的信息的搜集、加工和预测，有利于组织快速适应环境，提高组织对机会和威胁反应的速度。其次，创业导向不断探索产品和市场前景，必须关注客户需求和市场环境的变化，进一步推动市场导向的发生。最后，市场导向与创业导向维度之间在结构上存在一定的关联关系，是一种相互嵌入、互为中介的关系（Kwak et al.，2013）。综上所述，提出假设7-2-1。

假设7-2-1：创业导向对市场导向具有显著促进作用。

2）市场导向与组织绩效

首先，市场导向对组织创新绩效具有积极影响（阳银娟和陈劲，2015）。对客户信息和需求的全面了解，能够推动组织更深入地寻找、获取知识，有利于加快新产品开发和市场推广的速度，并且提高产品与客户需求的匹配程度。其次，市场导向不仅能够推动组织运用现有的知识、经验和能力满足当前客户的需求，而且能够推动组织探索、开发新的知识和能力来满足客户的需求，从而提升组织绩效（张千军和刘益，2014）。最后，市场导向要求满足不断变化的市场需求，需要持续不断地设计新产品、完善服务和流程来满足客户需求，从而提升组织绩效（段艳玲和张婧，2014）。综上所述，提出假设7-2-2。

假设7-2-2：市场导向对组织绩效具有显著促进作用。

3）市场导向的中介作用

创业导向是一种组织层面的创业精神，是指通过一系列的超前行动和积极竞争主动改变竞争优势和环境管理能力；而市场导向则是指在依据市场环境变化时做出有效反应和适应的能力。将两种导向协同，将有效提高组织的绩效，即通过创业导向开拓市场和争取新的市场和领域，通过市场导向稳定和提高已占有市场和领域的份额，满足已有市场客户需求，提升顾客价值，这样才能提高组织绩效。因此，市场导向在创业导向和组织绩效之间发挥着中介作用。

蒋峦等（2010）研究发现，市场导向在创业导向和组织绩效关系中起部分中介作用，并且创业导向不同维度的中介作用存在差异。李雪灵等（2010）运用"战略构念-市场行为-企业绩效"模式，分析市场中介在创业导向与创新绩效之间的关系，研究发现，市场导向在创业导向与绩效之间发挥的作用和作用的方向均不相同，积极的市场导向对创新性和超前行动有正向影响。Pratono 和 Mahmood（2015）研究发现，市场营销能力在创业导向与组织绩效关系中发挥部分中介作用。李先江（2012）研究发现，突破式营销创新在创业导向与组织绩效之间发挥完全中介作用。杜海东和刘捷萍（2014）研究认为，在创业导向对创新绩效的影响关系中，反应型和积极型市场导向起中介作用。综上所述，创业导向要求对市场进行动态反应，识别并把握市场变化过程的创业机会，通过组织的适应性创新满足顾客需求，从而提升组织绩效，这个过程的实现需要建立对市场快速反应和积极适应市场变化的市场导向战略，提出假设7-2-3。

假设7-2-3：市场导向在创业导向与组织绩效关系中具有中介作用。

假设7-2-3a：市场导向在创新性与组织绩效关系中具有中介作用。

假设7-2-3b：市场导向在超前行动与组织绩效关系中具有中介作用。

假设7-2-3c：市场导向在风险承担性与组织绩效关系中具有中介作用。

假设7-2-3d：市场导向在自主性与组织绩效关系中具有中介作用。

假设7-2-3e：市场导向在竞争积极性与组织绩效关系中具有中介作用。

2. 组织学习中介作用

1）创业导向与组织学习

组织学习是指组织在过去经验、活动的基础上，开发或发展相应能力和知识，并将这些知识和能力用以指导后面的行动，从而提高组织的竞争能力和绩效。组织学习使个体拥有的知识、能力和技能，通过集体互动获得充分交流沉淀，并通过组织自身信息机制得以储存、传播和开发，从而使组织在动态环境中得以发展。国内创业企业更倾向于开发式学习，重点依靠组织的创新思考和经验反思来提升组织绩效（陈文婷和惠方方，2014）。

创业导向战略能够促进组织学习。首先，创新性、超前行动、风险承担性、自主性和竞争积极性要求组织成员在执行这些行为时，不存在知识上和信息上的障碍，这种要求会激励内部知识和信息的交流，从而推动组织内部学习。其次，创业导向要求风险承担、创新和先动，这需要组织进行探索性活动来降低风险和失败的概率，从而推动组织学习（张根明和陈佩，2015）。最后，创业导向要求积极参与市场竞争、进行创新和承担风险，需要向竞争对手、合作伙伴、上下游企业，以及高校科研、政府部门及技术中介进行学习，依靠组织外部学习来降低外部风险和不确定性。Kreiser（2011）研究认为，创业导向能够强化组织层面的获得式和试验式学习，学习网络的宽度和网络的紧密程度影响创业导向与学习方式两者之间的关系，通过跨组织学习获得知识。综上所述，本章提出假设 7-3-1。

假设 7-3-1：创业导向对组织学习具有显著正向促进作用。

2）组织学习与组织绩效

首先，当组织面对复杂、动荡的外部环境时，学习能力较强的组织能够使成员对新信息的理解达成一致，从而有利于组织更有效地实施和执行项目和方案，关系较强的组织内部门之间、成员之间的学习能够有效提高组织绩效（陈国权等，2014）。其次，组织学习能够使组织内部不断分析、探讨制约组织绩效提升的因素，改正制约绩效提升的不足和缺陷。同时，组织学习反映一个组织学习承诺、分享愿景和心智开放的程度，组织学习能力越强，这种程度就越高，组织从外界吸收的知识就越多，其适应、预测和应对环境变化的能力和效果就越强。最后，组织外部学习能够显著提升组织绩效，基于外部网络的学习能够使组织获得发展和绩效提升所必需的知识资源，组织通过选择与研发网络分散化相匹配的不同组织学习顺序，推动组织绩效的提升（魏江等，2014a）。

蒋建华等（2014）利用元分析技术分析组织学习与财务、非财务绩效的关系，研究结果表明其存在显著相关关系（$r = 0.442$，$r_{nf} = 0.483$）。吴三清和王婧（2014）研究发现，组织学习与创新绩效存在正相关关系。李柏洲和徐广玉（2013）研究发现，组织学习的内外空间的紧密程度正向影响组织的创新绩效。陈国权和王晓辉（2012）研究发现，探索式学习和利用式学习对组织绩效具有正向影响。综上所述，提出假设 7-3-2。

假设 7-3-2：组织学习对组织绩效具有显著正向促进作用。

3）组织学习的中介作用

创业导向要求组织能够迅速抓住市场中的创业机会，随着市场环境的高度动态化和复杂化，消费者和竞争对手的信息获得和预期难度增加，这种不确定性蕴含着丰富的创业机会。组织依靠本身较高的战略灵活性和较低的结构惰性，更加敏锐地感知环境中需求的变化和机会的识别，积极发掘并抓住商业机会，从而获得成长空间。创业导向战略使组织能够与外部环境进行有效互动，并及时调整行为进行有效反应，这需要在组织内部和外部学习，从而充分发挥创业导向对组织绩效的推动作用。

动荡和复杂的市场环境使组织选择创业导向战略，在从创业导向战略转化为组织绩效的过程中，需要组织学习的中介作用。在组织内部塑造学习导向的文化氛围是提升组织绩效的有效路径（李璟琰和焦豪，2008）。首先，在创新、风险承担、竞争积极等战略驱动下，管理团队中经理个人的前馈学习被知觉和解释触发，通过团队的整合和管理，被组织层面制度化和规则化，然后用以指导组织层面的行动，从而获得绩效提升（Brettel and Rottenberger，2013）。其次，在动态和复杂环境下，组织创业导向的实施需要充分了解外部信息，这需要组织进行外部学习，为创业导向战略实施提供信息保障，同时提高企业创新、超前行动、风险承担和竞争积极性的效率，达到提升组织绩效的目标。最后，组织创业导向激励组织在更广泛、更开阔的范围内进行学习；创业导向要求组织开拓并进入新的事业领域，每一个新的事业和领域都由独特的经营圈子和主体构成，组织要进入这些事业领域，就必须了解该事业领域内的信息、规则等个性化知识，要扩大自己的知识范围，就必须扩大学习范围，这种大范围的学习和积累促使组织在该领域内具备相应的能力，从而提高自身组织绩效。

Alegre 和 Cbiva（2013）研究认为，组织学习能力对创业导向和组织绩效存在正向显著中介作用。王希泉等（2014）研究发现，知识获取和整合可以在创业导向和组织绩效之间作为中介变量，实证研究也发现知识获取和整合在创业导向不同维度与组织绩效之间起部分中介作用。在动荡和竞争激烈的市场环境中，学习模式不同，其在创业导向和组织绩效之间的作用机制就不同。探索性学习和利用式学习是组织获得新产品开发所必需的两种学习模式，超前行动和风险承担正向影响探索式学习，自主性、创新性和竞争积极性正向影响利用式学习，而这两种学习方式与新产品开发绩效呈倒"U"形曲线关系（刘景江和陈璐，2011）。Real 等（2014）依据组织学习理论和知识基础理论的观点和方法，分析创业导向对组织绩效的影响机理，研究发现，组织学习在创业导向与组织绩效关系中起部分中介作用，组织学习与组织绩效之间的关系受到组织规模的调节。Gupta 等（2014）研究发现，组织内部管理团队创业导向能力正向影响组织的绩效，这种关系会随着组织学习强度的增强而增强，即组织学习会强化两者之间的正向关系。Su 等（2013）以中国高科技企业为研究对象，分析组织学习在创业导向与组织绩效之间的中介效应，结果发现组织学习在创业导向与组织绩效之间起部分中介作用。Fuentes 等（2015）研究认为，创业导向正向影响组织的经营绩效和财务绩效，创业导向通过知识获取作用于组织的经营绩效和财务绩效。李卫宁和赵尚科（2010）研究发现，国际市场知识是创业导向与国际化绩效的中介变量，这进一步说明组织学习是推动创业导向转化为组织绩效的工具。

第一，合作组织通过创业导向获得竞争优势，关键在于其掌握关键信息的能力，这类能力很少来自创业者天生的创业警觉性，更多来自创业团队从不断试错、调整和战略适应中了解、适应市场的过程，这需要组织学习。创业型组织面临不确定的市场环境，需要处理突发的新问题，发掘新的产品和服务，这些新产品和服务以直觉的形式作为创业机会出现，尚未被市场完全接受或开发，需要通过不断的试验来检验，这就是"干中学"战略试验，可以帮助组织做出更好的创新决策，获得可靠的信息和认知。

第二，创业导向的战略需要组织获取有价值的创意、互补性的知识及开发系统的集体思考等学习方式。首先，开放性学习和集体思考有助于创业导向战略思想的开展和强化。在创新性的思考中，开放性的网络学习及集体思考对创新的贡献日益增强，这种网络学习存在于企业、高校、科研机构、政府、技术推广部门等，市场环境的动荡性使合作组织难以依靠自身的力量应对组织成长过程中的种种问题，当组织能够获得的学习源越多，意味着其对创业机会的识别和创造越敏感，组织越有动力鼓励成员主动、积极地搜寻学习机会，尤其是与供应商、销售商、大学和科研机构合作，获取新的产品创意和技术构思，基于供应链学习、价值链学习、从失败中学习等多元化学习途径，通过学习提高创业机会识别的敏感程度，从而提高绩效。

第三，创业导向需要强的知识资源支撑，这需要组织学习，只有通过组织学习获得经验和知识积累，才能为绩效提升创造必要的条件。组织学习是一种动态的"干中学"机制，是积累经验的过程，通过知识积累形成组织特有的、稀缺的无形资源，具有不可模仿和不可替代性，也是使企业获得高盈利的工具。

第四，对于合作组织来说，组织内部学习包括两方面：一方面，是成员之间的相互交流和相互学习，这对组织内部有创意的想法、技术创新和产品创新的扩散具有推进作用，同时也促使了集体学习的发生；另一方面，是组织内部普通成员向专业技术人员、能人和专业能手学习，这种学习能够有效提高普通成员的技术水平和田间管理经验，推动个体绩效的提升，同时能够吸引更多的外部成员加入合作组织，推动组织的成长。组织外部学习包括组织派一般成员或专业技术人员到外部学习，通过这些人员的模仿和示范，带动更多成员技术水平的提升和创新行为的发生。外部学习也包括组织和科研机构、高校及技术推广部门的合作，通过与技术领先部门和研发部门合作，推动创新、创业行为的发生，从而提升组织的绩效水平。组织学习的作用还取决于组织内部成员的消化吸收能力，组织成员对外部和内部传递的知识的解码、理解和掌握能力，在一定程度上决定了其是否能够将知识转化为生产力，从而转化为组织绩效。综上所述，本章提出假设7-3-3。

假设7-3-3：组织学习在创业导向与合作组织绩效关系中具有中介作用。

假设7-3-3a：组织学习在创新性与合作组织绩效关系中具有中介作用。

假设7-3-3b：组织学习在超前行动与合作组织绩效关系中具有中介作用。

假设7-3-3c：组织学习在风险承担性与合作组织绩效关系中具有中介作用。

假设7-3-3d：组织学习在自主性与合作组织绩效关系中具有中介作用。

假设 7-3-3e：组织学习在竞争积极性与合作组织绩效关系中具有中介作用。

3. 跨组织合作中介作用

合作组织的跨组织合作是指其与中介机构、大学与科研院所、金融机构、风投机构、政府部门和各种外部组织之间建立的各种关系网络及这些关系网络在组织发展过程中的工具性功能。合作组织可能从这些跨组织合作中获得最新的市场需求信息、获取和共享最新知识和技术信息，也可以从这些跨组织合作中获得贷款和风险融资，还可以从与政府部门的合作中获得政府有关的资金扶持、政策信息和税收优惠等，这些都为合作组织创业导向战略提供了有效的中介工具。

1）创业导向与跨组织合作

首先，组织创业导向战略需要消耗大量的资源，包括知识和资本，紧靠农村的合作组织自身无法满足资源需求，需要跨组织获得资源，因此，实施创业导向战略的合作组织有激励寻找合作伙伴，通过跨组织合作获得创业导向必需的资源。其次，创业导向的组织寻求进入新的事业领域，其对市场扫描的频率越高，越容易发现潜在的优秀合作伙伴，也就越容易通过互惠性和共赢性合约实现跨组织合作，创业导向为跨组织合作准备了条件。创业导向的创新性、风险承担和竞争积极性使得其具备较强的竞争优势，其市场表现越容易被其他组织所重视和关注，其他组织越倾向于与创业导向型企业进行跨组织合作。

彭伟和符正平（2013）研究认为，组织创业导向对组织联盟网络关系强度和中心位置强度都具有显著正向影响，并对组织联盟能力具有显著正向影响，联盟能力在创业导向与联盟网络嵌入特征之间具有中介作用，创业导向通过跨组织的联盟能力增强自身的网络嵌入能力，通过网络嵌入获得网络资源，以提供组织创业导向战略实施所需要的关键资源。Wincent 等（2014）分析了创业导向与网络理事会多元性之间的关系，研究发现，网络层面的创业导向受网络理事会任期、内部多元性、外部多元性等因素的影响，内部多元性和外部多元性正向影响组织的创业导向。

Bouncken 等（2016）研究发现，焦点企业的创业导向能够增加纵向整合组织的联合创新，吸收合作伙伴知识的能力能够促进联合产品创新的发生。

农村合作组织是一种集体创业的协作关系，农村合作组织作为一种特殊的组织模式萌芽与成长于经济转型阶段的中国农村，先天具有发展弱势，需要依靠与其他组织的合作和联盟才能在市场竞争中获得一席之地，因此，合作组织的跨组织合作对组织集体创业具有十分重要的作用，是推动合作组织创业层面具有十分积极、重要的因素之一。合作组织的组织者的社会关系（跨组织网络关系）对合作组织获得外部资源的数量和水平具有重要影响（杨灿君，2014）。同时，加入连锁系统，依附实力更强的组织，不仅可以增加合作组织的生存概率，而且更容易使合作组织获得创业所需的发展资源。

Carroll 等（1988）使用制度经济理论，分析匈牙利农民专业合作社的结构和行为，研究认为，政府决策结构的分裂导致了农民合作社更复杂的组织之间和同类组织的网络之间的更激烈的竞争，因此，跨组织合作成为合作社生存和发展的关键。通过跨组织网络，组织更能获得发展所需要的资源和适宜其成长的制度环境，在资源和制度的支撑下，其更倾向于创新与超前行动、风险承担和积极竞争行为。

Huang 和 Wang（2013）研究发现，社会资本在一定程度上强化创业导向与组织的资源获取关系，创业导向程度强的组织倾向于通过社会网络资本（跨组织合作）获取创业所需要的资源。综上所述，本章提出假设 7-4-1。

假设 7-4-1：创业导向对跨组织合作具有显著促进作用。

2）跨组织合作与组织绩效

跨组织合作能够获得组织发展的资源。跨组织合作是一种获得关系资源的工具和手段。首先，合作社绩效受到组织社会关系网络的正向影响（梁巧等，2014）。跨组织的合作关系能够为组织快速获得企业发展所必需的资源，推动组织创业行为的发生（Teng，2007）。其次，跨组织网络的另一个重要功能是整合网络的研发能力，进行新产品、新服务及新技术的研发，形成有效的研发网络，创业导向很大程度上正向影响研发网络的网络规模、网络企业间的连接强度、网络中小世界的出现这三个特征（魏江等，2014a）。对研发网络的正向影响，可以提高合作组织创新的速度和能力，从而提高合作组织的绩效。跨组合之间的关系专有性投资和知识分享管理能够形成关系组，从而推动组织绩效的提升。最后，跨组织合作为组织发展提供重要的信息资源，信息资源是产品服务创新、降低市场风险和对市场快速反应的保障，从而提高组织绩效。

跨组织的合作是农村合作组织获得技术资本、金融资本、知识资本、政治资本、土地资本和人力资本的重要方式。这些跨组织的合作包括组织与技术部门、金融部门、科研院所和政府部门之间的合作，通过与这些组织或部门的合作，能够获得组织创业所需要的资源，保障创业资源需求，扩大创业范围，从而提高组织绩效。跨组织的合作还包括合作组织与产品和服务的上下游之间的合作，通过纵向合作可以获得创业所必需的资源和知识。关系资本有助于组织竞争绩效和潜力绩效的提升（马淑文，2011），合作组织通过跨组织关系的运用，低成本地获得交易，潜在约束交易对象，降低交易成本，从而提高组织绩效。综上所述，本章提出假设 7-4-2。

假设 7-4-2：跨组织合作对组织绩效具有显著促进作用。

3）跨组织合作的中介作用

创业导向对组织绩效的积极作用受组织资源禀赋水平的影响，强的资源禀赋能够强化两者之间的关系（陈伟等，2010）。第一，资源获得的关键途径是跨组织合作，在中国转型经济制度和市场环境条件下，跨组织合作可以表现为两种类型，即商业关系和政治关系，在创业导向与组织绩效之间的关系中，商业关系和政治关系起积极的中介作用（安舜禹等，2014）。第二，跨组织合作是一种联盟能力。彭伟和符正平（2013）以高新技术企业为样本研究发现，联盟能力在创业导向与联盟绩效关系中发挥完全中介作用。第三，跨组织合作是一种网络能力，是一种网络嵌入能力，是通过嵌入已有的网络或营建自己的独到网络，获取组织创业所必需的资源，从而提升创业绩效的一种逻辑。第四，跨组织合作在一定程度上能够有效分散创业风险，推动组织之间的联合创新并聚集力量进行市场竞争，从而推动组织绩效的提升。第五，跨组织合作是知识资源获得的重要途径，Jiang 和 Yang（2014）建立了一个简约模型分析联盟组织的创业导向对组织绩效的影响，研究认为创业导向通过两个知识管理途径来提高组织绩效，一是通过联盟伙伴获得知识，二是在联盟网络边界内创造知识，知识获得和知识创造在创业导向与组织绩效关系中起显著正向中介作用。此外，跨组织合作关系中介作用受关系强度的影响（苏晓华等，2013），关系强度越强，跨组织合作对创业导向与组织绩效的中介作用越强。综上所述，本章提出假设 7-4-3。

假设 7-4-3：跨组织合作在创业导向与组织绩效关系中具有中介作用。

假设 7-4-3a：跨组织合作在创新性与组织绩效关系中具有中介作用。

假设 7-4-3b：跨组织合作在超前行动与组织绩效关系中具有中介作用。

假设 7-4-3c：跨组织合作在风险承担性与组织绩效关系中具有中介作用。

假设 7-4-3d：跨组织合作在自主性与组织绩效关系中具有中介作用。

假设 7-4-3e：跨组织合作在竞争积极性与组织绩效关系中具有中介作用。

三、数据来源

本章研究从 2014 年 10 月开始预调研，抽取南阳市两个经营规模较大的农民专业合作社，一个是兴达无公害果蔬农民专业合作社，一个是南阳市宛城区黄台岗镇众森林业种植合作社。在对管理层和理事长进行深入访谈后，让其对问卷的有效性和可行性进行评价，确认其能够快速地理解并回答题项，从而证明问卷具有较好的效度。

大规模调查在 2014 年 10 月~2015 年 4 月完成。课题组从江苏省、辽宁省和河南省随机挑选农民专业合作社获得数据，在获得数据的过程中，首先与合作社或当地农业管理部门沟通，在征得合作社管理层或股东同意的基础上，由课题组成员带队到该合作社进行调研，在数据收集过程中，对合作社负责人（主要的大股东或理事长）进行详细访谈，访谈涉及管理战略、经营目标、与政府的关系及创业资源获得和创业进程等，详细了解合作社创业的过程管理。调查采取面对面访谈的形式，由经过专业培训的访谈员进行访谈，一般是一个人访谈，一个人记录，访谈时间在 30~40 分钟。

从辽宁省抽取 10 个合作社，大部分分布在辽宁省北镇市；从江苏省抽取 8 个合作社，大部分分布在江苏省射阳县；从河南省抽取 120 个合作社，针对每个合作社对理事长和主要管理层进行问卷调研。共获得调研问卷 138 份，剔除填写不完整或填写错误的 23 份无效问卷，共获得有效问卷 115 份进行后续分析。调查样本较小的原因是：第一，由于农村合作组织在地理上较为分散，并且大部分基地分布在农村，交通不便，问卷的搜集较为辛苦和缓慢；第二，农村合作组织的负责人和管理层大部分文化水平较低，并且差异较大，对问卷的理解和填写较为困难，大部分是课题组成员亲自以问答形式进行问卷访谈，所以搜集信息较为困难；第三，调查之前先搜集该地区农民专业合作社的网上信息，并通过电话进行联系，或者通过当地农村工作委员会、农村工作办公室或农业局进行协调并预约，但有时预约好的调研，在调研人员到地点后由于负责人没有时间或其他原因而无法进行。

四、变量及模型选择

（一）变量选择

1. 组织绩效

1）组织绩效的度量

农村合作组织作为一个由多主体共享所有权的企业组织，属于"互助性的经济组织"，兼有公共社团的互助性与经济组织的营利性的双重特征，因此，农村合作组织绩效评价不仅具有企业性质，而且具有一些公益方面的性质。但是，本章研究主要集中在成长方面，在综合考虑社会绩效、经济绩效、生态绩效的基础上，不仅包括组织市场经营方面的指标，如销售和利润，还包括品牌、产品和服务的创新，资产规模和对成员农户的影响等方面。

许多学者关注合作组织绩效的评估，刘滨等（2009）从内部治理机制、社员收益、组织收益、发展潜力、社会影响来度量合作组织绩效。徐旭初（2009）构建了基于行为绩效和产出绩效的合作组织绩效评估。李新曼等（2011）从规模经济、组织完成、服务推广、经济效益、社会效益和可持续发展六个方面评价合作组织的绩效。程克群和孟令杰（2011）从组织运行、经济活动、社员收益、组织规模、社会影响等层面建构合作社绩效评价指标体系。范远江和杨贵中（2011）建议将技术创新指标纳入绩效考核体系。陈共荣等（2014）研究发现，在合作组织绩效度量中纳入创新能力指标是十分必要的，并将创新能力分解为学习与成长两个维度。对于成员农户来说，合作社对价格的稳定作用大于增收作用（郑文文和孟全省，2014）。张智贝和李双元（2014）针对藏区畜牧业合作社的研究发现，生态环境是影响生态畜牧业合作社绩效的首要因素。综上所述，可以从组织层面、农户层面、社区层面和生态层面正确评估合作社的绩效。

如表 7-1 所示，认知水平最高的前两项是对社区和生态环境的贡献，这在一定程度上说明了合作组织的建立，具有一定的社会和政策目标，并不是只具有经济目标，其受政策和制度的导向意愿的影响较强；认知水平与合作社资金积累的增长速度有关，其得分为 5.08，小于平均数 5.35，这从侧面显示了合作组织在成长过程中，组织层面资本的积累在一定程度上受社员或股东短期利益要求的影响，组织一般不愿意将利润留到合作组织，而是将利润尽可能地分到成员或股东手中，因此，合作社资本积累受到一定的约束。合作社产品创新的速度和品种增加的速度也较低，这说明与其他经济组织相比，农村合作组织在研发和产品创新方面存在约束，自身几乎没有自主研发的可能，一般都是引进创新或复制创新。

表 7-1　农村合作组织绩效衡量描述性统计（N=115）

题项：与其他合作社相比，本合作社的状况	度量	均值	方差
1. 本合作社总销售额增长率	1→7	5.36	1.31
2. 本合作社销售净利率增长速度	1→7	5.13	1.45
3. 本合作社社员数量的增长速度	1→7	5.15	1.39
4. 本合作社资金积累的增长速度	1→7	5.08	1.46
5. 本合作社在品牌项的知名程度	1→7	5.34	1.45
6. 本合作社固定资产规模的增长速度	1→7	5.13	1.33
7. 本合作社产品创新的速度和品种增加的速度	1→7	5.12	1.43
8. 本合作社社员户均收入的增长速度	1→7	5.60	1.16
9. 您认为合作社对所在社区社会发展的贡献程度	1→7	5.83	1.14
10. 您认为合作社对生态环境保护的贡献程度	1→7	5.77	1.23

注：1 表示"非常不同意"；4 表示"一般"；7 表示"非常同意"

2）组织绩效的信度分析

检验组织绩效的信度（表 7-2），发现内部一致性系数为 0.912 8，信度水平较高。项目之间的相关程度均在 0.7 以上。

表 7-2　组织绩效的信度分析（*N*=115）

题项：与其他合作社相比，本合作社的状况	样本内相关	信度系数	内部一致性系数
1. 本合作社总销售额增长率	0.748 1	0.904 0	
2. 本合作社销售净利率增长速度	0.808 5	0.899 8	
3. 本合作社社员数量的增长速度	0.681 4	0.909 3	
4. 本合作社资金积累的增长速度	0.806 1	0.900 0	0.912 8
5. 本合作社在品牌项的知名程度	0.792 6	0.901 1	
6. 本合作社固定资产规模的增长速度	0.782 3	0.901 6	
7. 本合作社产品创新的速度和品种增加的速度	0.748 6	0.904 5	
8. 本合作社社员户均收入的增长速度	0.783 9	0.901 8	
9. 您认为合作社对所在社区社会发展的贡献程度	0.714 3	0.906 1	0.912 8
10. 您认为合作社对生态环境保护的贡献程度	0.627 4	0.911 5	

3）组织绩效的赋值

使用 10 个题项得分加总的平均值来衡量组织绩效，以达到降维和方便分析的目的。如图 7-1 所示，从合作组织绩效频数分布图可以看出，大部分合作组织绩效在 5（包括 5）以上，占总数的 71.74%，只有少部分绩效在 4（包括 4）以下（7.83%）。这说明大部分被调查对象对合作组织绩效的认知是乐观的。

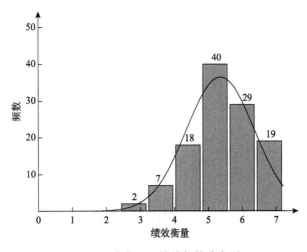

图 7-1　合作组织绩效频数分布图

2. 市场导向

1）市场导向的度量

市场导向是指合作组织要以市场需求为重心来安排组织内部生产经营活动的观念。在生产和销售过程中，要以顾客满意为目标，在此基础上扩大销售并获取最大利润。选择以下 3 个题项来衡量市场导向，每个题项得分的描述性统计如表 7-3 所示。被调查对象对市场导向的认知水平普遍较高，都在 6 以上。在三个衡量题项中，合作社在产品和服务革新满足顾客需求方面的认知水平较低，这可能是合作组织自身研发或引进创新的能力的约束所导致的认知水平较低。

表 7-3　市场导向的描述性分析（N=115）

题项：市场导向	度量	均值	方差
1. 合作社对顾客需求变化的重视程度	1→7	6.43	0.94
2. 合作社对顾客满意程度的重视程度	1→7	6.32	1.13
3. 合作社非常重视不断革新产品和服务满足顾客需求	1→7	6.19	1.18

注：1 表示"非常不重视"；4 表示"一般重视"；7 表示"非常重视"

2）市场导向的信度分析

如表 7-4 所示，市场导向的信度检验的内部一致性系数为 0.894 6，大于0.70，信度较好。

表 7-4　市场导向的信度分析（N=115）

题项：市场导向	样本内相关	信度系数	内部一致性系数
1. 合作社对顾客需求变化的重视程度	0.865 3	0.901 5	
2. 合作社对顾客满意程度的重视程度	0.945 1	0.783 8	0.894 6
3. 合作社非常重视不断革新产品和服务满足顾客需求	0.919 7	0.848 7	

注：测试量表=均值（非标准化项目）

3）市场导向的赋值

将市场导向三个题项的平均得分作为市场导向的赋值，如图 7-2 所示，市场导向平均水平为6.31，市场导向分布频数大部分集中在5（包括5）以上，占总数的82.61%，在4（包括4）以下的仅仅占总数0.87%。对合作组织市场导向的认知水平在频数分布上倾向右偏。

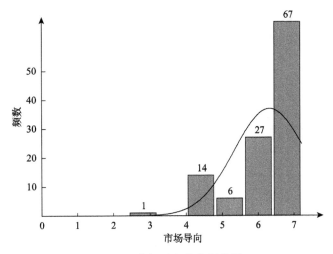

图 7-2　市场导向分布频数图

3. 组织学习

1）组织学习的度量

农业学习一般更多在田间地头，很少像正规组织内部学习那样，因此，被调查对象的学习认知水平，尤其是在科研机构或技术的吸收和转化能力方面偏低，但其对成员之间的经验交流和技术学习方面认知较高。此外，分散结合的农村合作组织，居住分散及劳动聚合等特性导致学习水平较为低下。用以下 5 个题项来衡量组织学习，每个题项得分的描述性统计如表 7-5 所示。在组织学习认知中，内部学习相互交流生产经验认知较高，为 6.41；与科研机构之间技术合作认知较低，为 5.34，低于平均水平的 5.83。这说明在合作社学习过程中，跨组织学习并没有得到有效的发展，尤其与高校、科研院所和技术推广部门之间的学习和技术交流水平较低。

表 7-5　组织学习的描述性统计（N=115）

题项：组织学习	度量	均值	方差
1. 社员之间经常相互交流生产经验	1→7	6.41	1.02
2. 合作社经常聘请技术人员辅导社员	1→7	6.10	1.34
3. 合作社经常派技术员或社员外出学习	1→7	5.70	1.69
4. 合作社与科研机构之间技术合作非常频繁	1→7	5.34	1.67
5. 技术员和农户都具有很强的技术吸收和转化能力	1→7	5.62	1.64

注：1 表示"非常不同意"；4 表示"一般"；7 表示"非常同意"

2）组织学习的信度分析

如表 7-6 所示，组织学习量表整体的内部一致性系数为 0.858 9，大于 0.70，整体信度水平较高。

表 7-6　组织学习的信度分析（*N*=115）

题项：组织学习	样本内相关	信度系数	内部一致性系数
1. 社员之间经常相互交流生产经验	0.579 7	0.878 2	
2. 合作社经常聘请技术人员辅导社员	0.824 3	0.818 9	
3. 合作社经常派技术员或社员外出学习	0.842 8	0.818 7	0.858 9
4. 合作社与科研机构之间技术合作非常频繁	0.859 3	0.809 7	
5. 技术员和农户都具有很强的技术吸收和转化能力	0.865 6	0.805 5	

注：测试量表=均值（非标准化项目）

3）组织学习的赋值

将组织学习 5 个题项的平均值作为组织学习的变量值。分析组织学习得分的频数分布图（图 7-3），发现组织学习的认知水平普遍较高，5（包括 5）以上的占到总人数的 73.04%，4（包括 4）以下的占到总人数的 11.30%。

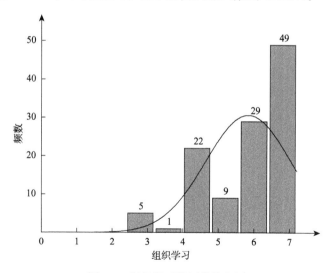

图 7-3　组织学习的频数分布图

4. 跨组织合作

1）跨组织合作的度量

用 6 个题项度量跨组织合作，每个题项得分及描述性统计如表 7-7 所示。在跨部门合作认知中，与金融部门联系认知水平偏低，为 4.73，低于平均水平 5.30。这反映出在合作组织创业过程中，关键资源，即金融资源通过正规金融部门获得是比较困难的，这在一定程度上约束了组织层面的创业行为。

表 7-7　跨组织合作的描述性统计（N=115）

题项：跨组织合作	度量	均值	方差
1. 合作社与高校、科研机构、技术推广部门联系紧密	1→7	5.47	1.59
2. 合作社与信用社、银行等金融部门联系紧密	1→7	4.73	1.75
3. 合作社与政府财政、工商、土地、税务部门联系紧密	1→7	4.84	1.64
4. 合作社与乡村基层、镇政府、县级政府部门联系紧密	1→7	5.55	1.42
5. 合作社与特殊的生产资料供应商联系紧密	1→7	5.45	1.42
6. 合作社与客户就产品创新、质量提升、控制联系紧密	1→7	5.75	1.46

注：测试量表=均值（非标准化项目）

2）跨组织合作的信度分析

跨组织合作的信度检验结果如表 7-8 所示，内部一致性系数为 0.889 6，大于 0.70，信度水平较高。

表 7-8　跨组织合作的信度分析（N=115）

题项：跨组织合作	样本内相关	信度系数	内部一致性系数
1. 合作社与高校、科研机构、技术推广部门联系紧密	0.786 0	0.874 7	
2. 合作社与信用社、银行等金融部门联系紧密	0.849 6	0.862 2	
3. 合作社与政府财政、工商、土地、税务部门联系紧密	0.855 6	0.858 8	0.889 6
4. 合作社与乡村基层、镇政府、县级政府部门联系紧密	0.810 9	0.867 8	
5. 合作社与特殊的生产资料供应商联系紧密	0.791 0	0.871 8	
6. 合作社与客户就产品创新、质量提升、控制联系紧密	0.724 6	0.884 9	

注：测试量表=均值（非标准化项目）

3）跨组织合作的赋值

对于跨组织合作变量来说，由于量表具有较好的信度和效度，所以用题项得分加总的均值作为其变量值。如图 7-4 所示，跨组织合作的频数分布特征是：5 以上（包括 5）的占总样本的 58.26%；4 以下（包括 4）的占总样本的 18.26%。

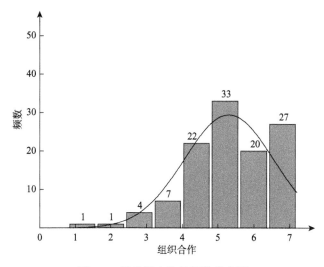

图 7-4　跨组织合作的频数分布图

（二）模型选择

1. 创业导向整体对组织绩效的影响模型

建立如下线性回归模型进行分析。

$$OP_i = \alpha + \beta_1 time_i + \beta_2 assets_i + \beta_3 EO_i + \beta_4 MO + \beta_5 EO_i \times MO + \mu_i$$
$$OP_i = \alpha + \beta_1 time_i + \beta_2 assets_i + \beta_3 EO_i + \beta_4 LO + \beta_5 EO_i \times LO + \mu_i$$
$$OP_i = \alpha + \beta_1 time_i + \beta_2 assets_i + \beta_3 EO_i + \beta_4 KO + \beta_5 EO_i \times KO + \mu_i$$

其中，OP 为组织绩效变量；MO 为市场导向变量；LO 为组织学习变量；KO 为跨组织合作变量；$EO_i \times MO$、$EO_i \times LO$、$EO_i \times KO$ 为交互项。

2. 创业导向子维度对组织绩效的影响模型

建立如下线性回归模型：

$$OP_i = \alpha + \beta_1 time_i + \beta_2 assets_i + \beta_3 EO_{1i} + \mu_i$$
$$OP_i = \alpha + \beta_1 time_i + \beta_2 assets_i + \beta_3 EO_{2i} + \mu_i$$
$$OP_i = \alpha + \beta_1 time_i + \beta_2 assets_i + \beta_3 EO_{3i} + \mu_i$$

其中，OP 为组织绩效；EO_1 为创新与超前行动；EO_2 为风险承担性；EO_3 为竞争积极性；time 为经营时间；assets 为组织规模。

（三）变量的描述性统计和相关分析

如表 7-9 所示，创业导向整体对绩效影响模型的变量名称、均值、标准误、最

表 7-9 模型变量的描述性统计及相关分析（N=115）

变量	均值	标准误	最大值	最小值	OP	time	assets	EO	MO	LO	KO	EO×MO	EO×LO	EO×KO
OP	5.356 5	1.005 4	2.8	7	1.00									
time	5.321 7	2.422 6	1	10	-0.06	1.00								
assets	2 184.35	3 783.01	1.94	18 000	0.23	-0.25***	1.00							
EO	4.571 0	0.988 0	2.38	7	0.52***	0.08	0.22**	1.00						
MO	6.315 8	0.993 8	3	7	0.50***	0.01	-0.02	0.41***	1.00					
LO	5.840 0	1.198 8	2.6	7	0.54***	0.11	0.13	0.38***	0.47***	1.00				
KO	5.304 4	1.248 9	1.5	7	0.50***	0.08	0.19**	0.48***	0.55***	0.45***	1.00			
EO×MO	29.276 7	8.925 5	8.54	49	0.59***	0.07	0.13	0.90***	0.75	0.49***	0.59***	1.00		
EO×LO	27.145 3	9.244 4	9.4	46.85	0.63***	0.13	0.22**	0.85***	0.52***	0.79***	0.56***	0.85***	1.00	
EO×KO	24.838 8	9.388 2	3.58	45.77	0.59***	0.59	0.24***	0.85***	0.53***	0.48***	0.85***	0.85***	0.82***	1.00

*、**、***分别表示在10%、5%、1%水平上显著

大值、最小值进行描述，从表中可以看出，资产规模从数量上要显著高于其他指标的衡量值。同时，表 7-9 显示了模型分析变量之间的相关系数及其显著性，从中可以看出，组织绩效除与时间和资产不显著相关外，与其他变量都在 1% 的水平上显著相关，并且其相关系数均在 0.50 以上。但是相关关系只能显示两者的相关程度，并不能反映因果关系，因此，进一步使用回归分析来分析影响农村合作组织创业导向的关键因素。

五、实证结果

（一）创业导向整体对组织绩效影响

1. 创业导向和市场导向对组织绩效的影响

1）估计策略

我们首先以组织绩效为因变量，以经营时间、资产规模和创业导向整体为控制变量进行回归，形成模型 1，在此基础上依次加入市场导向、市场导向和创业导向的乘积项分别形成模型 2 和模型 3，估计结果如表 7-10 所示。

表 7-10　创业导向整体对组织绩效影响的回归估计（$N=115$）

变量	模型 1		模型 2		模型 3	
	Coef.	t	Coef.	t	Coef.	t
常数项	3.126 4*** (0.407 3)	7.67	1.440 2*** (0.524 3)	2.75	0.156 9 (2.163)	0.07
time	−0.031 7 (0.034 6)	−0.92	−0.023 3 (0.031 9)	−0.73	−0.022 2 (0.032 0)	−0.69
assets	0.000 028 (0.000 022)	1.25	0.000 042** (0.000 021)	2.02	0.000 041* (0.000 021)	1.96
EO	0.511 3*** (0.084 3)	6.06	0.338 1*** (0.086 2)	3.92	0.656 0 (0.526 8)	1.25
MO			0.380 2*** (0.082 6)	4.60	0.580 2* (0.337 3)	1.72
EO×MO					−0.049 0 (0.080 2)	−0.61
F	15.22***		18.78***		15.01***	
R^2	0.291 5		0.405 8		0.407 8	
ΔR^2						
adj R^2	0.272 3		0.384 2		0.380 6	

*、**、***分别表示在 10%、5%、1% 水平上显著

注：被解释变量＝农村合作组织绩效；括号内为回归系数的标准误

2）回归模型诊断

为验证回归分析的稳健性，分别对三个模型进行回归诊断，首先进行异方差性检验，如表 7-11 所示，3 个模型均不存在异方差现象。

表 7-11 市场导向–创业导向模型异方差检验

模型	原假设	chi2（1）值（Prob>chi2）	在 10% 显著水平上拒绝还是接受
模型 1	H_0=同方差	2.31（0.128 7）	接受
模型 2	H_0=同方差	0.03（0.856 3）	接受
模型 3	H_0=同方差	0.03（0.861 2）	接受

注：进行的是 Breusch-Pagan/Cook-Weisberg test for heteroskedasticity（布罗歇–帕甘/库克–韦斯伯格异方差检验）

检验模型的多重共线性见表 7-12，模型 1 和模型 2 的变量方差膨胀因子都不超过 10；在模型 3 中，交互项的方差膨胀因子（49.34）超过 10，说明该变量与其他变量存在多重共线性。

表 7-12 模型多重共线性检验（一）

变量	模型 1	模型 2	模型 3
	VIF	VIF	VIF
time	1.09	1.09	1.10
assets	1.14	1.17	1.17
EO	1.08	1.33	49.34
MO		1.24	20.47
MO×EO			93.38

3）理论假设检验

以合作组织绩效为被解释变量，在控制经营时间、资产规模变量的基础上，加入创业导向，验证创业导向对组织绩效的影响。此外，还检验了创业导向与市场导向、创业导向与组织学习、创业导向与跨组织合作的交互项的影响。

如表 7-13 所示，模型 1 整体显著（F=15.22）。经营时间、资产规模和创业导向 3 个变量共解释组织绩效变异的 29.15%。在控制经营时间和资产规模的基础上，农村合作组织创业导向对组织绩效影响系数为 0.511 3（t=6.06，P=0.000），假设 7-1 得到验证。

表 7-13 创业导向整体对组织绩效影响的回归估计（N=115）

变量	模型 1		模型 2		模型 3	
	Coef.	t	Coef.	t	Coef.	t
常数项	3.126 4[***]（0.407 3）	7.67	1.897 1[***]（0.431 7）	4.39	0.939 3（2.012 0）	0.47
time	−0.031 7（0.034 6）	−0.92	−0.051 0（0.031 2）	−1.63	−0.048 1（0.031 8）	−1.51

续表

变量	模型 1		模型 2		模型 3	
	Coef.	t	Coef.	t	Coef.	t
assets	0.000 028 （0.000 022）	1.25	0.000 018 （0.000 020）	0.91	0.000 019 （0.000 020）	0.96
EO	0.511 3*** （0.084 3）	6.06	0.361 6*** （0.080 5）	4.49	0.590 7 （0.476 9）	1.24
LO			0.348 8*** （0.065 5）	5.33	0.506 1 （0.329 2）	1.54
EO×LO					−0.037 7 （0.077 4）	−0.49
F	15.22***		21.32***		16.99***	
R^2	0.291 5		0.436 7		0.437 9	
ΔR^2						
adjR^2	0.272 3		0.416 2		0.412 2	

*、**、***分别表示在 10%、5%、1%水平上显著

注：被解释变量=农村合作组织绩效；括号内为回归系数的标准误

加入市场导向变量后，模型 2 整体显著性提高（F 值从 15.22 增加到 21.32），模型的解释力进一步增强（R^2 从 0.291 5 增加到 0.436 7）。变量市场导向对组织绩效的影响系数为 0.380 2（t=4.60，P=0.000），系数为正且在小于 1%的水平上统计显著。创业导向对组织绩效的影响依然为正，且在 1%的水平上统计显著，但是其影响效应从 0.511 3 降低到 0.361 6，说明一部分效应被市场导向解释，市场导向具备中介作用。

进一步加入市场导向与创业导向的乘积项，发现模型整体依然显著，但创业导向、市场导向和乘积项的系数都不显著，对创业导向、市场导向、创业导向×市场导向进行联合显著检验，F（3，19）=16.99，Prob≥0.000 0，虽然三者的 t 检验都不显著，但三者联合检验显著。加入交互项后，检验三者之间的多重共线性，发现创业导向、市场导向及创业导向×市场导向三个变量存在严重的多重共线性（其方差膨胀因子分别为 49.34、20.47 和 93.38）。

2. 创业导向和组织学习对组织绩效的影响

1）估计策略

以组织绩效为因变量，以经营时间、资产规模、创业导向整体为控制变量进行线性回归，形成模型 1，在模型 1 的基础上，分别加入组织学习、组织学习和创业导向的乘积项，形成模型 2 和模型 3，结果如表 7-13 所示。

2）回归诊断

对上述模型进行异方差检验，如表 7-14 所示，在 10%的统计水平上都不能拒绝同方差假设，因此，这些模型不存在异方差的情况。

表 7-14　组织学习–创业导向模型异方差检验

模型	原假设	chi2（1）值（Prob>chi2）	在 10%的显著水平上拒绝还是接受
模型 1	H_0=同方差	2.31（0.128 7）	接受
模型 2	H_0=同方差	2.50（0.113 7）	接受
模型 3	H_0=同方差	2.55（0.110 1）	接受

注：进行的是 Breusch-Pagan/Cook-Weisberg test for heteroskedasticity（布罗歇–帕甘/库克–韦斯伯格异方差检验）

检验模型多重共线性。如表 7-15 所示，模型 3 中创业导向和交互项的方差膨胀因子大于 2，因此这两个变量可能存在多重共线性。

表 7-15　模型多重共线性检验（二）

变量	模型 1	模型 2	模型 3
	VIF	VIF	VIF
time	1.09	1.11	1.14
assets	1.14	1.15	1.16
EO	1.08	1.22	42.60
LO		1.19	29.89
LO×EO			98.43

3）理论假设检验

如表 7-13 所示，在模型 1、模型 2 中，创业导向整体对组织绩效具有显著正向影响，模型 1 的系数和显著性分别是（$\beta = 0.511\ 3$，sig.$= 0.000$），模型 2 中创业导向的系数为 $\beta = 0.361\ 6$，sig.$= 0.000$，假设 7-1 得到验证。

在控制经营时间、资产规模的基础上，加入组织学习变量，如表 7-13 中的模型 2 所示，从模型整体看，相比于模型 1，整体显著性和解释力都显著改善（F 从 15.22 增加到 21.32，R^2 从 0.291 5 增加到 0.436 7）。组织学习对组织绩效影响的系数为 0.348 8（t=5.33，P=0.000），系数为正且在小于 1%的水平上统计显著；创业导向的系数从 0.511 3 降到 0.361 6，系数依然显著，这说明部分效应被组织学习解释。

在控制经营时间、资产规模、创业导向、组织学习的基础上，加入创业导向与组织学习乘积项，形成模型 3。该模型整体依然显著，但创业导向、组织学习和乘积项都不显著，对创业导向、组织学习、创业导向×组织学习合作进行联合显著检验，F（3，19）=24.64，Prob≥0.000，虽然三者的 t 检验都不显著，但三者联合检验显著。

通过检验创业导向、组织学习、创业导向×组织学习三个变量之间的多重共线性，发现三者存在严重的多重共线性，三者的方差膨胀因子分别为 42.60、29.89 和 98.43，都显著大于 10。

3. 创业导向和跨组织合作对组织绩效的影响

1）估计策略

先以组织绩效为因变量，以经营时间、资产规模和创业导向整体为控制变量，进行线性回归，得到模型1，在模型1的基础上，依次加入跨组织合作、跨组织合作与创业导向整体的乘积项进行回归，得到模型2和模型3，估计结果如表7-16所示。

表 7-16　创业导向对组织绩效影响的回归估计（$N=115$）

变量	模型 1		模型 2		模型 3	
	Coef.	t	Coef.	t	Coef.	t
常数项	3.126 4*** （0.407 3）	7.67	2.488 1*** （0.420 1）	5.92	2.536 6* （1.489 7）	1.70
time	−0.031 7 （0.034 6）	−0.92	−0.041 8 （0.032 8）	−1.28	−0.041 80 （0.033 0）	−1.26
assets	0.000 028 （0.000 022）	1.25	0.000 018 （0.000 021）	0.86	0.000 018 （0.000 021）	0.85
EO	0.511 3*** （0.084 3）	6.06	0.359 5*** （0.089 1）	4.03	0.348 0 （0.350 2）	0.99
KO			0.265 3*** （0.070 0）	3.79	0.256 0 （0.280 8）	0.91
EO×KO					0.002 1 （0.062 3）	0.03
F	15.22***		16.38***		12.99***	
R^2	0.291 5		0.373 3		0.373 3	
ΔR^2			0.081 8		0.081 8	
adjR^2	0.272 3		0.350 5		0.344 6	

*、**、***分别表示在10%、5%、1%水平上显著

注：被解释变量=农村合作组织绩效；括号内为回归系数的标准误

2）回归诊断

对上述模型进行异方差检验，如表 7-17 所示，3 个模型在10%的水平上都不能拒绝同方差假设，因此，模型不存在异方差情况。

表 7-17　跨组织合作–创业导向模型异方差检验

模型	原假设	chi2（1）值（Prob>chi2）	在10%的显著水平上拒绝还是接受
模型 1	H_0=同方差	2.31（0.128 7）	接受
模型 2	H_0=同方差	0.33（0.566 9）	接受
模型 3	H_0=同方差	0.33（0.564 7）	接受

注：进行的是 Breusch-Pagan/Cook-Weisberg test for heteroskedasticity（布罗歇–帕克/库克–韦斯伯格异方差检验）

使用方差膨胀因子检验模型的多重共线性，如表 7-18 所示，模型 1 和模型 2 所有变量的方差膨胀因子都显著小于 10，不存在多重共线性；模型 3 中，跨组织

合作、创业导向及两者乘积项方差膨胀因子大于 10，存在多重共线性。

表 7-18　模型多重共线性检验（三）

变量	模型 1	模型 2	模型 3
	VIF	VIF	VIF
time	1.09	1.10	1.10
assets	1.14	1.16	1.16
EO	1.08	1.35	20.61
KO		1.33	21.17
KO×EO			59.05

3）理论假设检验

在控制经营时间、资产规模、创业导向的基础上，加入跨组织合作变量进行回归得到模型 2，结果如表 7-16 所示，与基础模型 1 对比发现，模型 2 的整体显著性和变量的综合解释力都进一步得到改善（F 从 15.22 增加到 16.38，R^2 从 0.291 5 增加到 0.373 3）。跨组织合作对组织绩效的影响系数为 0.265 3（t=3.79，P=0.000），系数为正且在小于 1% 的水平上统计显著，创业导向的系数依然显著，从 0.513 3 减小到 0.359 5，说明跨组织合作在创业导向与组织绩效的关系中起中介作用。

在模型 2 的基础上，加入创业导向×跨组织合作，发现模型显著性并没有得到改善（F 从 15.22 降低到 12.99），显著程度下降；创业导向、跨组织合作和交互项都不显著，对创业导向、跨组织合作、创业导向×跨组织合作进行联合显著检验，$F(3, 19)$=18.35，Prob≥0.000，虽然三者的 t 检验都不显著，但三者联合检验显著。

加入交互项后，检验其多重共线性，发现创业导向、跨组织合作及交互项存在较严重的多重共线性，方差膨胀因子分别为 20.61、21.17 和 59.05，都显著大于 10。

（二）创业导向子维度对组织绩效影响

1. 相关分析

如表 7-19 所示，组织绩效与创业导向的三个维度都在 1% 的水平上显著正相关，相关系数都在 0.30 以上。组织绩效除与经营时间无显著相关（sig<0.05）；经营时间与资产规模显著正相关，相关系数为 0.055 8（sig<0.05）。这说明随着时间积累，合作组织的资产积累在不断增加。创业导向的三个维度之间，都在

5%的水平上显著相关。市场导向、组织学习和跨组织合作三者在 5%的水平上显著相关，相关系数都在 0.40 以上；市场导向和跨组织合作的相关系数为 0.558 0，相关程度较高。进一步使用回归分析探讨创业导向子维度对组织绩效的影响机制。

表 7-19　回归分析变量的相关性分析（N=115）

变量	OP	time	assets	EO_1	EO_2	EO_3
OP	1.00					
time	−0.062 3	1.00				
assets	0.238 4	0.055 8***	1.00			
EO_1	0.387 6***	0.055 8	0.303 5***	1.00		
EO_2	0.424 4***	0.019 8	0.051 2	0.542 0***	1.00	
EO_3	0.318 5***	0.106 0	0.060 7	0.125 1	0.107 3	1.00

*、**、***分别表示在10%、5%、1%水平上显著

2. 回归分析

1）估计策略

以组织绩效为因变量，以经营时间和资产规模为控制变量，分别加入创业导向的三个子维度，形成模型 1、模型 2 和模型 3，估计结果如表 7-20 所示。

表 7-20　创业导向子维度对组织绩效影响的回归估计（N=115）

变量	模型 1		模型 2		模型 3	
	Coef.	t	Coef.	t	Coef.	t
常数项	4.182 5（0.356 1）	11.74	4.314 7***（0.290 2）	14.87	3.969 1***（0.427 7）	9.28
time	−0.021 7（0.037 4）	−0.58	−0.006 9（0.035 7）	−0.20	−0.017 6（0.037 7）	−0.47
assets	0.000 031（0.000 025）	1.24	0.000 056**（0.000 023）	2.47	0.000 055**（0.000 024）	2.30
EO_1	0.280 4***（0.072 5）	3.87				
EO_2			0.248 0***（0.050 0）	4.95		
EO_3					0.250 3***（0.071 2）	3.51
F	7.51***		10.89***		6.59***	
R^2	0.168 8		0.227 4		0.151 3	
ΔR^2			0.058 6		−0.017 5	
adjR^2	0.146 4		0.206 6		0.128 3	

*、**、***分别表示在10%、5%、1%水平上显著

注：被解释变量=农村合作组织绩效；括号内为回归系数的标准误

2）回归诊断

对上述模型进行异方差检验，如表 7-21 所示，模型 1 在 10% 的水平上拒绝同方差假设，其存在异方差性，其他两个模型不存在异方差性。

表 7-21　异方差检验

模型	原假设	chi2（1）值（Prob>chi2）	在 10% 显著水平上拒绝还是接受
模型 1	H_0=同方差	3.50（0.061 4）	拒绝
模型 2	H_0=同方差	0.55（0.459 4）	接受
模型 3	H_0=同方差	0.03（0.873 2）	接受

注：进行的是 Breusch-Pagan/Cook-Weisberg test for heteroskedasticity（布罗歇-帕克/库克-韦斯伯格异方差检验）

如表 7-22 所示，检验回归模型的多重共线性，结果显示变量之间不存在多重共线性。

表 7-22　多重共线性检验

变量	模型 1	模型 2	模型 3
	VIF	VIF	VIF
time	1.09	1.07	1.08
assets	1.20	1.07	1.08
EO_1	1.12		
EO_2		1.00	
EO_3			1.02
是否存在多重共线性	否	否	否

3. 理论假设检验

在控制经营时间、资产规模两个变量的基础上，依次加入创新与超前行动、风险承担性和竞争积极性三个变量，得到三个模型，如表 7-20 所示。

（1）模型 1 整体显著（F=7.51, sig.<0.000）。经营时间、资产规模、创新与超前行动联合解释合作组织绩效 16.88% 的变异。创新与超前行动对组织绩效的影响系数为 0.280 4（t=3.87, P=0.000），系数为正且在小于 1% 的水平上统计显著。假设 7-1-1 和假设 7-1-2 得到验证。

（2）模型 2 整体显著（F=10.89, sig.<0.000）。经营时间、资产规模和风险承担性联合解释组织绩效变异的 22.74%。风险承担性对组织绩效的影响系数为 0.248 0（t=4.95, P=0.000），系数为正且在小于 1% 的水平上统计显著，假设 7-1-4 得到验证。

在异方差检验过程中，其在 10% 的水平上拒绝同方差假设，说明存在异方差现象，为降低异方差的影响，使用稳健回归方法重新估计，得到风险承担性的影响系数为 0.248 0（t=5.74，P=0.000），系数没有变化，系数标准误从 0.050 0 降低到 0.043 2，t 值上升。

（3）模型3整体显著（F=6.59，sig.<0.000），经营时间、资产规模和竞争积极性联合解释组织绩效变异的 15.13%，竞争积极性对组织绩效的影响系数为 0.250 3（t=3.51，P=0.000），且在小于 1%的水平上统计显著。假设 7-1-5 得到验证。

（三）创业导向对组织绩效影响–中介效应检验

1. 中介作用检验框架

本节涉及中介变量（mediator）和中介效应。如果变量 X 通过影响变量 M 来影响 Y，则称 M 为中介变量。无论变量是否涉及潜变量，中介效应作为间接效应，都可以用回归模型来分析。当 Y 与 X 显著相关，则回归系数 c 显著，只有在这个前提下才能考虑中介变量，按照 Baron 和 Kenny（1986）的检验方法，中介效应的检验要满足以下四个条件，其具体分析框架如图 7-5 所示。

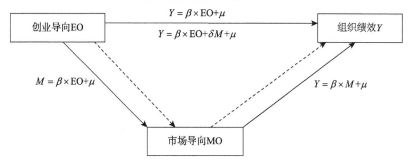

图 7-5　中介效应检验框架

实线表示直接效应路径，虚线表示中介效应路径

条件一：将组织绩效和创业导向及其不同维度进行回归分析，标准化回归系数要达到显著水平。

条件二：中介变量对创业导向及其不同维度进行回归分析，标准化回归系数要达到显著性水平。

条件三：组织绩效对中介变量（市场导向、组织学习和组织合作）进行回归分析，标准化回归系数要达到显著水平。

条件四：将创业导向不同维度、中介变量（市场导向、组织学习和组织合作）同时放入回归方程，就组织绩效对创业导向不同维度和中介变量进行回归，回归结果应显示中介变量（市场导向、组织学习和组织合作）达到显著水平，创业导向不同维度回归系数减少。如果创业导向及其不同维度的回归系数已经减少到不显著水平，这说明中介变量（市场导向、组织学习和组织合作）对创业导向和组织绩效起到完全的中介作用，如果创业导向的回归系数只是有所减少，仍然达到显著性水平，这说明中介变量起到部分中介作用。

四个条件分别以四个步骤来检验。

1）市场导向对创业导向与合作组织绩效关系的中介回归

步骤一，以创业导向为解释变量，以农村合作组织绩效为被解释变量，进行回归分析。回归结果显示，标准化回归系数为 0.520 0（t=6.47，P=0.000），并且在 0.1%的水平上统计显著，满足第一个条件。步骤二，以创业导向为解释变量，以市场导向为被解释变量进行回归，得到标准化回归系数 0.416 1（t=4.87，P=0.000），但是，由于存在异方差性（P=0.003 2），所以采用稳健回归，其系数标准误为 0.082 0，显著性进一步增强，条件二得到满足。步骤三，以合作组织绩效为被解释变量，以市场导向为解释变量进行回归，得到标准化系数 0.508 5（t=6.28，P=0.000），条件三得到满足。步骤四，以合作组织绩效为被解释变量，将创业导向、市场导向同时作为解释变量进行回归，两者的容差为 0.826 8，在 0.1 到 1 的区间内，故该模型中创业导向与市场导向不存在共线性。创业导向的系数为 0.373 0（t=4.54，P=0.000），市场导向的系数为 0.353 3（t=4.30，P=0.000）。创业导向的系数下降，从 0.520 0 下降到 0.373 0，但并没有下降到不显著的程度。因此，市场导向在创业导向对合作组织绩效的正向影响中起部分中介作用。模型的综合描述如表 7-23 和图 7-6 所示。假设 7-2-3 得到验证。

表 7-23 创业导向-组织绩效与市场导向中介效应的检验

模型	被解释变量	解释变量	标准系数	t	显著性	容差	chi2（1）值（Prob>chi2）
1	组织绩效	创业导向	0.520 0	6.47	0.000		2.40（0.121 1）
2	市场导向	创业导向	0.416 1	4.87	0.000		8.68（0.003 2）
3	组织绩效	市场导向	0.508 5	6.28	0.000		0.24（0.624 6）
4	组织绩效	创业导向	0.373 0	4.54	0.000	0.826 8	0.05（0.818 3）
		市场导向	0.353 3	4.30	0.000	0.826 8	

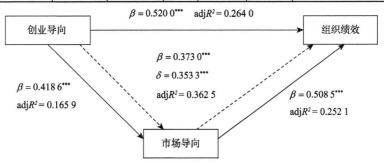

图 7-6 市场导向对创业导向与合作组织绩效关系的中介作用检验

***表示在 1%水平上显著

2）市场导向对创新与超前行动和合作组织绩效关系的中介回归

步骤一，以创新与超前行动为解释变量，以合作组织绩效为被解释变量进行回归分析，标准化回归系数为 0.387 5（t=4.47，P=0.000），条件一得到满足。步骤二，以市场导向为被解释变量，以创新与超前行动为解释变量进行回归，得到标准化回归系数 0.231 0（t=2.52，P=0.038），条件二得到满足。步骤三，以合作组织绩效为被解释变量，以市场导向为解释变量进行回归分析，得到标准化回归系数 0.508 5（t=6.28，P=0.000），条件三得到满足。步骤四，以合作组织绩效为被解释变量，以创新与超前行动和市场导向同时为解释变量进行回归，两者的容差为 0.946 6，在 0.1 到 1 的区间内，因此两个变量之间不存在多重共线性。创新与超前行动的标准化回归系数为 0.285 3（t=3.60，P=0.000），市场导向的标准化回归系数为 0.442 6（t=5.59，P=0.000）。创新与超前行动的回归系数从 0.387 5 下降到 0.285 3，但没有下降到不显著的程度，因此，市场导向对创新与超前行动与合作组织绩效关系起部分中介作用，假设 7-2-3a 和 7-2-3b 得到验证。模型的整体回归结果如表 7-24 和图 7-7 所示。

表 7-24　创新与超前行动与市场导向中介变量的检验

模型	被解释变量	解释变量	系数	t	显著性	容差	chi2（1）值（Prob>chi2）
1	组织绩效	创新与超前行动	0.387 5	4.47	0.000		4.33（0.037 5）
2	市场导向	创新与超前行动	0.231 0	2.52	0.038		4.40（0.035 9）
3	组织绩效	市场导向	0.508 5	6.28	0.000		0.24（0.624 6）
4	组织绩效	创新与超前行动	0.285 3	3.60	0.000	0.946 6	0.09（0.761 0）
		市场导向	0.442 6	5.59	0.000	0.946 6	

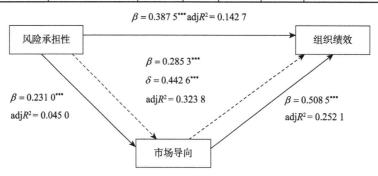

图 7-7　市场导向对创新与超前行动和合作组织绩效关系的中介作用检验

***表示在1%水平上显著

3）市场导向对风险承担性与合作组织绩效关系的中介回归

步骤一，以合作组织绩效为被解释变量，以风险承担性为解释变量进行回归，风险承担性的标准化回归系数为 0.424 4（t=4.98，P=0.000），条件一得到满足。步骤二，以市场导向为被解释变量，以风险承担性为解释变量进行回归，风险承担性的标准化回归系数为 0.195 2（t=2.12，P=0.037），条件二得到满足。步骤三，以合作组织绩效为被解释变量，以市场导向为解释变量进行回归，市场导向的标准化回归系数为 0.508 5（t=6.28，P=0.000），条件三得到满足。步骤四，以合作组织绩效为被解释变量，以风险承担性和市场导向同时为解释变量进行回归分析，风险承担性的标准化回归系数为 0.337 9（t=4.41，P=0.000），市场导向的标准化回归系数为 0.442 5（t=5.78，P=0.000），两者的容差为 0.961 8，在 0.1 到 1 的区间内，所以两者不存在共线性。风险承担性的标准化回归系数从 0.424 4 下降到 0.337 9，但系数还没下降到不显著的程度，因此，市场导向在风险承担性与合作组织绩效关系中起部分中介作用，假设 7-2-3c 得到验证。模型的汇总结果如表 7-25 和图 7-8 所示。

表 7-25　风险承担性、组织绩效、市场导向中介效应的检验

模型	被解释变量	解释变量	标准系数	t	显著性	容差	chi2（1）值（Prob>chi2）
1	组织绩效	风险承担性	0.424 4	4.98	0.000		0.54（0.462 1）
2	市场导向	风险承担性	0.195 2	2.12	0.037		3.58（0.058 5）
3	组织绩效	市场导向	0.508 5	6.28	0.000		0.24（0.624 6）
4	组织绩效	风险承担性	0.337 9	4.41	0.000	0.961 8	0.03（0.873 8）
		市场导向	0.442 5	5.78	0.000	0.961 8	

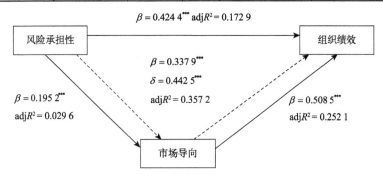

图 7-8　市场导向对风险承担性与组织绩效关系的中介作用检验

***表示在 1%水平上显著

4）市场导向对竞争积极性与合作组织绩效关系的中介回归

步骤一，以合作组织绩效为被解释变量，以竞争积极性为解释变量进行回归分析，标准化回归系数为 0.318 4（t=3.57，P=0.000），条件一得到满足。步骤二，以市场导向为被解释变量，以竞争积极性为解释变量进行回归，得到竞争积极性的标准化回归系数为 0.521 3（t=6.49，P=0.000），条件二得到满足。步骤三，以合作组织绩效为被解释变量，以市场导向为解释变量进行回归，得到市场

导向的标准化回归系数为 0.508 5（t=6.28，P=0.000），条件三得到满足。步骤四，以合作组织绩效为被解释变量，以竞争积极性和市场导向同时为被解释变量进行回归，其中，竞争积极性的标准化回归系数为 0.073 2（t=0.77，P=0.443），市场导向的标准化回归系数为 0.543 2（t=3.80，P=0.000），两者的容差为 0.728 1，两者不存在共线性。竞争积极性的标准化回归系数从 0.318 4 下降到 0.073 2，且不显著，这说明市场导向对竞争积极性与合作组织绩效关系起完全中介作用，假设 7-2-3e 得到验证。验证结果如表 7-26 和图 7-9 所示。

表 7-26　竞争积极性、组织绩效、市场导向中介效应的检验

模型	被解释变量	解释变量	标准系数	t	显著性	容差	chi2（1）值（Prob>chi2）
1	组织绩效	竞争积极性	0.318 4	3.57	0.000		0.37（0.543 0）
2	市场导向	竞争积极性	0.521 3	6.49	0.000		15.84（0.000 0）
3	组织绩效	市场导向	0.508 5	6.28	0.000		0.24（0.624 6）
4	组织绩效	竞争积极性	0.073 2	0.77	0.443	0.728 1	0.65（0.421 8）
		市场导向	0.543 2	3.80	0.000	0.728 1	

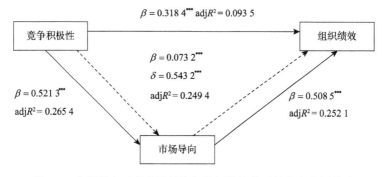

图 7-9　市场导向对竞争积极性与组织绩效关系的中介作用检验
***表示在 1%水平上显著

2. 组织学习中介作用的检验

1）组织学习对创业导向整体与组织绩效关系的中介回归

步骤一，以合作组织绩效为被解释变量，以创业导向整体为解释变量做回归分析，得到创业导向整体的标准化回归系数为 0.520 0（t=6.47，P=0.000），条件一得到满足。步骤二，以组织学习为被解释变量，以创业导向整体为解释变量进行回归分析，得到创业导向整体的标准化回归系数为 0.382 5（t=4.40，P=0.000），条件二得到满足。步骤三，以合作组织绩效为被解释变量，以组织学习为解释变量进行回归分析，得到组织学习的标准化回归系数为 0.547 0（t=6.95，P=0.000），条件三得到满足。步骤四，以合作组织绩效为被解释变量，同时以创业导向整体和组织学习为解释变量进行回归分析，得到创业导向整

体的标准化回归系数 0.364 0（t=4.64，P=0.000），组织学习的标准系数为 0.407 8（t=5.20，P=0.000），两者的容差为 0.853 6，在 0.1 到 1 之间，故两个变量之间无共线性。创业导向整体的标准化回归系数从 0.520 0 下降到 0.364 0，但没有下降到该变量不显著的程度，因此，组织学习对创业导向整体与合作组织绩效关系起部分中介作用。假设 7-3-3 得到验证，验证结果如表 7-27 和图 7-10 所示。

表 7-27　创业导向、组织绩效、组织学习中介效应的检验

模型	被解释变量	解释变量	标准系数	t	显著性	容差	chi2（1）值（Prob>chi2）
1	组织绩效	创业导向	0.520 0	6.47	0.000		2.40（0.121 1）
2	组织学习	创业导向	0.382 5	4.40	0.000		7.52（0.006 1）
3	组织绩效	组织学习	0.547 0	6.95	0.000		3.93（0.047 4）
4	组织绩效	创业导向	0.364 0	4.64	0.000	0.853 6	2.45（0.117 5）
		组织学习	0.407 8	5.20	0.000	0.853 6	

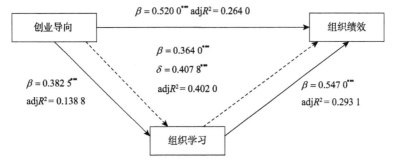

图 7-10　组织学习对创业导向整体与组织绩效关系的中介作用检验

***表示在 1% 水平上显著

2）组织学习对创新与超前行动和组织绩效关系的中介回归

步骤一，以合作组织绩效为被解释变量，以创新与超前行动为解释变量进行回归分析，得到创新与超前行动的回归系数为 0.387 5（t=4.47，P=0.000），条件一得到满足。步骤二，以组织学习为被解释变量，以创新与超前行动为解释变量进行回归分析，得到创新与超前行动回归系数为 0.208 2（t=2.26，P=0.025），条件二得到满足。步骤三，以合作组织绩效为被解释变量，以组织学习为解释变量进行回归分析，得到组织学习标准化回归系数为 0.547 0（t=6.95，P=0.000），条件三得到满足。步骤四，以组织绩效为被解释变量，将创新与超前行动和组织学习同时为被解释变量作为解释变量进行回归分析，得到创新与超前行动的回归系数为 0.286 0（t=3.75，P=0.000），组织学习回归系数为 0.487 5（t=6.40，P=0.000），两者的容差为 0.956 6，在 0.1 和 1 之间，两者之间无共线性。创新与超前行动的回归系数从 0.387 5 下降到 0.286 0，但仍然显著，这说明组织学习对

创新与超前行动和组织绩效的关系起部分中介作用，假设 7-3-3a 和假设 7-3-3b 得到验证，验证结果如表 7-28 和图 7-11 所示。

表 7-28　创新与超前行动、组织绩效、组织学习中介效应的检验

模型	被解释变量	解释变量	标准系数	t	显著性	容差	chi2（1）值（Prob>chi2）
1	组织绩效	创新与超前行动	0.387 5	4.47	0.000		4.33（0.037 5）
2	组织学习	创新与超前行动	0.208 2	2.26	0.025		4.05（0.044 1）
3	组织绩效	组织学习	0.547 0	6.95	0.000		3.93（0.047 4）
4	组织绩效	创新与超前行动	0.286 0	3.75	0.000	0.956 6	1.16（0.281 8）
		组织学习	0.487 5	6.40	0.000	0.956 6	

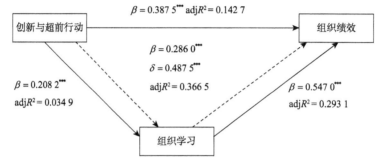

图 7-11　组织学习对创新与超前行动和组织绩效关系的中介作用检验

***表示在 1% 水平上显著

3）组织学习对风险承担性与组织绩效关系的中介回归分析

步骤一，以合作组织绩效为被解释变量，以风险承担性为解释变量进行回归分析，得风险承担性的标准化回归系数为 0.424 4（t=4.98，P=0.000），条件一得到满足。步骤二：以组织学习为被解释变量，以风险承担性为解释变量进行回归分析，组织学习的标准化回归系数为 0.266 1（t=2.93，P=0.004），条件二得到满足。步骤三，以组织绩效为被解释变量，以组织学习为解释变量进行回归分析，标准化系数为 0.547 0（t=6.95，P=0.000），条件三得到满足。步骤四，以合作组织绩效为被解释变量，以风险承担性和组织学习同时为解释变量进行回归分析，风险承担性标准化回归系数为 0.300 0（t=3.90，P=0.000），组织学习标准化回归系数为 0.467 2（t=6.07，P=0.000），这两个变量的容差为 0.929 1，两者之间并无共线性。风险承担性的系数从 0.424 4 下降到 0.300 0，但系数依然显著，这说明组织学习在风险承担性与组织绩效的关系中起部分中介作用，假设 7-3-3c 得到验证。验证结果如表 7-29 和图 7-12 所示。

表 7-29　风险承担性、组织绩效、组织学习中介效应的检验

模型	被解释变量	解释变量	标准系数	t	显著性	容差	chi2（1）值（Prob>chi2）
1	组织绩效	风险承担性	0.424 4	4.98	0.000		0.54（0.462 1）
2	组织学习	风险承担性	0.266 1	2.93	0.004		4.05（0.044 1）
3	组织绩效	组织学习	0.547 0	6.95	0.000		3.93（0.047 4）
4	组织绩效	风险承担性	0.300 0	3.90	0.000	0.929 1	1.31（0.252 8）
		组织学习	0.467 2	6.07	0.000	0.929 1	

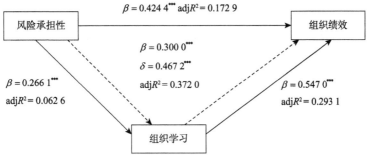

图 7-12　组织学习对风险承担性与组织绩效关系的中介作用检验

***表示在 1% 水平上显著

4）组织学习对竞争积极性与组织绩效关系的中介回归分析

步骤一，以合作组织绩效为被解释变量，以竞争积极性为解释变量进行回归分析，竞争积极性的标准化回归系数为 0.318 4（t=3.57，P=0.000），条件一得到满足。步骤二，以组织学习为被解释变量，以竞争积极性为解释变量进行回归分析，竞争积极性的回归系数为 0.398 4（t=4.62，P=0.000），条件二得到满足。步骤三，以组织绩效为被解释变量，以组织学习为解释变量进行回归分析，组织学习的标准化回归系数为 0.547 0（t=6.95，P=0.000）条件三得到满足。步骤四，以组织绩效为被解释变量，以竞争积极性和组织学习同时为解释变量进行回归分析，竞争积极性的标准化回归系数为 0.119 4（t=1.40，P=0.165），组织学习的标准化系数 0.499 5（t=5.84，P=0.000），两者的容差为 0.841 2，不存在共线性。竞争积极性的回归系数从 0.318 4 下降到 0.119 4，系数 0.119 4 不显著，这说明组织学习对竞争积极性和组织绩效关系起完全中介作用，假设 7-3-3e 得到验证，验证结果如表 7-30 和图 7-13 所示。

表 7-30　竞争积极性、组织绩效、组织学习中介效应的检验

模型	被解释变量	解释变量	标准系数	t	显著性	容差	chi2（1）值（Prob>chi2）
1	组织绩效	竞争积极性	0.318 4	3.57	0.000		0.37（0.543 0）
2	组织学习	竞争积极性	0.398 4	4.62	0.000		1.93（0.165 2）

续表

模型	被解释变量	解释变量	标准系数	t	显著性	容差	chi2（1）值（Prob>chi2）
3	组织绩效	组织学习	0.547 0	6.95	0.000		3.93（0.047 4）
4	组织绩效	竞争积极性	0.119 4	1.40	0.165	0.841 2	7.22（0.007 2）
		组织学习	0.499 5	5.84	0.000	0.841 2	

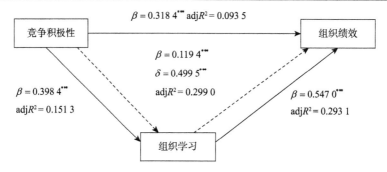

图 7-13　组织学习对竞争积极性与组织绩效关系的中介作用检验

***表示在 1%水平上显著

3. 跨组织合作中介作用的检验

1）跨组织合作对创业导向整体与组织绩效的中介回归分析

步骤一，以组织绩效为被解释变量，以创业导向整体为解释变量进行回归分析，创业导向整体的标准化回归系数为 0.520 0（t=6.47，P=0.000），条件一得到满足。步骤二，以跨组织合作为被解释变量，以创业导向整体为解释变量进行回归分析，跨组织回归的标准化回归系数为 0.483 7（t=5.87，P=0.000），条件二得到满足。步骤三，以组织绩效为被解释变量，以跨组织合作为解释变量进行回归分析，跨组织合作的标准化回归系数为 0.505 6（t=6.23，P=0.000），条件三得到满足。步骤四，以组织绩效为被解释变量，将创业导向整体、跨组织合作作为解释变量回归分析，创业导向整体的标准化回归系数为 0.359 6（t=4.15，P=0.000），跨组织合作的标准化回归系数为 0.331 7（t=3.83，P=0.000），这两个变量的容差为 0.766 0，两者不存在共线性。创业导向整体的系数从 0.520 0 下降到 0.359 6，但是仍然显著，这说明一部分效应被其他中介变量传递，因此跨组织合作对创业导向整体与组织绩效关系起部分中介作用，假设 7-4-3 得到验证，验证结果如表 7-31 和图 7-14 所示。

表 7-31　创业导向、组织绩效、跨组织合作中介效应的检验

模型	被解释变量	解释变量	标准系数	t	显著性	容差	chi2（1）（Prob>chi2）
1	组织绩效	创业导向	0.520 0	6.47	0.000		2.40（0.1211）
2	跨组织合作	创业导向	0.483 7	5.87	0.000		0.64（0.4227）

续表

模型	被解释变量	解释变量	标准系数	t	显著性	容差	chi2（1）（Prob>chi2）
3	组织绩效	跨组织合作	0.505 6	6.23	0.000		1.43（0.2315）
4	组织绩效	创业导向	0.359 6	4.15	0.000	0.766 0	0.14（0.7070）
		跨组织合作	0.331 7	3.83	0.000	0.766 0	

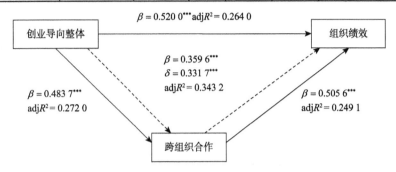

图 7-14　跨组织合作对创业导向整体与组织绩效的中介作用检验

***表示在 1%水平上显著

2）跨组织合作对创新与超前行动和组织绩效关系的中介回归分析

步骤一，以合作组织绩效为被解释变量，以创新与超前行动为解释变量进行回归分析，创新与超前行动的回归系数为 0.387 5（t=4.47，P=0.000），条件一得到满足。步骤二，以跨组织合作为被解释变量，以创新与超前行动为解释变量进行回归分析，创新与超前行动的标准化回归系数为 0.336 2（t=3.80，P=0.000），条件二得到满足。步骤三，以组织绩效为被解释变量，以跨组织合作为解释变量进行回归分析，跨组织合作的标准化回归系数为 0.505 6（t=6.23，P=0.000），条件三得到满足。步骤四，以组织绩效为被解释变量，以创新与超前行动与跨组织合作为解释变量进行回归分析，创新与超前行动的标准系数为 0.245 2（t=2.94，P=0.004），跨组织合作的标准化系数 0.423 1（t=5.07，P=0.000），两者的容差为 0.866 9，在 0.1 到 1 之间，两者不存在共线性。创新与超前行动的系数从 0.387 5 下降到 0.245 2，但仍然显著，这说明部分中介作用由其他变量传递，跨组织合作在创新与超前行动和组织绩效的关系中起部分中介作用，假设 7-4-3a 和假设 7-4-3b 得到验证，验证结果如表 7-32 和图 7-15 所示。

表 7-32　创新与超前行动、组织绩效、跨组织合作中介效应的检验

模型	被解释变量	解释变量	标准系数	t	显著性	容差	chi2（1）值（Prob>chi2）
1	组织绩效	创新与超前行动	0.387 5	4.47	0.000		4.33（0.037 5）
2	跨组织合作	创新与超前行动	0.336 2	3.80	0.000		1.64（0.200 8）

续表

模型	被解释变量	解释变量	标准系数	t	显著性	容差	chi2（1）值（Prob>chi2）
3	组织绩效	跨组织合作	0.505 6	6.23	0.000		1.43（0.231 5）
4	组织绩效	创新与超前行动	0.245 2	2.94	0.004	0.886 9	0.47（0.493 9）
		跨组织合作	0.423 1	5.07	0.000	0.886 9	

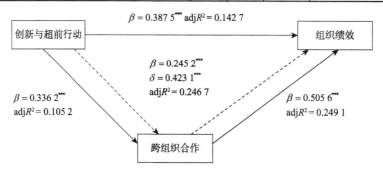

图 7-15　跨组织合作对创新与超前行动和组织绩效关系的中介作用检验

***表示在 1%水平上显著

3）跨组织合作对风险承担性与组织绩效关系的中介回归分析

步骤一，以合作组绩效为被解释变量，以风险承担性为解释变量进行回归分析，风险承担性的标准化回归系数为 0.424 4（t=4.98，P=0.000），条件一得到满足。步骤二，以跨组织合作为被解释变量，以风险承担性为解释变量进行回归分析，标准化回归系数为 0.265 5（t=2.93，P=0.004），条件二得到满足。步骤三，以组织绩效为被解释变量，以跨组织合作为解释变量回归分析，跨组织合作的标准化回归系数为 0.505 6（t=6.23，P=0.000），条件三得到满足。步骤四，以组织绩效为被解释变量，以风险承担性和跨组织合作为解释变量进行回归分析，风险承担性的标准化系数为 0.312 1（t=3.94，P=0.000），跨组织合作的标准化系数为 0.424 7（t=5.34，P=0.000），两者的容差为 0.929 4，两者之间无共线性。风险承担性的系数从 0.424 4 下降到 0.312 1，但 0.312 1 仍然显著，这说明部分中介作用由其他变量传递，跨组织合作对风险承担性与组织绩效关系起部分中介作用，假设 7-4-3c 得到验证，验证结果如表 7-33 和图 7-16 所示。

表 7-33　风险承担性、组织绩效、跨组织合作中介效应的检验

模型	被解释变量	解释变量	标准系数	t	显著性	容差	chi2（1）值（Prob>chi2）
1	组织绩效	风险承担性	0.424 4	4.98	0.000		0.54（0.462 1）
2	跨组织合作	风险承担性	0.265 5	2.93	0.004		3.56（0.059 1）
3	组织绩效	跨组织合作	0.505 6	6.23	0.000		1.43（0.231 5）

续表

模型	被解释变量	解释变量	标准系数	t	显著性	容差	chi2（1）值（Prob>chi2）
4	组织绩效	风险承担性	0.312 1	3.94	0.000	0.929 4	0.47（0.495 0）
		跨组织合作	0.422 7	5.34	0.000	0.929 4	

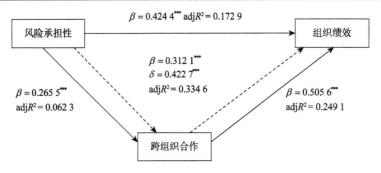

图 7-16　跨组织合作对风险承担性与组织绩效关系的中介作用检验

***表示在 1% 水平上显著

4）跨组织合作对竞争积极性与组织绩效关系的中介回归分析

步骤一，以合作组织绩效为被解释变量，以竞争积极性为解释变量进行回归分析，竞争积极性的标准化回归系数为 0.318 4（t=3.57，P=0.000），条件一得到满足。步骤二，以跨组织合作为被解释变量，以竞争积极性为解释变量进行回归分析，竞争积极性的回归系数为 0.462 7（t=5.55，P=0.000），条件二得到满足。步骤三，以组织绩效为被解释变量，以跨组织合作为解释变量回归分析，跨组织合作的标准化回归系数为 0.505 6（t=6.23，P=0.000），条件三得到满足。步骤四，以组织绩效为被解释变量，以竞争积极性和跨组织合作为解释变量进行回归分析，竞争积极性的标准化回归系数为 0.107 4（t=1.18，P=0.242），跨组织合作的标准化回归系数为 0.455 9（t=4.99，P=0.000），两者的容差为 0.785 8，在 0.1 和 1 之间，两者之间不存在共线性。竞争积极性的系数从 0.318 4 下降到 0.107 4，但系数不显著，这说明跨组织合作在竞争积极性与组织绩效关系中起完全中介作用，假设 7-4-3e 得到验证，验证结果如表 7-34 和图 7-17 所示。

表 7-34　竞争积极性、组织绩效、跨组织合作中介效应的检验

模型	被解释变量	解释变量	标准系数	t	显著性	容差	chi2（1）值（Prob>chi2）
1	组织绩效	竞争积极性	0.318 4	3.57	0.000		0.54（0.462 1）
2	跨组织合作	竞争积极性	0.462 7	5.55	0.000		0.00（0.990 8）
3	组织绩效	跨组织合作	0.505 6	6.23	0.000		1.43（0.231 5）
4	组织绩效	竞争积极性	0.107 4	1.18	0.242	0.785 8	2.38（0.123 0）
		跨组织合作	0.455 9	4.99	0.000	0.785 8	

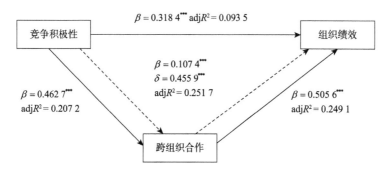

图 7-17　跨组织合作在竞争积极性与组织绩效关系的中介作用检验

***表示在 1%水平上显著

六、研究结论及讨论

（一）研究结论

表 7-35 为本章假设验证结论汇总。创业导向对组织绩效具有显著正向影响，市场导向、组织学习和跨组织合作在两者关系中起重要的中介作用，因此，要发挥创业导向对组织绩效的促进作用，就要配合其他机制的协同。

表 7-35　创业导向对组织绩效影响的假设验证结果汇总

假设	自变量	因变量	效应分析
假设 7-1	创业导向整体	组织绩效	显著正向影响
假设 7-1-1；假设 7-1-2	创新与超前行动	组织绩效	显著正向影响
假设 7-1-4	风险承担性	组织绩效	显著正向影响
假设 7-1-5	竞争积极性	组织绩效	显著正向影响
市场导向中介作用			
假设 7-2-3	创业导向整体	组织绩效	部分中介作用
假设 7-2-3a、假设 7-2-3b	创新与超前行动	组织绩效	部分中介作用
假设 7-2-3c	风险承担性	组织绩效	部分中介作用
假设 7-2-3e	竞争积极性	组织绩效	完全中介作用
组织学习中介作用			
假设 7-3-3	创业导向整体	组织绩效	部分中介作用
假设 7-3-3a、假设 7-3-3b	创新与超前行动	组织绩效	部分中介作用
假设 7-3-3c	风险承担性	组织绩效	部分中介作用
假设 7-3-3e	竞争积极性	组织绩效	完全中介作用

续表

假设	自变量	因变量	效应分析
跨组织合作中介作用			
假设 7-4-3	创业导向整体	组织绩效	部分中介作用
假设 7-4-3a、假设 7-4-3b	创新与超前行动	组织绩效	部分中介作用
假设 7-4-3c	风险承担性	组织绩效	部分中介作用
假设 7-4-3e	竞争积极性	组织绩效	完全中介作用

本章基于实地调研数据，分析创业导向整体及子维度对组织绩效的影响。

首先，利用线性回归模型分析创业导向整体对组织绩效的影响，实证结果表明：①在组织经营时间和资产规模不变的条件下，创业导向整体显著正向影响组织绩效；②在控制经营时间和资产规模不变的条件下，分别加入市场导向、组织学习和跨组织合作变量，回归结果表明这三个变量对组织绩效都具有显著正向影响，创业导向整体对组织绩效影响虽依然显著，但影响程度有所下降；③在加入市场导向、组织学习和跨组织合作变量后，再加入市场导向×创业导向整体、组织学习×创业导向整体和跨组织合作×创业导向整体交互项，交互项都不显著，但创业导向整体，市场导向、组织学习、跨组织合作，以及创业导向与这三个变量交互项的联合检验显著。综上得出结论，创业导向正向显著影响组织绩效，两者之间关系存在中介变量。

其次，分析创业导向子维度对组织绩效的影响。在控制合作组织经营时间、资产规模不变的条件下，创新与超前行动、风险承担和竞争积极性三个子维度都对组织绩效具有显著正向影响。根据系数估计值的大小，创新与超前行动对组织绩效影响程度最大（$\beta = 0.2804$），竞争积极性其次（$\beta = 0.2503$），风险承担性最小（$\beta = 0.2480$），系数均在1%的统计水平上显著。

最后，进行市场导向、组织学习和跨组织合作的中介变量的中介效应检验。回归模型检验结果表明：①市场导向在创业导向整体、创新与超前行动、风险承担性与组织绩效之间起部分中介作用，在竞争积极性与组织绩效之间起完全中介作用；②组织学习在创业导向整体、创新与超前行动和风险承担性之间起部分中介作用，在竞争积极性与组织绩效之间起完全中介作用；③跨组织合作在创业导向整体、创新与超前行动、风险承担性之间起部分中介作用，在竞争积极性与组织绩效之间起完全中介作用。

综上所述，无论是创业导向整体，还是创业导向子维度，都对组织绩效具有显著正向影响；市场导向、组织学习和跨组织合作在创业导向及其子维度与组织绩效之间起中介作用，在竞争积极性与组织绩效之间起完全中介作用。

（二）讨论

在识别创业导向与组织绩效作用的中介因素时，考虑的因素有限，可能有其他的传递媒介没有被纳入考虑范围，因此，在未来的研究中，要验证更多的中介作用，从而指示农村合作组织内部创业导向战略对组织绩效影响的黑箱。

本章研究没有考虑调节效应，在农村合作组织绩效提升机制中，不仅存在中介作用机制，还存在一定的调节变量，对这些变量的检验有助于揭示合作组织绩效提升的内部机制。

七、对策建议

创业型组织建构的关键是创业导向对组织绩效的提升和促进作用，因此，要强化创业导向在组织绩效提升方面的功能和职能。

（一）提升创业导向战略管理水平

无论是组织创业，还是个人创业，都需要按照创业导向具备"创新、承担风险、超前认知和行动"的能力，即具备冒险精神、深邃的洞察力及对形势的判断能力和预测能力，这需要通过自发学习和外部培训实现。另外，培养企业家的机会探索与机会开发能力，使其在创业导向转化为组织绩效中起中介作用（张玉利和李乾文，2009），机会探索和开发能力的培养，可以提高组织创业过程中的机会识别能力，从而为组织创业提供更大的空间。

1. 提高创新与超前行动水平

合作组织企业家能力与组织绩效之间存在显著的正相关关系（彭莹莹和苑鹏，2014）。组织的创新能力在一定程度上决定了组织的生存能力，而企业家能力在组织创新能力中起关键作用，培养农村合作组织负责人的企业家创新能力，关键在于培养企业家的适应性创新能力，这种能力主要表现为对组织创业环境的适应能力、对动态环境的把握能力、对环境变化的应激性创业能力等。当外界环境变化时，组织应对管理策略、资源获取途径、产品销售及技术进行创新以适应外界变化，通过创新提高组织生存的能力和强度，这种创新能力包括制度创新能力、技术创新能力和管理创新能力。

首先，提高合作组织创新能力。创新是组织生存的关键，如何提高合作组织创新能力是创业型组织发展的关键。提高创新的激励机制，创新存在于组织生存的各个方面，具备不同的形态，包括显性和隐性。创新发生的主要推动力量是人的能动性。人在激励环境下，可以将主导的资源和市场进行有效组合，因此，要完善组织内部的创新激励机制。创新的激励关键在于创新的产权的保护，以及正确分配集体创新的收益，由于合作组织连接比较松散，退出和进入门槛不高，所以创新的产权保护存在一定的困难，同时缺乏保护意识，创新的边界界定模糊，内部缺乏有形的所有权和控制权分配制度，使创新产权保护存在一定的障碍，从而导致内部成员创新的动力不足。提高内部创新的动力，关键在于建立一个基于创业导向的产权体系，这个体系包括创新成果的保护、创新失败的补偿和创新收益的分配等系列内容。通过不断完善制度创新，激励组织内部不断产生创新行为。

其次，保障市场领先地位。超前行动是指超前于对手或同行采取市场行为，从而获得较大的市场份额和市场利润。农村合作组织本身就是分散农户应对市场的手段，如果不能采取先于对手的行为，将无法完成其经济使命。超前行动关键在于组织内部核心创业者的市场眼光和对机会的把握能力，以及执行能力的有效综合，为提高超前行动性，合作组织需要建立有效的协同系统。超前行动的关键是合作组织只有了解对手及同行的情况，才能超前，这需要建立有效的协同系统，包括与下游企业对接市场需求的状况、与政府部门对接制度变化情况、与同行对接技术和市场情况等。通过与不同部门的协同，找到超前行动的节点，调动组织内部的资源对市场的潜在需求进行超前响应，从而获得超额利润。

案例 7-1

某辣椒合作社本来仅仅规模种植订单要求的辣椒，以鲜辣椒销售为主。在一次合约的履行过程中，由于收购辣椒的商户没有及时来收购，合作社的负责人就带核心成员前去打探情况，经过考察，发现商户将辣椒打成辣椒酱后销售，并且打辣椒酱的过程中的技术比较简单。合作社负责人在考察商户过程中，偶遇前来收购辣椒酱的收购商，在主动与其攀谈并获取一手信息后，回来召开合作社负责人会议，决定直接与辣椒酱下游企业联系，将打辣椒酱的环节引进到合作社的田头。这样，一是降低了运输中的损耗，二是降低了采摘过程中的损耗，并且能够获得中间环节的利润。合作社成员一拍即合，马上采取行动，引进外面的设备，联合当地种植特殊辣椒的农户，马上开工以获取交工的收益。这种超前行动，为合作社带来较大的收益，并且降低了风险。

此外，还先于对手采取辣椒烘干技术，通过引进设备，将鲜采的辣椒及时烘干，保存到价格合适的时机进行销售。核心成员不断采取超前行动，保障了合作社利润超过单干的农户和其他合作社，因此，该辣椒合作社在当地小有名气，吸引了更多的小规模农户参与其中。

案例 7-2　超前行动需要其他机构的协同

某辣椒合作社依据客户和市场需求，淘汰以前的品种，种植辣度比较强、适宜制作辣椒酱的品种。通过与外地客商的合作，获得种子和相关生产资料，并按照客户要求进行生产。在该过程中，得到许多部门的支持：由于购买相关设备需要投资，当地农村信用社提供了 8 万元的贷款；为了获得相关技术资料，合作社领导人从农科院获得第一手栽培技术资料，并迅速下发给合作社成员；当地政府为辣椒种植提供基础设施保障。在多方的协作下，合作社迅速开展，并且将产品迅速投入市场，获得超前经营的收益。

2. 提高组织风险承担水平

风险承担是企业家应具备的关键能力之一，尤其是经营农业生产和销售的农村合作组织，更需要负责人的风险承担能力。风险承担能力水平的提高，不是指盲目提高承担能力，而是指利用企业家的眼光，在对组织创业机会风险系进行分析和评估的基础上，利用风险管理工具，将风险有效转移和分散。这需要培养农村合作组织负责人、管理层的风险分析、风险评估和风险管理的能力，还需要培养合作组织负责人在不同利益主体之间的风险配置能力。

组织是集体承担风险的群体，提高组织整体风险承担能力，关键在于组织内部的结构及其对风险的态度。组织结构对风险承担至关重要，在组织结构较为完善的情况下，能够承担较长的时间的风险冲击，或者应对较大的风险冲击。组织结构的优化有助于提高组织的风险承担能力，相互制衡的结构，能够有效分担风险的冲击，并且能够抗击较大的风险。例如，对于创业风险而言，内部组织结构较清晰的合作组织，能够明确风险的产生和承担部门，从而减少相互之间推诿扯皮、相互推卸责任的机会主义行为，形成组织敢于承担、责任明晰的风险承担体系，进而提高组织的风险承担水平。

风险承担能力的提高还在于对风险的有效管理，对于合作组织来说，风险的主要来源是外部市场的波动和内部质量的控制，由于市场风险来源的特殊性和不确定性很难控制，从而形成系统风险，但是合作组织所能控制的仅仅是存在于个体内部的特有风险，所以有必要提高风险的管理水平。组织风险管理水平的提高，关键在于准确把握风险来源，从源头控制风险，将风险降到最低。

案例 7-3

某辣椒合作社，其风险的关键是辣椒的采摘时间的选择。如果采摘早了，辣椒的长度和直径不够；如果采摘时间过晚，其颜色变化较大，不符合标准。风险来源于采摘环节，针对该风险，合作社采取生产记录和人工监测双层管理，准确把握采摘期，并且建立比较完善的储存设施，使采摘后的辣椒保持原有状态。在源头控制方面，风险的识别、预测、管理和防范被综合在一起，从而在流程上控制风险。此外，合作社调整组织结构，由销售部门协同生产部门，管理采摘时间，最大限度降低采摘过程中的损失。

3. 提高竞争积极性

竞争积极性是对市场威胁的一种适应性反应，是着重考虑市场与竞争者的互动反应，表现为坚决、果断、有力地参与市场竞争。合作组织竞争积极性水平的提高要求做到了解竞争对手和市场环境，这需要合作组织不断学习战略调整和创业文化的建构。

首先，提高组织学习的共同愿景。组织学习的共同愿景能够促进竞争挑战倾向（李丹，2007）。合作组织作为一个松散连接的组织，其共同愿景倾向较弱，需要建立一个被组织成员广泛认可的系统目标，使成员通过学习产生强烈的服从合作组织目标的使命感，并使个体目标与组织目标保持高度一致，有效提高组织参与竞争的积极性。

竞争主要是与竞争对手竞争，因此，学习的关键是了解竞争对手的信息，根据竞争对手的发展状况和具体竞争特征，选择正确的竞争方向。向竞争对手学习的关键在于获得竞争对手的核心知识信息，一般来说，核心知识不可复制和学习，但是，通过交流、摸索和模仿，合作组织会得到一些创新性的知识信息，其不仅能够学习，而且能够探索性地学习，从而建立自己的核心知识，为击败竞争对手创造条件。

其次，提高合作组织的战略能力；战略能力强调的是组织外部环境信息搜集和内部信息的沟通，提升组织信息质量，有利于组织增强积极竞争的信息（胡赛全等，2014）。提高组织战略能力的途径主要是提升合作组织负责人的战略眼光和组织管理层的战略管理能力，这两种能力是组织选择正确竞争战略的关键因素，需要通过学习来提升。市场竞争表现在战术和战略两个方面。在战略竞争方面，农村合作社必须形成有效的战略管理，并且将战略一致地执行下去，这样才能获得持续的竞争优势。创业型组织战略管理主要是坚持创业导向的战略，在组织内部形成创新、风险承担和超前行动，通过持续不断的创业项目推动组织的成长，因此，创业导向的战略管理关键在于组织各个层次以创业精神为引导，管理和发展组织。

最后，提高组织的创新性文化水平。由于农村合作组织负责人和成员大都是农民，思想比较保守，创新积极性不高，因此，在合作组织内部创新文化氛围不浓厚。为有效提升合作组织的创新文化，一方面，应在组织内部强化榜样作用，通过树立创新榜样，激励其他成员跟随和模仿；另一方面，应保障创新的收益，对进行技术、产品或经营管理模式创新的先行先试者，在创新收益方面给予保障，降低创新收益的外部性。

创新文化来源于组织核心成员和普通成员两方面。对于不同层次的成员来说，创新文化的发展方向虽然不同，但是仍存在相同的部分。对于核心成员来说，关键在于组织的管理创新、组织创新、技术创新和制度创新等方面，其担负组织创新的主导力量，是开拓性、引导性的创新精神。对于普通成员来说，创新文化主要体现在对具体生产操作技术、微观组织管理和基层制度制定方面存在的冲突和不一致的看法，以及对组织内部学习和外部学习的创新性感受，并将这种创新性感受应用在微观调控方面。这种创新性文化基于组织内部竞争形成，通过内部竞争推动组织竞争的积极性。

（二）提高农村合作组织市场导向能力

1. 重视客户需求的变化

市场导向战略的关键是组织要以市场需求为导向，通过对市场的响应，获取更大的利润和竞争优势。

首先，重视对客户需求信息的搜集和加工。完善客户需求信息渠道，通过网络、市场中介和销售代理等渠道获得客户需求信息的变化，并将信息加工成可为决策服务的有用信息。客户包括潜在客户和显性客户，市场导向战略要求对这两种客户的信息都要进行具体搜集，通过信息搜集和加工，预测市场消费的趋势变化，从而为组织创业行为提供决策依据。

其次，科学预测需求变化。信息具有不确定性，通过信息加工，科学预测客户需求的变化，包括数量、质量和偏好方面的变化。对于合作组织来说，独立完成市场预测具有一定的难度，因此，需要与相关机构协同。农村合作组织的生产和销售具有一定的盲目性，关键要加强与相关部门的协同，如与专门的市场研究机构、政府部门、信息搜集和技术研发部门之间的协同，以及部门之间的协同，科学预测相关信息，从而增加预测信息的准确性，增加组织经营的科学性。

案例 7-4

蔬菜合作社与大型连锁超市签订合约，为连锁超市提供多种蔬菜，与超市生鲜部门紧密合作，预测日消费量和月消费量，并根据消费时间和数量，进行科学种植，调控数量和产量。这样既满足了客户需求，又达到了减少生产剩余的目的。

最后，建立客户需求变化应急机制。针对客户需求变化，要提高合作组织的反应速度，就要建立快速的应急机制。应急机制包括组织内部对市场的响应、与客户的协调和市场供给的调整方面，尤其是对市场需求变化的反应方面。合作组织自身调整生产的能力较弱，需要与其他部门建立合作关系，在合作的基础上，完成对市场需求的反应。需求变化具有突发性和不确定性，这导致合作组织不能有效响应市场，为克服其对市场反应迟缓的障碍，组织需要和利益相关方形成一致行动。

案例 7-5

水果消费具有季节性变化，黄金梨合作社为满足消费者冬天对水果的需求，根据需求量变化，建设一批冷库，对黄金梨进行储藏，以满足冬天消费者的需求。因为储藏是有成本的，所以为了确定合理储藏规模，合作社与大型连锁超市，即需求商建立柔性合约，在一定程度上缓解市场需求变化对合作社的冲击。

2. 重视客户的满意程度

对客户满意程度的重视，其目的在于提高顾客对产品的忠诚度，从而获得稳定的消费群体。合作组织往往只对下游客商的需求加以重视，而对最终消费者的需求并不十分重视。对于合作组织来说，只有了解最终客户的需求及其满意程度，才能满足消费者需求。

首先，建立基于客户满意程度的质量管理体系。合作组织生产规范、规章制度和质量控制制度的制定，需要以客户满意程度为导向，站在客户的角度为客户创造价值。合作组织直接面临的不是消费者，而是中间商，要满足中间商的需求，提高中间商的满意程度，就需要按照中间商要求的质量标准来生产，避免生产中的发生机会主义行为，尤其是分散生产的小规模成员农户，其生产过程具有不可监控的特性，为了追求产量和经济收益，往往会降低生产标准，从而降低产品的质量。对组织成员的生产机会主义行为，组织内部应建立有效的内部控制制度，包括成员之间的平行监督、组织对成员的纵向监督等，同时也使用现代监测技术，严格控制产品的标准，利用现代监控技术和现代生产设施，集中规模进行生产，从而有效控制生产环节。通过有效的产品质量控制，提高顾客满意程度。

其次，建立客户满意信息的搜集和加工系统。该系统搜集客户的反馈信息，科学评估客户的满意程度，进行创新或实行其他管理措施，进而提高客户满意程度。合作组织应建立有效的信息搜集渠道，这种渠道不仅包括与客户的直接沟通，还包括与间接客户的直接沟通，如与零售商、加工者和消费者进行直接沟通。利用现代网络技术，扩展信息搜集的范围，提高信息搜集的效率，从而真正把握客户的需求，掌握需求的变化，并及时进行响应。对信息的加工至关重要，要搜集有用的信息，提炼出合作组织需要的信息，就要提高合作组织信息加工的质量。合作组织利用现代信息加工技术和专业人士对信息进行提炼和评估，从而掌握真实的客户需求特征。

最后，提高对客户满意程度的预警和反应机制。针对客户满意程度的变化，提高反应速度，建立快速预警和反应部门，协调客户和组织的关系，正确处理组织与客户的冲突。对客户的及时响应，不应仅限于销售部门，更多的应是组织内部部门之间的协同。由于合作组织部门较少，相互之间协同解决问题的能力较弱，所以针对客户的需求的满意程度，应建立一个多部门协作的机制。当产品质量发生变化并影响客户的满意程度时，销售部门将信息准确反馈给生产部门，生产部门查找原因，及时调整生产流程和技术操作手段，并将信息及时反馈给销售部门，其他部门应及时将退货和善后的事情处理好。

3. 重视产品的创新和质量，提高顾客的忠诚度

针对客户需求和满意程度的变化进行产品创新，提升产品质量。

首先，采取跨组织合作的方式进行研发创新，结合客户需求倾向、偏好等信息，依托现有的、和组织联系密切的科研机构，进行局部或全面创新。客户忠诚度的提高，不仅在于提高产品质量，还在于提高与组织的关系密切程度，合作组织应与产品销售的主要中间商和零售商建立长期的战略联盟关系，通过建立长期稳定的交易关系，形成稳定的产销网络，结合中间商的战略需求，对组织产品进行创新管理，从而提高顾客的忠诚度。

其次，与客户进行合作研发，将合作组织作为客户的研发或实验基地，通过与客户联合，开发适应客户需求的创新产品。客户掌握消费需求的变化，而合作组织掌握生产流程和标准，具有一定的产品开发生产能力，两者的有效对接，是提高客户忠诚度的有效手段。

案例 7-6

某合作社与农科院、零售商合作，合作社提供土地、劳动力等相关生产资料；农科院提供种子和生产技术、设计生产和种植流程等技术环节；大的零售商负责产品的包装和销售。产品的市场销售业绩很好，零售商提出追加订单，并且与合作社签订五年以上的长期合约，定期定量销售合作社的产品；同时，合作社与农科院建立了长期技术合约，使生产技术得到保障，建立了稳定的长期联盟关系。

合作社还依托高校、科研机构和政府技术部门进行产品创新，将客户需求信息及创新方向动态传递给研究机构，从而实现产品创新。提高顾客忠诚度的关键在于对顾客诉求的重视。如果合作组织自己解决不了技术难题或解决成本较高时，合作组织可以将该问题交由具有解决能力的科研机构、高校或相关的政府部门解决，从而提高对客户诉求的重视程度，并且和高校、科研机构形成稳定的战略联盟关系。

（三）提高合作组织学习能力

1. 提高内部组织学习能力

学习能力是企业家在学习和模仿过程中的创新能力。一方面，要学会总结他人的经验进行模仿和试错，这种能力关键是获得他人经验过程中的窍门，如何高效率地模仿并结合本身实际情况进行实践，通过模仿和试错来实现最优方案的选择并形成有效决策。另一方面，要在学习的基础上提高创新能力，企业家能力不仅是成功模仿他人的成功经验和做法，而且是突破和超越前人的经验和做法，获得一种更有效率或在效率不变基础上成本更低廉的做法或窍门。

组织内部学习可以建立在成员之间相互学习的基础上，合作组织的成员虽然大都文化水平不高，但其具有比较细致的技术摸索精神，非常重视生产环节中的技术摸索和更新，并在闲暇之余进行技术摸索和沟通。这种带有实践经验的技术沟通，往往能够衍生出较有效的技术方法和流程，因此，合作组织成员之间的沟通是十分有效的。在技术水平上，组织内部肯定存在技术能手，也称为技术精英，技术精英和普通成员之间的沟通也十分有效，在面对新技术、新产品时，有些先掌握技术的成员就是被学习的榜样，其与普通成员的沟通能够有效提高技术在组织内部的扩散速度。

2. 提高外部组织学习能力

首先，向同行学习。向经营产品和服务相同或相近的企业、合作组织学习，学习生产加工、质量管理、销售模式等方面的经验。合作组织与同行之间的交流，同样能够提高组织学习能力。与同行之间的学习关键在于适应性的问题，同一或同类产品经营的不同成员都有自己独有的经营个性，而这种个性是不可模仿的。合作组织与同行之间的学习，关键是结合自身的经营特征，将同行经营过程中适应自己成长的经验筛选出来，并且进行适应性的改变，形成具有自己独特个性特征的能力。组织适应性学习能力的提升关键在于学习后的消化问题，还包括动态学习问题。学习后的知识消化非常重要，能够使组织将知识融会贯通，并应用于个性问题的解决中的才是适应性学习。知识消化和动态学习密切相关，在知识消化和应用过程中遇到障碍时，需要向同行进行深度学习和带有问题地学习，从而将知识真正应用于组织的生产经营。

其次，向上下游企业学习。结合原材料部门产品创新的方向，动态掌握和预测合作组织产品需求主体消费需求和偏好的变化，并指导合作组织进行快速反应。组织外部学习的内容不仅包括生产方面的知识，还包括市场消费方面的知识，这部分知识需要向合作组织下游企业学习。下游企业与组织相比，对市场的了解具有比较优势，是合作组织学习的对象。然而，与下游沟通存在一个知识的衔接问题，合作组织与下游企业存在于产业链的不同环节，具有各自的知识系统和属性，这给合作组织学习设置了以下两个障碍。一是学习的有用性问题，许多知识对合作组织的自身经营并没有直接关系，因此学习的积极性不高，这需要让合作组织从长期和战略视角出发，站在自己客户的角度，替客户考虑而进行学习。另一个是知识学习的障碍，不同的环节知识具有系统性，不同系统之间存在学习的难度，这为合作组织学习设定了特殊障碍。

最后，向高校、科研院所、技术中介和政府技术推广部门学习。通过建立联盟关系，提高组织负责人和成员的技术学习能力。技术学习是合作组织创业型发展的关键，技术学习的针对性对合作组织非常重要，合作组织所需要的知识具有自身的专有属性，成熟的知识库里的知识需要通过调整才能适应组织需求。因此，在学习过程中，找到能够适合组织或临近组织需求的知识源非常重要，但合作组织涉及的知识源非常有限，因此，往往不能形成有效的技术学习。为达到有效的技术学习，合作组织应经常参与一些高校、科研院所和技术推广部门的发布会、推广会，并从网络上搜集有效、权威的知识源，从而有针对性地进行学习。

（四）提高农村合作组织跨组织合作能力

组织环境的建构需要建立一种能够推动合作组织健康、积极发展的市场环境和产业环境，从而满足创业型农村合作组织发展。

1. 提升纵向跨组织合作能力

鼓励合作组织之间的纵向合作（任强，2014），形成有效的合作组织联盟，同时鼓励合作组织与其他经济组织形成有效协作，通过跨组织合作推动创业导向战略的实施，提高组织绩效。为推动创业型农村合作组织实践，应建构良好的制度环境，与其他经济组织（上游供应商、下游顾客）和机构（政府部门、金融机构）建立广泛的组织网络，通过组织环境的建构推动创业型农村合作组织的成长。一方面，合作组织负责人应不断提高自身人际交往技能，扩大业务网络规模，获取更多的创业资源和信息，关键在于应与组织上下游建立稳定的联盟关系，从而降低市场交易的成本。另一方面，加强与政府和金融部门之间的政治网络的建构，通过政治网络获得创业资源和信息。有效实施合作组织和其他经济组织的纵向整合需要多方协调。例如，"农超对接"要发挥超市、合作组织和政府三方面的作用，因地制宜地采取"一体化、市场化、联盟化"对接模式（熊会兵和肖文韬，2011）。

1）下游带动式创业型农村合作组织

农村合作组织在组织成员、管理者能力和销售人员的局限下，不能有效应对市场快速变化的需求。

首先，需要整合农村合作组织与下游销售组织，实现纵向协调，利用下游销售载体平台，提高自身产品的市场竞争力，提高销售水平，扩大产品销售的地理范围。在产品销售方面，合作组织自身应对市场的能力较弱，应结合下游企业，尤其是大的零售商形成优势联盟，不仅在规模上，为组织创业提供机会，而且在产品类型、品种和品牌方面，为组织创业提供便利条件，使组织成为一个具有规模和范围经济的组织，从而实现自身的持续创业。

其次，通过下游销售载体的纵向整合，降低产品市场交易成本。不仅能够从销售载体获得需求信息，降低信息成本；还能通过销售载体的市场谈判能力，提高合作组织的谈判能力，从而降低谈判成本。下游企业是合作组织发展的主要的信息载体和信息获得渠道，信息直接影响合作组织的交易成本，成本的降低同样也是组织创业行为的一个重要部分，因此，通过下游企业，获得稳定的信息来源，使组织能够根据市场信息变化，动态调整自己交易的内容和方式，从而达到降低交易成本的目的。此外，还可与下游企业建立长期、稳定的纵向整合关系，利用下游企业的谈判能力，扩大自身在产业环节的价值增值空间。

最后，通过与下游合作，找到更合适的创业项目和机会。合作组织创业的关键要素之一是寻找合适的创业机会，而创业机会源于市场，下游不仅是组织的市场，其对最终市场更具有机会识别优势。因此，合作组织在创业机会识别过程中，通过与下游企业的沟通和交流，找到新的市场需求及需求变动过程中的创业机会，从而整合组织资源形成创业行为。

如图 7-18 所示，在核心成员（农村合作组织负责人）、关键人员与合作社产品或服务的顾客或客户之间建立有效的信息沟通和战略协同机制，在满足下游需求的基础上，运用创业战略动态适应下游需求，从而使合作组织能够通过创业战略实现自身产品和服务的增值，形成下游带动式创业型农村合作组织。

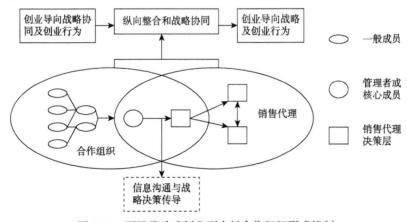

图 7-18　下游带动式创业型农村合作组织形成机制

案例 7-7　"合作组织+连锁超市"模式

在"合作组织+连锁超市"模式中，连锁超市作为合作社农产品的销售代理，最接近消费者需求，能够针对消费者需求产生及时反应，从而带动农村合作组织创业转型。这种模式需要合作组合和连锁超市之间实现无缝对接和战略协同。河南省南阳市新野县的绿金园蔬菜专业合作社成立于 2007 年，由江雨等 7 位农民发起，位于新野城郊乡郭营村，经营方向是蔬菜种植原材料供给，是集种苗繁育、销售、加工、储藏、农业技术示范推广为一体的合作社。该合作社积极开展农超对接，在南阳、襄樊及周边范围内积极与大型生活超市建立新鲜蔬菜直销业务，截至 2013 年，已与 20 家超市建立直销关系，每天销售新鲜蔬菜 10 吨以上。为实现与连锁超市这类销售代理的有机协同，绿金园合作社进行了以下创业尝试。

（1）革新服务宗旨。全社实行"标准化生产"，集体议价，联合闯市场，在实际经营过程中，统一种苗、农资的购买，保证原材料的安全和质量。利用组织内部的育苗车间，实施集中育苗，提高种苗的纯度和质量。外购的生产资料，如农药、化肥等，统一采购，保证其质量和安全性，提高生产的安全性和质量。

（2）进行技术培训和创新。聘请专家教授组建研究中心，定期组织培训，指导社员生产，包括建立生产记录制度，完整记录过程，实现产品质量安全可靠和可追溯，保证产品质量和安全性。生产过程实施标准化生产，制定甘蓝、白菜、洋葱、韭菜等 8 个品种的生产技术标准，在此基础上，甘蓝、大葱、韭菜等蔬菜取得无公害认证，被批准使用无公害农产品标志。

（3）进行组织管理创新。实行订单生产，依靠品牌销售，打造"爱军绿健"品牌，与超市（伯乐嘉超市、万德隆超市）和龙头企业（如省级农业产业化龙头企业新野嘉元脱水食品有限公司、绿健托说蔬菜公司）签订订单，依托统一的品牌销售，统一销售率达 80%。

（4）进行设备和生产基地投资。建设联栋温室 2.4 万平方米供种苗繁育，30座日光温室供生产，共打造 520 亩标准化蔬菜生产基地。

（5）进行技术研究创新。组建蔬菜集约化生产工程技术研究中心，建立新野县蔬菜研究所，进行技术创新和新品种研发，到 2012 年，共引进示范新品种、新技术 12 项，获得市级科技成果 4 项，基地荣获河南省科普示范基地、河南省农业标准化示范基地、出口农产品示范基地等称号。通过以上创业转型措施，绿金园合作社获得了成员和下游超市的认同，在超市建立专柜进行销售。

案例 7-8　"连锁超市+合作社+生产小组"

河南省南阳市卧龙区王村乡方营村合作社负责人马总在访谈中表示：该合作

社长期向南阳的金玛特、万德隆连锁超市供应蔬菜，金玛特 5 000 斤/天，万德隆20 000 斤/天；该合作社老板已经更换多次，换老板的原因是合作社的经营需要持续长期的资本投资，前任老板就是因为无法获得持续的金融资本来投资，所以将合作社转让，成为股东并兼任生产部的经理。该合作社是南阳农校的校地合作基地，签有长期合同。

在经营战略方面，马总聊到，经营合作社的利润较低，其利润来源关键是以下两个方面：一方面是建立完善的产业链或完善的价值链，提高农产品的增值幅度；另一方面是多种产品、服务的有机整合，单一经营不行。实行家庭规模经营，农业规模在 10~20 亩时，不设置管理人员。实行家庭农场（采摘区）、休闲娱乐区（垂钓、休闲娱乐、生态餐桌）、蔬菜采购于一体的经营模式，是合作社未来创业经营的方向。只指望土地经营，随着劳动力成本增加，加上周边环境的影响，投资与收入能够持平就不错了，如果没有国家的扶持，基本上合作者难以生存，无法通过项目获利。蔬菜经营有项目时才扶持，无项目则不扶持，合作社经营品种很多，有扩大规模的需要。

在生产管理方面，提高用工效率的方式是通过班组生产，将园区分成十个班组，每个班组十个人经营一类蔬菜，种植一茬蔬菜的基本工资大致一样，蔬菜生产将产量平均值作为标准，高于平均值的进行奖励，低于平均值的扣工资，每个劳动力平均工资最低 40/天，最高 60 元/天。同时，也抓质量生产，在生产过程中，有用药记录、施肥记录，若肥料、种子、农药等方面出现问题，可以追溯查询。马总认为，农业是固本兴邦之根本，目前农业内部乱象丛生，必须走工厂化的发展方向，即车间化；生产管理较多，业务较多，而战略管理较少，应逐步实现机械替代人工，这样就可以实现现代农业发展。合作社需要一专多能的人才，如生产部经理，其在蔬菜销售季节成为销售经理，主要是通过"干中学"完成这种身份转化的。内部管理人员 10~15 人，长工、短工 40~60 人。

未来的设想是形成一个大型的蔬菜超市基地，供南阳城市人群到这里"吃一天，玩一天，晚上带着一周的蔬菜回家"。通过全方位的服务提高产品的附加值这种设想是学习来的，在一线城市比较普遍，对于南阳来说还比较新，只有学习才能完成创新，品种一般比较固定，准备开发有机、安全、国家有补贴的新品种蔬菜。

2）上游推动式创业型农村合作组织

在纵向整合策略过程中，可以与上游企业进行纵向整合，上游企业的战略可以推动农村合作组织形成创业型战略（图 7-19）。首先，合作组织负责人依据产品、原材料供应商等方面的力量，在与上游关键人物进行沟通和协调的基础上，实现合作组织的创业转型[①]。其次，上游经济主体的创业导向战略或创业行为，影响合作组织的经济行为，通过这种影响"倒逼"合作组织进行战略转型。最后，作为供应链的组成部分，上游企业和农村合作组织共同面临同样的竞争对手，在竞争环境改变的基础上，协同产生创业导向战略行为，从而带动农村合作组织的战略转型。

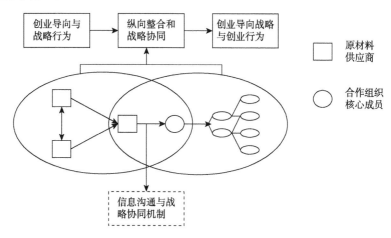

图 7-19 上游推动式创业型农村合作组织形成机制

上游推动式主要是指由合作组织所处的供应链上游通过"倒逼"机制，推动农村合作组织创业转型。例如，种苗公司通过研发一种新型产品替代旧品种，这需要下游企业实施转变种植技术、种植模式或时间等措施才能顺利推广，因此，其有利于激励推动下游农村合作组织进行技术革新和生产组织革新来适应新品种，从而倒逼农村合作组织进行创业转型。

按照企业边界理论，组织内部资源的重新整合，通过发现资源新的属性，换掉不良的管理者，创造组织内部的协调性，由建立内部资本市场的方式产生新的效率，从而构成创业过程。像组织内部创业一样，组织与外部资源的整合，也是通过创新商业模式实现的，其创业理论与其他经典教科书的竞争理论不同，采用兼并、收购、剥离等重组形式整合组织与外部资源。其也是创业过程，通过资源整合创造了价值。

资源的外部整合需要外部力量的推动，这种外部力量可以来自需求方，同样也可以来自供给方。对于农村合作组织来说，来自供给方的推动自身创业行为，主要表现在生产技术和手段的变迁方面，其也可以是规定和制度的变迁形成的。

---

① 创业转型是指农村合作组织实施创业导向战略管理，进行组织层面的创业行为，通过进入新市场、寻求新资源（社会资本、政府资本、金融资本）、研发新产品（引入新的品种和新的服务方式），以及调整合作组织目标和形象等举措，强调对市场产品需求的及时反应，从而带动组织自身的变革和创新。

与上游（供给方）的整合创造价值，如果整合上游供应商可以带来效率，同时通过市场结构改变降低组织市场风险，那么，这种应付未来市场不确定性的独特方法，也可以作为组织创业行为。

合作组织内部创业者的决策，可以将与供应方的纵向整合看作一种创业实验活动，在这个实验中，创业者尝试通过改变组织之间的关系，改变组织生产经营模式，包括向新的产业和领域、新的产品转型。这涉及联盟、收购或并购行为，这些过程为创业者进行的试验提供了大量的信息。因此，与上游的整合同样可以提高组织创业行为和水平。

案例 7-9　"公司+合作社+基地"模式

A 公司的前身是合作社，为了融资方便转型为公司，并且吸收了 13 个农民专业合作社作为成员合作社。该公司具备合作社联社的条件，公司为成员合作社提供种子、农资、土地流转、短期融资等方面的服务，合作社成为公司的生产基地，其生产的农产品由公司收购，公司和合作社建立了联盟关系，实现共同创业。其创业的收益在公司和合作社之间进行分配，并形成了一个有效的风险分担体系。合作社领导成为公司的股东，并成为公司外包业务的主要承担者，创业风险的分担使公司和合作社成为利益统一体，在集体决策、生产协作、销售服务等方面进行战略协作。公司成为中心签约人，通过上游公司的推动来推动合作社配合创业。上游公司的倒逼机制，使成员合作社能够有效形成集体创业行为，推动集体创新和风险承担行为的发生。

案例 7-10

益博食用菌农民专业合作社位于河南省南阳市青华镇。香菇生产关键在于形成规模和工厂化管理。形成规模是指只有种植农户较多且集中，才能吸引大客户，形成竞争优势。合作社最主要的问题是产量低、供不应求，产量低的原因是种植农户太少。合作社想采用的模式为"公司+农户"模式，出菇统一销售，由公司投资和收购，由农户经营，从而带动更多的农户参与香菇的生产，形成农业产业集群。

3）协同整合式创业型农村合作组织

基于协同创新视角，形成纵向和横向混合整合机制，推动创业型农村合作组织的形成，如图 7-20 所示。这种协同的主体更广泛，且具有系统性，包括与政府部门、科研机构、上下游企业之间的协同，在产学研协同创新的基础上，推动农村合作组织的创业转型。首先，在战略上协同，各方都在面临共同利益的基础上形成战略系统；其次，建构有效的信息沟通机制，创业的关键在于团队、资源和机会，这些都需要有效的信息沟通；最后，建立合作组织负责人和普通成员就创业导向战略的解释、说服和协调一致的机制。

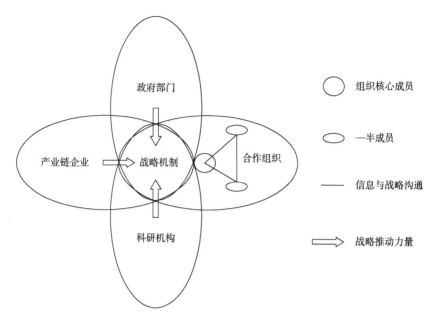

图 7-20 协同整合式创业型农村合作组织形成机制

随着技术进步和市场变化的加剧，影响一个组织生存的因素不再是资源的丰富程度和劳动力成本，而是具有创业和创新精神的组织智力资源及将生产经营优势集成的创新能力。这需要利益相关者建立一种协同创新关系，从而建构组织发展的新格局。

整合不同的利益相关者之间的资源形成集体意愿，借助关系网络交流信息，通过合作实现共同的目标，需要对不同创业主体的创业要素进行有机配合，通过创新要素之间复杂的匹配关系，产生整体效应的协同过程，这是整合创新资源、提升创新效率的最有效途径。

协同创业的主体包括以下四个：①政府，政府虽然不能直接参与到合作组织创业过程中，但是其是建构协同创业系统的关键要素，在相应的制度、规范、公共资源的配置，制度的执行和监督，协同创业利益协调和保障等方面，政府都起到无法替代的作用。其通过优化合作组织创业环境，规划和引导创业行为，提高资源利用效率。②合作组织，农村合作组织为了获取更大利润和最大化自身的社会责任，迫切需要创业，需要通过资源整合进行新产品、新技术、新服务的开发，推动自身生存和发展，并且成为核心动力，整合政府、高校、科研机构的要素。③高校，高校可以给合作组织提供人力资源和智力支持，成为合作组织技术和管理创新的合作伙伴。④科研机构，如农科院、农科所、技术推广机构为合作组织提供重大关键技术支撑。

首先，协同创业型农村合作组织生成体系的建构需要做好利益协调，协同创业的利益协调机制贯穿整个创业活动，包括以下两个方面：①建构协同创业的决策机制，通过成立一个第三方机构，制定公平的利益分配机制和领导决策机制。建立合作组织联合体负责制定协同创业的规划和发展路线，明确权利和义务，针对重大决策进行协商。②建立协同创业合理的利益分配机制。该机制主要建构主体之间进行的产品和技术合作带来的显性利润分配，以及合作过程专利权、知识产权等隐性收益的分配。建立一个能够形成均衡博弈点的收益分配机制，不同主体之间通过谈判和协商，确定一个利益均衡点，形成彼此满意的分配机制。

其次，建构协同创业的内生动力机制，关于建构协同创业的动力源，由于各协同主体分属不同的系统，其目标函数不一样，在创业导向下，形成了合作共同体的独特特性，所以，要全面考察影响协同创业的内部动力因素，建立有效的内部动力机制，从而提高协同主体的积极性。例如，建立"政府主导+合作组织创业+科研院所、高校"的协同模式，打造责权清晰、多元参与的协同创业体系，在创业资源上，结合地方优势特色资源，采用"政府和社会资本合作+国家项目投入+科研投入"的方式。

最后，建构双向协同创业机制。在协同创业过程中，协同主体存在个体理性，会产生较高的协调成本，通过强化创业平台的横向与纵向协同程度，可以减少合作过程的交易成本。第一，加强横向协作机制，加强合作组织之间的合作，成立合作社联盟或联社，共同就市场需求进行创业，满足市场需求。第二，加强纵向协作程度，产业链上下游企业就共同的最终消费需求进行多方协商，整合资源及组织之间的流程、管理方式和技术标准，合理设计最佳合作方式，提高横向协作的效率。第三，建立协同创业沟通机制，围绕项目设置专人，利用现代通信手段，就关键问题进行有效沟通协调。第四，建立信任机制，降低参与协同创业的交易成本，抑制机会主义行为，提高合作质量。

2. 提升与农村基层组织的合作能力

社区是农村合作组织的关键外部环境，社区是成员来源、资本提供和交易发生的场所，具有重要的专有属性。通过声誉和社区排斥机制，推动创业型农村合作组织发展。创业型农村合作组织作为一种稀缺的社会资源，其使用存在竞争性，同时也存在一定的公共属性，因此，需要通过一种声誉机制和社区排斥机制维护该种资源的使用。对正当的创业行为形成有效的声誉机制，建构一个正确的社会风气，将以投机为导向的创业行为或"伪合作社"，以及通过制度破坏或钻"制度空子"来寻租的创业行为排斥在社区之外，营造一种将稀缺的创业资源投入真正创业型组织中，通过社会排斥淘汰那些不以市场经营为主，而以"寻租"

的投机行为为主的农村合作组织。

如图 7-21 所示，农村合作组织存在于农村社区范围内，组织和非组织成员处于同一个农村社区，两者存在一种相互影响的作用，这直接影响组织成员的动态进入和退出，还影响组织和社区之间进行创业资源和信息的交换，因此，建构良好的社区信任环境是创业型农村合作组织成长的关键。首先，建立组织和生存社区之间的交易信任。这种信任通过土地租赁、资金借贷和信息交流实现，通过组织与外部组织成员和社区成员之间的交易，建立双方的信用关系，其通过一种重复博弈实现。其次，建立社区和组织之间的制度信任。通过正式和非正式合约，农村合作组织和集体经济组织的社区成员间建立一种基于正式制度的信任，这种信任可以通过法律途径建立，也可以通过民间途径建立。最后，通过社会互动实现人际信任。在社区重大事件，如基础设施建设、公共服务提供方面，农村合作组织提供更多的支持，争取社区更多的认同，同时将更多的社区成员纳入创业型农村合作组织建构过程中。

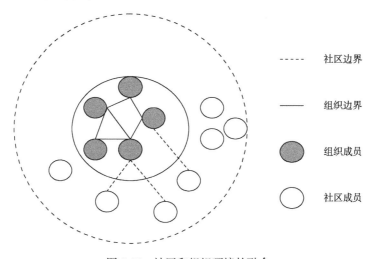

- - - - -　社区边界

───────　组织边界

●　组织成员

○　社区成员

图 7-21　社区和组织环境的融合

案例 7-11　农村合作组织资金互助模式

某县资金互助合作社，建社之初的目标是实现香菇等农业产业的发展。后来，合作社领导人将资金转投入房地产行业，结果由于没有后续资金投入，房地产破产，大量的农户集资款无法偿还，合作社领导人选择跑路，从而造成损失。这种风险主要来源于内部和外部监督机制的不完善。在组织内部，对资金的使用、流向及项目的风险并没有形成有效的监督和控制机制，组织内部个别人控制资金或资源的流向，当这些人实施机会主义行为时，就会将风险转嫁给全体成员。所以，无论是组织内部融资还是组织外部融资，农村合作组织这种松散联结必将存在较大的金融风险，规避这种风险关键在于融资风险的控制，以及融资成本的控制。

案例 7-12 　 "公司+合作社+基地+农户"实施的困境

访谈某个 "公司+合作社+基地+农户" 模式的合作社时，当问及该种模式的困境，受访者表示困境关键源于合作社和社区农户的合作问题。例如，合作社提供种子、化肥和农药，这些物资如果直接发放到社区农户手中，那么就需要针对农户将种子、化肥和农药等的使用方法进行说明并说服其采用。这对于合作社来说，不仅耗费大量的成本，并且还需要大量的时间，对具有时令性的农业生产是不适宜的，因此，一般合作社找到村领导（如书记），让其找到生产队长，由生产队长对接农户，说服其使用合作社的生产资料，在收获季节合作社按照合约价格收购农产品。在实际经营过程中存在一些问题：①村领导的机会主义行为。首先，在价格上，村领导将合作社给的价格加成后发给队长，将一些租金占为己有；其次，将堆放在田头的农资直接抬回家，占为己有；最后，存在偷懒或敷衍塞责行为。②队长的机会主义行为。首先，在施肥、下种等生产环节，当遇到自己熟悉的或自己家的地时增加施用量，缩小其他人土地的施用量；其次，在收购环节，收购完粮食后，将合作社交给自己的收购款给与自己有关系的农户，没关系的农户只有继续等待（以合作社没有发放收购款为由），这样导致一些已经交粮的农户到合作社要款。③挪用收购款，将收购款挪作其他用途，等到收购时拖延支付。

这种村庄代理的寻租行为，一般建立在信息不对称的基础上，这种行为导致合作社和村庄的合作存在一定的不确定性，甚至导致合作的破裂。此外，农户也存在机会主义行为。例如，农户种植合作社提供南瓜种，在合适收购的时间，农户为等合作社提高价格，而压着不卖，当过了合适的时间合作社不购买时，非要将南瓜卖给合作社，从而导致合作社和农户之间的冲突。另外，农户在销售南瓜时，对品相不好的、不符合标准的南瓜，也要求与标准南瓜价格相同，从而导致双方合作破裂。这些合作社与农户合作的关键在于，一方面双方信息对称，另一方面双方必须守约。此外，双方必须具有一定的道德，相互体谅各自的难处，站在合作的立场上处理冲突和矛盾。

3. 提升与科研机构的合作能力

农村合作组织由于缺乏相应的研发能力，在创新和超前行动方面，需要依靠一些掌握技术和产品创新前沿的科研机构，因此，农村合作组织可以采取以下模式，即通过跨组织合作提高组织自身的创新和超前行动能力。首先，合作研发，即将合作组织的土地提供给科研机构作为实验基地，形成一个风险共担、收益共享的合作研发机制。其次，选择技术中介，合作组织将高校、科研机构、技术推广部门作为技术中介，通过技术转让、技术入股等方式，获得新技术。最后，将政府部门作为桥梁，协同科研机构进行技术创新，依托政府部门和产业技术研究机构，进行合作组织技术创新。

第八章　创业导向对成员农户绩效影响实证研究

本章重点探讨组织层面创业导向对成员农户经营的影响，通过分析创业导向及其不同维度对成员绩效的影响效应，探索组织层面管理战略如何传导及其影响成员绩效的内部机理。

一、研究背景

关于合作社对成员农户的增收作用，许多学者从不同的角度进行研究，都得到不同程度的论证。蔡荣（2011）分析了"合作社+农户"模式对农户收入增加的影响，结果表明，该模式能够降低交易费用 48 元/亩，增加纯收入 321 元/亩。薛凤蕊等（2012）研究发现，合作社对农民收入增长的贡献率高达 77%，并且具有持续性。张会萍等（2011）通过对农村土地信用合作社的研究发现，参与土地信用合作社对农户的家庭收入有显著的正面影响。齐林和朱青（2013）认为虽然合作社对农民增收起到一定的促进作用，但也存在契约关系脆弱、合作社服务能力水平低、货币及实物分配不规范等问题。苏群和陈杰（2014）对稻农的研究发现，合作社能够提高稻农的净收益，但是不同规模的稻农增收效果不同，规模大的稻农增收效果要高于规模小的稻农。张晋华等（2012）对 16 个省的 561 个农户使用两阶段模型研究发现，加入合作社对农户的纯收入的提高具有显著的正向作用，这种效应不仅体现在农业收入上，而且体现在工资性收入上。胡联（2014）使用双重差分法分析合作社对贫困地区农户收入的影响，研究发现，农民专业合作社促进农户收入增长，相对而言，高收入农户的增幅更大。学者普遍认为参与合作社有利于农户收入的增加，但是缺乏对组织行为，尤其是组织战略管理行为的关注，没有深入研究合作组织创业导向战略对成员绩效的影响，所以，本章将重点分析组织创业导向程度对成员绩效的影响。

二、研究假设

（一）创业导向子维度的影响

组织绩效与成员绩效的相关性研究已经得到学者们的关注，农村合作组织与其他组织不同，关键在于其要针对外部环境形成一个集体的创业行为，从而推动组织绩效的发展，并且结合一个合理的分配制度，在组织绩效成长的基础上，推动成员绩效的提升。合作组织对成员绩效的影响研究，目前集中在对农户收入等经济指标的研究上。一个组织内部的环境及其战略行为，能否推动组织内部成员的成长，存在一个集体行动的悖论，即组织是一个群体，在缺乏外部强制力的情况下，其不会为集体成员的个体利益考虑，因此组织战略管理在组织层面上能够有效地推动组织成长，但对于组织成员来说，由于组织成员的异质性，其不一定能统一地推动成员的成长。

Getnet 和 Anullo（2012）利用 propensity score matching 模型分析合作组织对农户生计的影响，包括收入水平、投入开支、资产积累、服务利用等方面，评估合作组织对农户的影响绩效，研究发现，合作社成员农户的家庭总收入、谷类收入、对合作社服务的利用、家庭资产积累方面与非合作社成员相比具有较高水平，合作组织能够显著改善农户的生计水平。

Basu 和 Chakraborty（2008）对印度的奶业合作社的社区及成员绩效进行评估，研究发现，农业资产所有权及合作社所拥有的乳业工作人员的人力对成员绩效及合作社参与率具有显著正向影响。

黄祖辉和高钰玲（2012）研究发现，合作组织负责人的经历越丰富，合作组织对成员的服务功能就越可能实现，选择具有管理经验和企业家才能的负责人并对其进行有效的经济激励，能够显著提高合作组织对成员服务功能的实现，从而提升成员经营绩效。

组织层面创业导向战略是组织管理层企业家才能的体现，也是组织整体创业精神的体现，其要求创新性、超前行动、风险承担性、自主性和竞争积极性。只有组织成员参与并形成有效的集体行动，才能推动创业导向战略的实施，推进组织进入新的事业进行经营，提升组织和成员绩效。

1. 创新性的影响

首先，农村合作组织内部产品和服务创新在组织内部扩散并推动成员农户的参与，提升了组织成员的技术水平和经营能力，增强了其抵抗市场和自然风险的能力，扩大了其经营范围，从而提升成员个体的经营绩效。其次，农村合作组织内部收益分配制度的创新，激励更多的成员参与新的经营，投入新的事业经营中去，通过合理的收益分配机制降低组织内部个体的交易成本，从而提高成员绩效。最后，组织创新性扩大成员个体的经营范围，包括产品、服务和规模等，从而提升成员绩效。综上所述，提出假设 8-1-1。

假设 8-1-1：创新性对成员绩效具有显著促进作用。

2. 超前行动的影响

一方面，组织层面的超前行动通过先行先试给成员农户带来更多的市场信息，尤其是关于新进入的经营领域的信息，包括相关知识、市场销售及竞争状况，这种信息是农户个体缺乏或无法获得的，这增强了成员农户的信息优势，降低了其信息获取成本。另一方面，组织层面的超前行动带动成员农户，使农户获得先动优势，克服农户经营的惰性，使其率先占领市场，获得较高价格，从而提高个体收益。综上所述，提出假设 8-1-2。

假设 8-1-2：超前行动对成员绩效具有显著促进作用。

3. 风险承担性的影响

组织层面通过风险承担进行创新和超前行动，组织创业风险在成员之间进行有效分担，并且通过组织投资的分散化实现单个成员无法实行的风险分散策略，其风险收益却被成员获得。与以前的个体经营相比，组织的风险承担行为提升了成员个体绩效。此外，组织的风险承担行为使成员进入新的经营领域，这些新的经营领域是以往农户靠个体实力无法进入的，这给成员带来更多的竞争优势，从而提升成员绩效。综上所述，提出假设 8-1-3。

假设 8-1-3：风险承担性对成员绩效具有显著促进作用。

4. 自主性的影响

首先，农村合作组织是一个松散联结的组织，组织内部成员具有较强的自主性，对于普通成员来说，其经营行为具有较强的自主性，能够提出自己的想法，按照自己的意愿进行创新和创业行为，这种较强的自主性给了成员农户寻找自己利润最大化的机会，从而提升个体绩效。其次，核心成员具有较强的自主性，组织内部的创业行为大都实行项目制，是否参与取决于核心成员对项目的看法，并且成员能够自由选择参与或退出项目，这种自主性提高了核心成员创新的积极性，从而提升成员绩效。最后，自主性营造了组织内部公平的创业氛围，提高成员参与组织创业的积极性，在推动组织创业的前提下，提高其自身创业和创新行为，从而获得较高的利润。综上所述，提出假设 8-1-4。

假设 8-1-4：自主性对成员绩效具有显著促进作用。

5. 竞争积极性的影响

合作组织积极参与竞争，为扩大市场份额或进入新的市场领域进行信息搜集、产品和服务创新、技术创新和管理创新。一方面，这些行为扩大了成员农户产品或服务的销售范围和销售渠道；另一方面，提高了成员农户产品的质量和竞争优势，使其获得单独参与市场所不能获得的竞争优势，从而提升成员绩效。综上所述，提出假设 8-1-5。

假设 8-1-5：竞争积极性对成员绩效具有显著促进作用。

（二）创业导向整体的影响

农村合作组织创业导向是创新性、超前行动、风险承担性、自主性和竞争积极性的综合，将上述假设综合起来得出假设 8-1。

假设 8-1：创业导向整体对成员绩效具有显著促进作用。

三、数据来源

本章数据来源同第七章。

四、变量及模型选择

（一）变量选择

1. 被解释变量

1）成员绩效的度量

关于成员绩效，主要描述合作组织对农户生产过程、销售过程及其他辅助服务方面的贡献，包括7个题项，每个题项的度量及描述性统计如表8-1所示。合作组织为成员提供金融资本的认知偏低，得分均值为 4.16，因为合作组织在自身创业过程中，存在金融约束，不能为成员提供更多的金融资本。

表 8-1　成员绩效的描述性统计（N=115）

题项：成员绩效	度量	均值	标准差
1. 合作社为社员提供了大量的技术信息	1→7	6.32	1.03
2. 合作社为社员提供了大量的信贷资本	1→7	4.16	2.01
3. 合作社为社员提供了大量的土地资本	1→7	4.79	1.88

续表

题项：成员绩效	度量	均值	标准差
4. 合作社为社员争取大量的政府优惠政策	1→7	4.92	1.81
5. 合作社为社员产品改良提供了大量帮助	1→7	5.98	1.35
6. 合作社为社员提供了大量的生产管理服务	1→7	6.02	1.37
7. 合作社为社员提供了大量的产前、产中、产后服务	1→7	6.14	1.35

2）成员绩效的信度分析

如表 8-2 所示，检验合作社对成员绩效影响题项的整体信度，内部一致性系数为 0.752 6，大于 0.70，说明合作社对成员绩效的整体信度较好。

表 8-2　成员绩效信度分析（N=115）

题项	样本内相关	信度系数	内部一致性系数
1	0.638 6	0.823 7	
2	0.551 9	0.812 2	
3	0.559 7	0.805 1	
4	0.698 4	0.688 5	0.752 6
5	0.733 2	0.720 2	
6	0.714 5	0.727 7	
7	0.707 6	0.736 2	

注：测试量表=均值（非标准化项目）

3）成员绩效的赋值

由于成员绩效具有较好的信度，可以用其题项的平均值作为成员绩效的赋值，成员绩效=$\sum x_i/7$，x_i 为各题项的得分。其频数分布如图 8-1 所示，成员绩效的频数分布偏右。5 及 5 以上的样本占总样本的 66.96%，4 及 4 以下的样本占总样本的 10.43%。

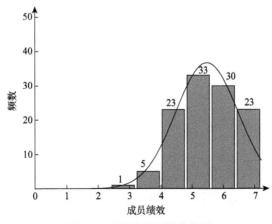

图 8-1　成员绩效频数分布图

2. 解释变量

解释变量包括经营时间、资产规模、成员数量、大股东所占股份比例、与政府的关系、创业导向整体、创新与超前行动、风险承担性和竞争积极性。

（二）模型选择

使用以下线性回归模型进行分析：

$$m\_performance_i = \alpha + \beta_1 time_i + \beta_2 assets_i + \beta_3 members_i + \beta_5 shares_i$$
$$+ \beta_6 relation_i + \beta_5 EO_i + \mu$$

其中，$m\_performance_i$ 为成员绩效；$time_i$ 为经营时间；$assets_i$ 为资产规模；$members_i$ 为成员数量；$shares_i$ 为大股东所占股份比例；$relations_i$ 为与政府的关系；EO_i 为创业导向。

（三）变量描述统计和相关分析

1. 描述性统计

变量描述性统计如表8-3所示。其中，序号1表示成员绩效；序号2表示经营时间；变量3表示资产规模；变量4表示成员数量；变量5表示大股东所占股份比例；变量6表示与政府的关系；变量7表示创业导向整体；变量8表示创新与超前行动；变量9表示风险承担性；变量10表示竞争积极性。在现实均值和方差的基础上，计算变量之间的 Pearson 相关系数，并显示其相关性的显著程度。

表 8-3　变量的描述性统计（$N=115$）

变量序号	变量名称	均值	标准差	最小值	最大值
1	m_performance	5.474 6	1.000 9	2.57	7
2	time	5.321 7	2.422 6	1	10
3	assets	2 184.35	3 783.01	1.94	18 000
4	members	671.2	3 332.17	10	30 000
5	shares	3.921 7	1.499 4	1	6
6	relations	2.817 3	1.564 8	0	6
7	EO	4.571 0	0.988 0	2.38	7
8	EO_1	4.356 5	1.272 4	1	7
9	EO_2	3.852 0	1.677 5	1	7
10	EO_3	5.432 6	1.246 1	2.5	7

2. 相关分析

变量之间的 Peason 相关系数如表 8-4 所示，成员绩效与合作组织资产规模、与政府的关系、创业导向整体、创新与超前行动、风险承担性和竞争积极性都显著相关，除资产规模外，其他相关系数均在 0.30 以上，且在 1%的水平上显著。

表 8-4 变量描述性统计及相关性分析（N=115）

变量	1	2	3	4	5	6	7	8	9	10
1	1.000 0									
2	0.013 7	1.000 0								
3	0.250 7***	−0.251 9***	1.000 0							
4	0.101 4	−0.149 6	0.483 3***	1.000 0						
5	0.011 5	−0.024 4	0.044 8	0.104 8	1.000 0					
6	0.304 8***	0.117 4	0.259 7***	0.109 7	−0.039 8	1.000 0				
7	0.467 0***	0.081 9	0.223 9**	0.244 3**	0.013 5	0.210 7*	1.000 0			
8	0.349 3***	0.055 8	0.303 5***	0.235 3**	−0.016 8	0.173 7*	0.855 1***	1.000 0		
9	0.312 3***	0.019 8	0.051 2	0.177 9*	0.040 8	0.167 8*	0.755 4***	0.542 0***	1.000 0	
10	0.353 5***	0.106 0	0.060 7	0.089 5	0.019 5	0.108 3	0.504 7***	0.125 1	0.107 3	1.000 0

*、**、***分别表示在 10%、5%、1%水平上显著

五、实证结果

（一）创业导向整体对成员绩效的影响

1. 简单回归分析

首先进行简单回归，使用模型 $m\_performance_i = \alpha + \beta_1 EO_i + \mu_i$，通过坐标描点连接预测值，得到线性拟合的直线，其简单显示两者之间的回归关系，回归系数为 0.473 1（t=5.61，sig.<0.000），回归直线如下：

$$m\_performance_i = 3.312\ 1 + 0.473\ 1 \times EO_i$$

图 8-2 为简单回归直线的散点图。从图 8-2 可以看出，创业导向对成员绩效具有显著正向影响。要弄清这种影响是否受其他变量的影响，需要控制其他变量进行进一步回归。

2. 多元回归分析

1）估计策略

以成员绩效为因变量，以经营时间、资产规模和创业导向整体为控制变量进

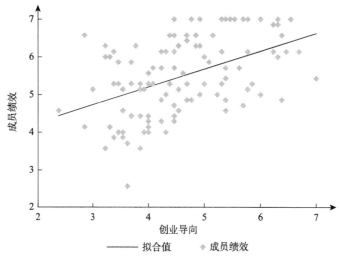

图 8-2　成员绩效–创业导向简单回归线

行线性回归估计，得到模型1，在模型1的基础上，依次独立加入成员数量、大股东所占股份比例、与政府的关系三个变量，分别形成模型 2、模型 3、模型 4，回归结果如表 8-5 所示。

表 8-5　创业导向整体对成员绩效影响估计（N=115）

变量	模型 1		模型 2		模型 3		模型 4	
	Coef.	t	Coef.	t	Coef.	t	Coef.	t
常数项	3.351 3*** (0.419 7)	7.98	3.285 0*** (0.423 8)	7.75	3.264 6*** (0.480 5)	6.79	3.124 1*** (0.476 6)	6.55
time	0.007 6 (0.035 6)	0.21	0.005 4 (0.035 7)	0.15	0.005 4 (0.035 8)	0.15	−0.008 2 (0.035 8)	−0.23
assets	0.000 042* (0.000 023)	1.80	0.000 054** (0.000 025)	2010	0.000 054** (0.000 026)	2.09	0.000 039 (0.000 026)	1.50
members			−0.000 031 (0.000 028)	−1.09	−0.000 031 (0.000 029)	−1.09	−0.000 029 (0.000 028)	−1.04
shares					0.005 1 (0.005 57)	0.09	0.011 1 (0.054 8)	0.20
relations							0.122 5** (0.055 7)	2.20
EO	0.435 4*** (0.086 8)	5.01	0.451 4*** (0.088 0)	5.13	0.451 5*** (0.088 4)	5.13	0.424 2*** (0.087 8)	4.83
F	11.74***		9.12***		7.23***		7.04***	
R^2	0.240 9		0.249 0		0.249 1		0.281 3	
adjR^2	0.220 4		0.221 7		0.214 7		0.241 4	
ΔR^2			0.001 3		−0.007 0		0.026 7	

*、**、***分别表示在 10%、5%、1%水平上显著

注：被解释变量=合作组织对农户的贡献程度；括号内为回归系数的标准误

2）模型回归诊断

对模型 1 进行 Breusch-Pagan/Cook-Weisberg 检验，chi2（1）=1.65，Prob>chi2=0.199 0，在 10%的水平上不存在异方差。模型 1 三个变量的容差分别为 0.876 3、0.916 3、0.929 4，都在 0.1 到 1 的区间内，不存在多重共线性。

对模型 2 进行 Breusch-Pagan/Cook-Weisberg 检验，chi2（1）=1.96，Prob>chi2=0.161 0，在 10%的水平上，该模型不存在异方差。变量 time、assets、members、EO 的容差分别是 0.913 3、0.715 8、0.744 4 和 0.903 7，都在 0.1 和 1 之间，模型 2 不存在多重共线性。

对模型 3 进行 Breusch-Pagan/Cook-Weisberg 检验，chi2（1）=1.98，Prob>chi2=0.159 0，在 10%的置信水平上，该模型不存在异方差现象。模型 3 所有变量的方差膨胀因子都在 0.1 和 1 之间，因此，模型 3 不存在多重共线性（表 8-6）。

表 8-6　模型 3 的多重共线性检验

变量	VIF	1/VIF
assets	1.40	0.715 7
members	1.36	0.737 7
EO	1.11	0.903 6
time	1.09	0.913 2
shares	1.01	0.988 7

对模型 4 进行 Breusch-Pagan/Cook-Weisberg 检验、chi2（1）=1.08，Prob>chi2=0.298 1，在 10%的置信水平上，模型不存在异方差性。如表 8-7 所示，所有变量的容差都在 0.1 和 1 之间，模型 4 不存在多重共线性。

表 8-7　模型 4 变量的方差膨胀因子及容差

变量	VIF	1/VIF
assets	1.49	0.669 6
members	1.36	0.736 9
relations	1.14	0.876 5
EO	1.13	0.885 6
time	1.13	0.885 7
shares	1.01	0.986 3

综上所述，在诊断回归模型时发现，无论控制其他变量的规模如何，在所有的偏回归系数中，创业导向的系数都为正，并且在小于 1%的水平上显著，这保持了一定的稳定性，并且模型 1、模型 2、模型 3、模型 4 都不存在异方差和多重共线性问题，这说明创业导向的作用比较稳定且显著。

3）理论假设检验

如表 8-5 所示，在模型 1~模型 4 中，创业导向整体的影响系数和显著性都没有多大改变。在模型 1 中，系数为 0.435 4（P=0.000）；模型 2 中，系数为 0.451 4（P<0.000）；模型 3 的系数为 0.451 5（（P=0.000））；模型 4 的系数为 0.424 2（P=0.000），这说明创业导向对成员绩效具有显著正向影响，假设 8-1 得到验证。

（二）创业导向各纬度对成员绩效的影响

1. 创新与超前行动对成员绩效的影响

1）回归估计策略

以成员绩效为因变量，以经营时间、资产规模和创新与超前行动为控制变量进行回归分析，得到模型 1，在模型 1 的基础上，依次加入成员数量、大股东所占股份比例、与政府的关系三个变量，形成模型 2、模型 3 和模型 4，回归结果如表 8-8 所示。

表 8-8　创新与超前行动对成员绩效影响估计（N=115）

变量	模型 1		模型 2		模型 3		模型 4	
	Coef.	t	Coef.	t	Coef.	t	Coef.	t
截距	4.275 7*** (0.359 2)	11.90	4.257 2*** (0.361 6)	11.77	4.249 1*** (0.433 2)	9.81	4.054 0*** (0.360 6)	11.21
time	0.016 6 (0.037 8)	0.44	0.015 5 (0.037 9)	0.41	0.016 71 (0.037 9)	0.44	−0.000 7 (0.003 75)	−0.02
assets	0.000 045* (0.000 025)	1.79	0.000 052* (0.000 028)	1.86	0.000 045* (0.000 025)	1.77	0.000 028 (0.000 025)	1.10
members			−0.000 017 (0.000 030)	−0.59				
shares					0.006 5 (0.058 8)	0.11		
relations							0.146 5** (0.058 0)	2.53
EO_1	0.232 1*** (0.073 1)	3.17	0.236 9*** (0.073 8)	3.21	0.232 3*** (0.073 5)	3.16	0.218 1*** (0.071 6)	3.04
F	6.36***		4.82***		4.73***		6.59***	
R^2	0.146 6		0.149 2		0.146 7		0.193 4	
adjR^2	0.123 5		0.118 3		0.115 7		0.164 1	
ΔR^2			0.002 6		0.000 1		0.036 8	

*、**、***分别表示在 10%、5%、1%水平上显著

注：被解释变量=合作组织对农户的贡献程度；括号内为回归系数的标准误

2）回归诊断

对模型 1 进行 Breusch-Pagan/Cook-Weisberg 检验，chi2（1）=2.65，Prob>

chi2=0.103 6。因此，在10%的置信水平上，该模型不存在异方差现象。多重共线性检验结果如表8-9所示，三个自变量的容差都在0.1~1，不存在多重共线性。

表8-9　模型1的多重共线性检验

变量	VIF	1/VIF
time	1.09	0.917 2
Assets	1.20	0.835 3
EO_1	1.12	0.889 2

对模型 2 进行 Breusch-Pagan/Cook-Weisberg 检验，chi2（1）=2.63，Prob>chi2=0.104 7，在10%的置信水平上，该模型不存在异方差现象。资产规模、成员数量、创新与超前行动、经营时间变量的容差依次是0.687 8、0.755 9、0.878 0和0.915 0，都在0.1和1之间，不存在多重共线性。

对模型 3 进行 Breusch-Pagan/Cook-Weisberg 检验，chi2（1）=2.77，Prob>chi2=0.095 9，在10%的置信水平上存在异方差。资产规模、创新与超前行动、经营时间、大股东所占股份比例变量的容差依次是 0.833 4、0.888 3、0.917 1 和0.996 8，都在0.1到1之间，所以不存在多重共线性。

对模型4进行异方差性检验和Breusch-Pagan/Cook-Weisberg检验，chi2（1）=1.41，Prob>chi2=0.234 4，在10%的置信水平上不存在异方差。对模型4进行多重共线性检验（表8-10），四个解释变量的容差都在0.1到1之间，不存在多重共线性。

表8-10　模型4的多重共线性检验

变量名称	VIF	1/VIF
assets	1.29	0.777 2
EO_1	1.13	0.883 8
time	1.13	0.886 2
relations	1.12	0.891 4

3）理论假设检验

使用逐步回归法进行分析，在控制经营时间和资产规模的基础上，依次加入社员数量、大股东所占股份比例和与政府的关系，识别创新与超前行动对成员绩效的影响。如表8-8所示，在模型1~模型4中，创新与超前行动对成员绩效影响系数均为正值，且在小于1%的水平上显著。

在分析中发现，合作组织与政府的关系显著正向影响合作组织的成员绩效，其系数为 0.146 5（t=2.53，P=0.013），在 5%的水平上显著。这说明在一定程度上，合作组织对成员的贡献依赖于其与政府的关系。

在模型1的基础上，加入社员数量变量，得到模型2，发现该变量并不显著，模型整体显著性下降，且解释力没有变化。因此，在模型 3 中，剔除社员数量，加入大股东所占股份比例，发现大股东所占股份比例并不显著，显著性没有显著改变（模型 1 的 $F=6.36$，模型 3 的 F 值$=4.73$）。由于存在异方差，所以使用"最小二乘估计+稳健标准误"的方法，创新与超前行动系数为 0.232 3，sig.<0.005，依然显著。在模型 4 中，剔除大股东所占股份比例，加入与政府的关系，发现显著性虽然没有显著变化，但其解释力有所增强（模型 1 的 $R^2=0.146\,6$，模型 4 的 $R^2=0.193\,4$）。

创新与超前行动对成员绩效的偏回归系数为 0.218 1，并且在小于 0.1% 的水平上统计显著，这说明创新与超前行动对成员绩效具有显著的正向影响。

2. 风险承担性对农户贡献的影响

1）估计策略

先以成员绩效为因变量，以经营时间、资产规模和风险承担性为自变量进行线性回归分析，得到模型 1，在模型 1 的基础上依次独立加入成员数量、大股东所占股份比例、与政府的关系三个变量，得到模型 2、模型 3、模型 4，结果如表 8-11 所示。

表 8-11　创业导向-风险承担性对成员绩效影响估计（$N=115$）

变量	模型 1		模型 2		模型 3		模型 4	
	Coef.	t	Coef.	t	Coef.	t	Coef.	t
截距	4.486 0*** (0.301 7)	14.87	4.456 4*** (0.304 1)	14.65	4.512 2*** (0.376 0)	12.00	4.306 7*** (0.306 7)	14.04
time	0.029 5 (0.037 2)	0.80	0.028 3 (0.037 2)	0.76	0.029 5 (0.037 3)	0.79	0.013 3 (0.037 2)	0.36
assets	0.000 067*** (0.000 023)	2.81	0.000 077*** (0.000 027)	2.88	0.000 067*** (0.000 024)	2.80	0.000 050** (0.000 024)	2.07
members			−0.000 025 (0.000 030)	−0.84				
shares					−0.006 8 (0.058 5)	−0.12		
relations							0.131 9** (0.058 5)	2.26
EO₂	0.177 7*** (0.052 0)	3.41	0.185 6*** (0.052 9)	3.50	0.177 9*** (0.052 3)	3.40	0.159 4*** (0.051 7)	3.08
F	6.92***		5.36***		5.15***		6.65***	
R^2	0.157 6		0.163 0		0.157 7		0.194 8	
adjR^2	0.134 8		0.132 6		0.127 0		0.165 6	
ΔR^2			0.005 4		0.000 1		0.037 2	

*、**、***表示在 10%、5%、1% 水平上显著

注：被解释变量=合作组织对农户的贡献程度；括号内为回归系数的标准误

比较模型 1、模型 2、模型 3 和模型 4 可知，模型 4 的 F 值（6.65）相对较大，仅小于模型 1（$F=6.92$），其解释因变量总变异的 19.48%，解释力最强。

2）回归诊断

模型 1 的 Breusch-Pagan/Cook-Weisberg 检验结果显示，chi2（1）=0.54，Prob>chi2=0.463 7，在 10% 的置信水平上不存在异方差现象。经营时间、资产规模和风险承担性三个变量的容差依次是 0.935 4、0.933 3 和 0.996 2，都在 0.1 到 1 之间，不存在多重共线性。

模型 2 的 Breusch-Pagan/Cook-Weisberg 检验结果显示，chi2（1）=0.60，Prob>chi2=0.436 9，在 10% 的置信水平上不存在异方差现象。经营时间、资产规模、成员数量和风险承担性的容差依次是 0.933 9、0.732 7、0.741 7 和 0.965 2，都在 0.1 到 1 之间，模型 2 不存在多重共线性。

模型 3 的 Breusch-Pagan/Cook-Weisberg 检验结果显示，chi2（1）=0.51，Prob>chi2=0.475 7，在 10% 的置信水平上不存在异方差现象。经营时间、资产规模、与政府的关系和风险承担性四个变量的容差依次是 0.900 6、0.851 6、0.874 8 和 0.971 7，都在 0.1 到 1 之间，模型 3 不存在多重共线性。

模型 4 的 Breusch-Pagan/Cook-Weisberg 检验结果显示，chi2（1）=0.51，Prob>chi2=0.475 7，在 10% 的置信水平上不存在异方差现象。经营时间、资产规律、与政府的关系、风险承担性四个变量的容差都在 0.1 到 1 之间（表 8-12），因此不存在多重共线性。

表 8-12　模型 4 的多重共线性检验

变量名称	VIF	1/VIF
assets	1.17	0.851 6
relations	1.14	0.874 8
time	1.11	0.900 6
EO_2	1.03	0.971 7

3）理论假设检验

如表 8-11 所示，在 4 个模型中，风险承担系数均为正值，均在 1% 的统计水平上显著，这说明风险承担性对成员绩效具有显著正向影响，假设 8-1-3 得到验证。在四个模型中，模型 4 的整体显著性和解释力比其他模型好。在模型 4 中，风险承担性的系数为 0.159 4（t=3.08，P=0.003），且在 0.1% 的水平上显著，从而假设 8-1-3 得到验证。

3. 竞争积极性对成员绩效的影响

1）估计策略

先以组织绩效为因变量，以经营时间、资产规模和竞争积极性为控制变量进行线性回归分析，得到模型 1，在模型 1 的基础上，依次加入成员数量、大股东所占股份比例、与政府的关系三个变量，得到模型 1、模型 2、模型 3，回归结果如表 8-13 所示。

表 8-13 竞争积极性对成员绩效影响估计（$N=115$）

变量	模型 1		模型 2		模型 3		模型 4	
	Coef.	t	Coef.	t	Coef.	t	Coef.	t
截距	3.790 0*** （0.418 7）	9.05	3.776 3*** （0.421 0）	8.97	3.802 4*** （0.474 9）	8.01	3.584 1 （0.416 7）	8.60
times	0.015 9 0.037 0	0.43	0.015 1 （0.037 1）	0.41	0.015 9 （0.037 1）	0.43	−0.001 4 （0.036 7）	−0.04
assets	0.000 063*** （0.000 023）	3.85	0.000 069*** （0.000 026）	2.62	0.000 063*** （0.000 023）	2.68	0.000 045* （0.000 024）	1.88
members			−0.000 015 （0.000 029）	−0.52				
shares					−0.003 2 （0.057 7）	−0.06		
relations							0.144 5** （0.056 8）	2.54
EO_3	0.268 8*** （0.069 7）	3.85	0.271 5*** （0.070 1）	3.87	0.268 9*** （0.070 0）	3.84	0.256 1 （0.068 2）	3.75
F	8.07***		6.08***		6.00***		7.97***	
R^2	0.179 1		0.181 1		0.179 1		0.224 6	
adjR^2	0.156 9		0.151 3		0.149 2		0.196 4	
ΔR^2			0.002 0		0.000 0		0.045 5	

*、**、***分别表示在 10%，5%、1%水平上显著

注：被解释变量=成员绩效；括号内为回归系数的标准误

2）模型回归诊断

如表 8-14 所示，在 10%的统计水平上，四个模型都不存在异方差现象。

表 8-14 模型 1~模型 4 的异方差检验

模式	模型 1	模型 2	模型 3	模型 4
chi2（1）值（Prob>chi2）	0.27（0.601 4）	0.28（0.593 8）	0.26（0.608 3）	0.41（0.522 3）

如表 8-15 所示，四个模型中变量容差均在 0.1 到 1 之间，四个模型均不存在多重共线性。

表 8-15 模型 1~模型 4 的多重共线检验

变量名称	模型 1	模型 2	模型 3	模型 4
	1/VIF	1/VIF	1/VIF	1/VIF
time	0.921 7	0.920 1	0.921 5	0.889 8
assets	0.928 8	0.731 8	0.927 4	0.848 0

续表

变量名称	模型 1	模型 2	模型 3	模型 4
	1/VIF	1/VIF	1/VIF	1/VIF
members		0.761 4		
shares			0.997 4	
relations				0.892 0
EO_3	0.980 6	0.975 2	0.980 2	0.975 3
是否存在多重共线	否	否	否	否

3）理论假设检验

如表 8-13 所示，四个模型中竞争积极性的系数都为正值，并且都在 1%的水平上显著，假设 8-1-5 得到验证。比较四个模型，模型 4 整体显著性（$F=7.97$）和解释能力（$R^2=0.224\ 6$）都相对较好。在模型 4 中，竞争积极性对成员绩效的影响系数为 0.256 1（$t=3.75$，$P=0.000$），这说明竞争积极性对成员绩效具有显著正向影响。

资产规模附加变量标绘图中存在个别特异值，其他变量中并没有这种现象。竞争积极性对成员绩效存在正向效应（$\beta=0.256\ 1$，$t=3.75$），在小于 0.1%的水平上显著，假设 8-1-5 成立。

六、研究结论及讨论

（一）研究结论

基于实地调查数据，分析创业导向整体及其子维度对合作组织成员绩效的影响方向及程度。首先，利用简单线性回归模型，经过分析得出创业导向整体对成员绩效具有显著正向影响（$\beta=0.473\ 1$，sig.＜0.000）。在控制经营时间、资产规模不变的条件下，创业导向整体对成员绩效的影响系数为 $\beta=0.435\ 4$（sig.＜0.000），在增加控制成员数量、大股东所占股份比例、与政府的关系不变的条件下，创业导向整体对成员绩效具有显著正向影响，系数依次是 0.451 4、0.451 5 和 0.424 2，都在 1%的统计水平上显著。其次，使用线性回归模型分析创业导向子维度对成员绩效的影响，回归结果显示，创新与超前行动对成员绩效具有显著正向影响，其影响系数都在 1%的统计水平上显著。风险承担性对成员绩效具有显著正向影响，但影响系数都小于创新与超前行动。竞争积极性显著正向影响组织成员绩效，系数都在 1%的统计水平上显著，其影响系数大于创新与超前行动和风险承担性的影响系数。

综上所述，创业导向整体及其三个维度，即创新与超前行动、风险承担性和竞争积极性都对成员绩效具有显著的正向影响。通过提高组织的创业导向，能够有效提高组织成员的福利水平。

（二）讨论

创业导向是组织层面的战略管理行为，其对合作组织成员个体的影响的内部机制还需要进一步探讨，本章研究并没有阐释内部的作用机制，未来的研究可以尝试通过中介变量和调节变量的分析，深入阐释组织层面的创业导向战略影响成员个体绩效的内部机制。

七、对策建议

基于创业导向的成员绩效提升机制的建立，是创业型农村合作组织发展的关键，根据创业经典模型，通过组织创业程度提升成员绩效，需要设计一个完善的内部机制，如图 8-3 所示。通过组织创业导向战略的实施，给予成员经营以实质性支持，从而提高成员绩效。

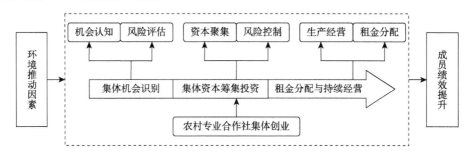

图 8-3　农村合作组织集体创业成长模型

集体创业的形成和实施，关键在于在制度设计过程中，重点考虑参与者的偏好与利益连接机制，通过集体创业机会识别、集体资本筹集和投资、租金分配形成有效的成员绩效提升机制。

（一）提升组织创业机会认知和把握能力

1. 提高合作组织集体机会认知能力

首先，合作组织通过成员之间的合作，资本、技术和人力达到一定的规模，从而承担一些个体不能承担的创业项目。相对于集体，个体对机会的认知能力较弱，通过合作组织可以降低个体创业门槛，获得个体所不能获得的创业项目，并将项目有效分配给具有专业优势的成员农户，从而使集体层面的创业行为推动成员创业行为的发生（见案例 8-1）。其次，关于集体创业项目的选择，应在创业团队成员之间进行充分沟通，尤其是创业项目所包含的风险、未来收益的预测及可能发生的不确定性，应尽可能地将能够识别的风险分散掉，或者通过集体分担降低个体承受的风险。最后，鼓励并倡导具有较强市场警觉性的核心成员在创业过程中作为主要的决策者，充分调动能够把握市场机会、对市场反应快速的核心成员，使其在创业决策过程中起应该起到的作用。

在创业机会识别过程中，农村合作组织的团队成员对不同来源的信息进行综合加工，形成创业机会。依照契约理论，农村合作组织是利益相关者之间的一种人格化组织，利益相关者围绕合作组织进行互动，包括信息的相互交流，信息交流与利益关系强弱密切相关，进而影响农村合作组织层面上的机会识别。

信息来源影响组织层面的机会识别。信息获得途径决定信息的准确性、可靠性和有效性，对创业机会的识别具有至关重要的作用，一些组织比其他组织更容易发现机会，因为他们搜集信息的途径和能力比其他组织更多和更强，或者说创业型组织比其他组织有更重要的信息来源途径。创业组织的社会网络越庞大，组织越能够识别创业机会。不同来源的信息对创业者机会识别的影响也有差异，正式网络和非正式网络信息虽然都能影响机会识别，但是两者向合作组织创始人提供了解决问题的方法和多源资源整合。

利益相关者对合作组织信息来源具有十分重要的作用，核心利益相关者和非核心利益相关者对合作组织创业决策的影响存在差异。就社会网络中的强关系和弱关系来说，组织创业行为与各种利益相关者存在联系，合作组织与利益相关者的互动，是利益相关者的需求、合组组织的认同和组织信息处理能力共同作用的结果。机会识别过程，同样也包括合作组织与利益相关者的信息交流互动，互动关系的强弱影响组织机会识别。

创业机会的认知与信息的关系，是具有"启发式认知"的内在模式。该模式在创业机会识别中被运用，创业者的决策往往采用跳跃式或非常规的逻辑思维，通过启发模式拼凑有限的信息，从而得出可靠的结论。风险倾向是合作组织创业认知中的重要因素，对不确定性损失的可能性进行评估，决定其风险认知，风险认知的差异导致机会评估行为的差异，创业者风险倾向不同，导致创业决策和机会评估存在差异。风险倾向实质上是机会识别过程对创业"收益"和"成本"的判断，具有个体的差异性和主观性，在面对不同的信息来源时，创业组织的认知由于其关注"成本"和"收益"的倾向不同而产生认知偏差，从而形成创业选择方面的偏差。

案例 8-1　国家支持的创业项目

某合作社经营比较完善，经营执照、税收报表和规章制度等都上墙，股东手续都齐全，这些都为合作社带来比较大的收益。例如，"深松"项目的额度，2015 年该社经营 10 000 亩，每亩收入 95 元，其中，乡镇补贴 10 元/亩，"深松"项目补贴 15 元/亩，向农户收取费用 70 元/亩。只有手续比较完善、具备经营能力的合作社才能获得这种项目的额度，2015 年政府给该社配额 1 万亩，使得该社在第二年的经营中，收入增长了不少。这种创业项目来源于政府部门，关键在于合作社的合法合规经营。

案例 8-2　技术变迁与农村合作组织创业

访谈人为南阳石桥月季合作社王社长。该合作社因势利导，建立中国月季交易网，充分利用互联网技术，采用"互联网+合作社+农户"的模式。这里的技术变迁表现为将互联网技术应用于月季销售，通过专业的人员，与外地或国外客户联系，从而联系小规模种植月季种植农户，解决小规模农户的交易问题。关于合作社的利润，一方面，专业合作社提供优质的种苗、经济的农药和花费等生产资料，为生产资料销售带来利润；另一方面，农户销售资金形成的资金池，可以为合作社带来短期融资。

组织建立电子商务交易平台，给成员农户提供服务，也使其自身获得好处，其既融合了技术创新，也融合了制度创新。技术创新表现在互联网技术的应用上，制度创新具体表现在以下两方面：一方面，合约制度创新，本地区非成员农户，同样可以利用中国月季网的销售平台，这大大扩大了合作社带动农户的范围；另一方面，风险分担合约的创新，"合作社与农户约定一个合理的价格，保证农户网络销售的利润，将风险降到最小"。

在本案例中，外部技术环境发生变化，"互联网+"技术深入农业经营中，并且日渐成熟，这为合作社提供了创业的机会，石桥月季合作社管理层敏锐地把握到这个机会，在合作社内部成立了电子商务部门，聘用专业人员建立门户网站，对外邀请月季小规模种植农户加盟，为农户提供月季销售订单，从而实现非社员的小规模月季种植农户和合作社的共赢。

2. 建立农村合作组织成员创业技能的培训体系

首先，建立政府部门倡导下的创业技能培训。政府部门可以建构农村合作组织创业技能培训平台，和高校、科研院所、企业等部门联合，形成一个协同有效的体系，定期或不定期地对合作组织负责人、核心成员及普通成员进行创业机会识别、创业管理等方面的知识进行培训，提高合作组织创业生存能力。其次，合作组织通过成立联盟、同业协会、合作社联社等形式，建立一个培训和交流的平台，通过在合作社之间、合作社和企业之间、合作社和消费者之间形成有效的沟通，提高其对市场的认知和把握能力。最后，与专业的创投公司合作进行培训，农业风险较大，需要引入有效的外部投资机制。在这个过程中，需要两者之间进行有效沟通，通过建立两者联合培训体系，创投公司将自身创业技能、创业思维和精彩创意有意识地传递给合作组织，合作组织也将自身有效的信息传递给创投公司，在培训基础上形成两者的有效结合。

3. 建立组织内部有效的创业风险评估机制

成员个体对风险认知的能力有限（张春梅和郭立夫，2014），其风险识别能力低于集体识别，因此应在合作组织内部建立有效的风险评估机制。首先，建构组织内部有效的创业信息分享机制。鼓励内部具有丰富创业经验和经历的核心成员，在组织内部有效分享其风险识别及评估的技巧和方法，并针对具体的创业项目进行实际操作，在与其他成员有效沟通的基础上有效评估风险。其次，依据组织经营特征，将风险有效细分。风险评估的关键在于对风险细分的程度，农业相较于其他产业，风险更大、细分的维度更多，同时，不同的合作组织由于其经营特征的差异性，风险也同样具有异质性，因此，应针对自身特征进行风险细分。最后，联合专门的咨询机构，利用专业咨询部门的信息搜集、风险评估等专业知识和专业人才进行风险评估，提高风险评估的精确度。

（二）完善集体创业团队的建构

1. 建立基于项目制的创业团队

创业团队的结构特征是形成凝聚力、决策有效性和有效分工等影响组织和成员绩效的关键决定因素（Amason et al，2005），团队结构的优化需要建立一个完善的退出和进入机制。在合作组织内部建立多个项目的创业团队，让组织成员根据自己的偏好选择合适的创业团队参与，实行创业团队项目制，从而提高组织成员创业参与率。在组织内部建立更多的创业项目团队，一方面，能够满足不同风险偏好的内部成员，使其参与团队创业，保证其不退出农村合作组织，从而影响组织绩效；另一方面，能够有效分散组织层面的创业风险，提高组织的抗风险能力。建立基于项目制的创业团队同样存在退出和进入问题，组织成员依据自己的偏好进行选择，通过内部的进入和退出机制促进组织层面不断发生创业行为，推动创业型农村合作组织的成长。

通过创业团队建构创业型农村合作组织，关键在于治理机会主义行为方面。在不确定条件下，传统意义上的管理权力无法有效实施，一个相互信任的团队进行创业，决策机制可能与层级制不同。在参与创业的成员中，权力平均分配，几个创业成员主动相互合作,但是,在合作产出情况难以测量或分清、创业团队创业能力难以测量,或者创业结果未知的情况下,需要通过团队方式解决交易过程中的治理问题。将每一个创业团队成员都看作对合作组织利润的创造有积极贡献,并且认为其是团队信任的成员,在做决策时,团队成员把决策权配置给最适合成为领导人的人,在这种情况下,领导权力会被最优配置,所有团队成员都有机会成为平等决策者,在对剩余权力进行配置时,团队成员会按照各自贡献公平进行。

尽管创业团队是建构创业型农村合作组织的有效方式,但随着创业的发展,创业者对市场发展的现状和未来趋势进行进一步了解,不确定的环境将被风险替代,在风险条件下,团队模式可能成为有效的治理机制,同时,通过管理监督进行治理也会成为可行选择。团队治理模式和专业化管理模式的区别在于不确定环境和风险环境的差别。在风险环境下,以团队为基础的治理模式的管理技能,无法替代监督和控制模式下的传统管理技能。

2. 完善集体创业的退出机制

完善创业的退出机制。成员参与创业的过程是一个风险承担过程,同时也是一种激励机制。如果创业团队存在机会主义行为和租金配置不公平,那么,有效的退出机制将成为制约这种机会主义行为的有效措施。合适的团队组成是集体创业团队顺利合作的前提,在集体创业过程中,退出成本、预期回报、有效沟通和集体创业人员构成的价值认同和信任是影响集体创业合作的主要因素。设计合理的核心成员进入和退出机制有助于集体创业团队的成长和转型(张帏和叶雨明,2012)。可退出的合作机制是农村合作组织演进中的"稳定器",使核心成员和普通成员形成较有效的"合作"(崔宝玉等,2008),有利于组织集体创业行为的实施。

3. 合理设计创业退出方式

梅琳等(2012)研究认为,与激进式退出相比,渐进式退出能够显著正向影响组织绩效。所以说,不同的退出模式能够影响组织层面创业的实施及绩效水平。合作组织创业的退出方式设计可以分为资本退出模式、人才退出模式和时间退出模式。资本退出模式是指创业团队的成员,按照一定的比例,分批抽回自己投资的资本,从而退出合作组织的创业经营。人才退出模式,是指成员退出经营,不带走资本、技术和相关资源,转而从事其他与合作社无关的经营。时间退出模式分为激进式和渐进式两种,激进式是指创业者突然并且完全放弃对组织的经营决策权和控制权,从一个特定时点起不再担任组织的任何管理职责,并一次性让渡所有组织控制权;渐进式是指创业团队成员的控制权逐渐减少,在企业中的职权逐步降低、管理权下降，最终退出创业经营。

案例 8-3

合作社无效的原因——乡镇合作社管理部门人员的访谈。成员退出的原因如下。在销售困难的时候，合作社是一个有效的销售平台，通过加入合作社可以有效销售农产品（如猕猴桃），一方面，可以获得好的价格，在市场谈判过程中占据较有利的位置，另一方面，可以获得低成本的技术指导和创新。但是，一旦地方形成某项产品的产业集群，大批的客商聚集到该地区时，合作社的销售优势就不存在了。同时，长期积累的技术和经验，也会使合作组织的技术指导的重要程度减弱。因此，当合作社不能为社员提供更多服务时，成员便会退出合作社。这时需要合作社进行优化升级，从而吸引和凝聚更多的合作社成员。在集群形成的同时，也形成了有效的市场，其类似完全竞争市场，在该市场中，合作组织无法垄断农户的销售。在自利动机的驱动下，成员选择合适的销售渠道高价销售自己的产品；当产品滞销时，成员才会选择合作社销售渠道来实现自身利益的最大化，同时也将风险转移给合作社。因此，合作社创业的关键是将风险有效平衡掉。

（三）提高农村合作组织成员投资的积极性

1. 合理配置合作组织和成员投资的分配比例

鼓励成员参与创业投资，是推动成员参与合作组织经营的重要方面，同时需要合理确定成员投资和组织投资的比例，这是风险分担和转移问题。组织投资比例较高时，成员将投资风险有效转移给组织；成员投资比例过高时，组织将风险转移给成员。两者分配比例的确定，需要将风险分担和投资份额结合起来，形成一个风险分担和投资比例相匹配的机制，通过创业团队风险共担和风险分散机制，在不提高成员风险分担份额的基础上，获得集体投资所获得的收益，实现帕累托改进的目标。

合作组织的建立，是一个通过合作形成组织的创业过程，组织形成过程同时也是创业过程。创业过程，关键在于资源的筹集问题，而成员参与合作组织，实质是以其拥有的资本作为创业资源的加盟过程，因此，鼓励成员投资是合作组织成长的关键。但是，成员投资有一个稀释控制权和所有权的问题，成员最优投资比例根据以下原则确定，即在不影响既定组织决策权和控制权配置的基础上，能够为组织创业行为提供合适的资源量。

2. 规范创业投资的规则和流程

首先，建立创业投资规范的登记制度。将农户土地、金融和人力资本等方面的投资按照一定现值、时点、投资的比例、专用性进行详细登记，并得到合作组织成员的确认和签字。当投入的资本随创业行为发生价值增值或贬值时，需要动态记录该资本变化的特性，并以此为依据调整收益分配比例。

其次，建立创业投资的动态调整制度。农户增资、减资、改变投资的形式，都需要重新进行登记和调整，需要建立完善的制度规范其动态调整行为。组织创业行为变化，资本需求同样发生变化，这就需要组织成员动态调整自身的投资比例，组织层面需要详细记录动态投入，方便以后分配收益。

最后，规范创业投资退出机制。当成员退出时，其投资的抽回、现值的计算、支付的形式及批准流程都需要建立完善的规则和制度，以降低事后的不确定性。

3. 保障成员创业投资的安全

首先，引入外部保险机制保障成员投资安全，通过将创业项目经营投保、引入风险投资等方式，降低和分散成员投资的风险。其次，通过一定的期权合约，承诺在一定经营期间内给予成员一定的期权，保障成员的应得利益。最后，提高创业投资使用的透明性，让成员能及时跟踪和了解创业投资的使用情况和绩效。

（四）建构集体创业的创业收益分配机制

集体创业的利益分配机制与分配主体的构成有关，同时也与产权清晰程度有关，合理的利益分配机制能够有效推动组织创业行为，进而推动成员绩效。研究发现，能人主导和农民自组织型合作社绩效显著高于企业主导型合作社（杨军，2014）；在合作社内部治理中，农村合作组织存在"双重控制"机制，即大农户对合作组织的控制通过股权和社会资本"同时动用、相互配合"的双重控制来实现（崔宝玉和谢煜，2014），这种双重控制机制增加了收益分配的难度。

1. 创业要素和收益对称的分配机制

创业要素需要参与创业收益分配。我国目前主要的收益制度基本上是按股权分配，实际调查也体现了这一点（图 8-4），为推动组织层面创业，需要建立创业要素和收益对称的分配机制。

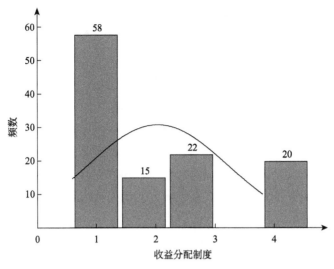

图 8-4　合作组织的分配制度
1=按股分红；2=按惠顾额分配；3=二次返利；4=其他

　　首先，组织内部建立基于项目创业的收益分配制度。一个创业项目的完成需要任务团队、资本和管理团队。创业项目包含不同的任务，将个体收益与个体创业任务完成的绩效结合起来，任务完成绩效较好的个体所得的收益较高。在创业项目实施过程中，创业团队每个成员的任务不同，任务完成的绩效不同，因此，按照创业项目内部任务分解和绩效评估建立收益分配，将使收益分配与绩效结合得更加紧密。

　　其次，建立创意参与收益分配机制。并非每个人都具有这种对创业机会的敏锐的发现和探索能力，仅有极少数的人能够正确预计一项创业行为事后价值与事前投入资源成本之间的差异，因此，创业者的点子是一种非常稀缺的资源，创意具有"无成本转移"的特性，其产权很难界定。针对团队的创意，制度设计应聚焦在如何将创意（idea）显性化方面。针对产品和服务的创新和创意比较容易显性化，但针对管理和思路的创新和创意，很大一部分具有模糊性，所以需要将创意的发现与创意的执行结合起来，将团队创意的形成与绩效结合起来，将创意纳入创业租金分配体系。

　　最后，资本要素参与分配制度。在制度设计过程中，应建立不同资本之间差异化的分配策略：关于金融资本，可以建立在基本收益率以上的固定比例；关于人力资本，可以建立固定的工资比例加上绩效浮动；关于技术，可以建立相关转让收益或培训收益，并结合创业收益剩余获得浮动的比例。

2. 风险和收益对称的分配机制

创业是一种高度风险行为，需要通过承担风险获取收益。风险承担是创业导向的一个重要维度，需要参与创业租金的分配。风险承担与资本具有一定的联系，两者在收益分配方面存在一定的重复。因此，在风险承担过程中，应注重将两者重合的方面先厘清再考虑。制度设计应聚焦于以下几点。首先，在风险的度量及主观承担意愿方面，愿意承担风险的程度和将来受益程度需要精准地匹配起来。其次，在风险承担者的清晰界定方面，主要是损失的承担方面，建立事后损失承担和收益对等机制。最后，解决自然风险和主观风险的界定问题。例如，如何界定自然风险或不可分散风险造成的损失，如何界定和承担主观行为造成的损失。不同的风险承担要和收益分配一致。

在不确定性条件下，进行合作组织的风险分担。合作社是一个多人合作创业的组织，团队成员比较松散，在创业过程中，很容易有成员退出。在合作社成立阶段，初始投资相当于购买一个看涨的期权，在不确定条件下，合作组织的投资项目初始投资资本相当于期权的购买成本，以取得将来获利的期权。合作组织拥有未来获利的机会，如果"获利机会"没有出现，合作组织的损失风险仅限于初始投资；如果"获利机会"出现，合作组织可以选择进一步投资，第二期投资可以视为期权的执行，行权的价格就是第二期投资的金额。按照不同的执行方式，期权决策还包括退出期权、转换期权等其他实物期权形式。

合作组织创始人补偿创业团队成员，并不足以稳定团队成员的工作激励，控制具有不确定性的权力是一种不稳定的激励，因为在不确定性消除后，创始人会招聘职业经理人代替创业团队成员，这样会导致初始创业团队成员具有强烈的不安全感，进而利用控制权谋取私利，从而导致创业团队成员的寻租行为。在制度化程度较低的合作组织中，利润分享（利润分成）权利也同样是一种不可靠的权利，很容易被合作组织创始人左右，尤其是基于地缘宗族性质形成的合作组织创始人。

在农村合作组织财务信息处于模糊或非透明阶段时，合作组织成员对能否获得回报没有确定的信心，由于分担了组织创业阶段的不确定性，成员倾向于将自己的收益与创始人收益进行比较，并由此产生分配的不公平感，认为分红权和控制权都不能满足自己初始投入的资本和努力。一旦有这种心理感觉，其心理获得权就会丧失，失去原有的工作激励，从而降低投入，通过增加在职消费等寻租行为来补偿自己，这使他们的利益与初始人和组织利益产生冲突。由于控制权或分红权与职位和权力紧密联系，权力和职位是合作组织创业团队成员补偿的基础，任何剥夺或削弱他们权力的行动，必然会遭到强烈反抗，这正是很多农村合作组织出现组织初始创始人阻碍改革的主要原因，同时也是许多合作组织生存时间短的根本原因。

当创业型组织进入分配创业租金的管理阶段或合作组织对成员兑现增长期权的阶段，由于创始人掌握着剩余控制权，非正式化的实务期权必须经创始人确认后转为正式的实物期权。在这一阶段，合作创业的成员能否如愿得到增长期权，取决于合作组织创业人与团队成员能否达成一致。由于合作组织创业是一个典型的团队产出问题，且不容易计量，尤其是初始创业人的人力资本的贡献，创始人和团队成员在对一个创业结果或其他人的贡献的主观判断上往往存在较大的分歧，出于自利的需要，双方都有驱动将贡献归功于自己，如果双方无法达成一致，最后合约的履行靠双方的博弈。在博弈中，自利的创始人会延长兑付增长期权的承诺，变相提高购买价格，甚至背弃之前的期权合约。

创业合作组织成员一旦察觉到市场不确定性向有利方向发展，则会要求尽快兑现增长期权，由于创始人掌握增长期权的承兑权利，在博弈中占据主导地位，在博弈中较为主动，并且对创业项目的信息掌握也比较全面，其能够更好地预期不确定性的变化，采取领先行动，使双方博弈呈现信息不对称的序贯博弈特征。

1）核心创业家的策略选择

合作组织创始人是否履行合约，关键要看履约成本和背约成本的比较。对于创始人而言，履约成本主要是支付给创业团队退出的租金，而背约成本包括两部分，即直接和间接成本。直接成本是指团队人员离职的人力资本丧失、对所在团队成员的激励损失、组织修复内外部关系的成本、创业团队成员消费和侵占企业财产所带来的损失。间接成本则源于对组织其他员工激励的消极影响，以及对创始人社会网络声誉的负面影响。背弃合约的收益很容易计算，但间接损失由于其隐性程度较高，难以清晰估算，还有一些成本取决于其他成员的反应及行为造成的后果，是一种或有损失，这些现象会导致对背约损失的低估。

（1）履约与提前赎买。当进入风险管理阶段，创业团队成员的贡献不在于应对不确定性所带来的创业利润，更多的是其具备的管理价值，合作组织的创始人希望其发挥管理价值，履行实物期权合约。如果创业团队成员构筑的关系网络或关系合同对组织未来的经营管理带来重大影响，或者组织关键经营技术、核心研发技术等被团队成员掌握，那么团队成员可以借此挟制创始人履行合约。

如果合作组织创始人认为团队成员专用性人力资本价值下降，但又难易违约和背弃承诺，创始人就会采取赎买的方式最大化创业团队利益。创始人和团队成员对不确定性程度的感知方向和时间的差异，导致其对实物期权价值发展的方向判断的差异。创业团队成员还未意识到不确定性是否会发生有利变化时，容易低估增长期权的价值，创始人往往能够以较低的交易成本和价格进行购买。这种时间差形成解决产权模糊问题的窗口期，并且能够明晰产权，购买成员的期权和股权，从而解决模糊产权的问题。

（2）背约。背约的条件是成员人力资本和关系合同形成的谈判权力受到一定程度的削弱，这时合作组织创始人有可能背约。当感知到外部风险发生有利变化后，创始人采取制度来标准化异质性资源、文本化缄默知识，减少对掌握这些知识和资源的成员的依赖程度，也可以采取削弱成员的控制权、削弱成员借助关系合同形成的谈判能力的方式。

例如，合作社的初始创始人有三个，一个掌握资源，投入金融资本；一个以技术入股，这种技术能够带来有效的增产和产品质量；一个掌握销售渠道，可以为组织销售产品带来便利和低成本。开始创业时面临的不确定性使三方紧密合作，一同致富后，由于标准化设备的购入和技术操作被其他成员熟练掌握，组织对技术依赖程度降低，销售面扩大，组织不再依赖成员的销售渠道。所以，掌握资本的创始人收购另外两个人的期权，合作社成为一个人的企业。背约的关键在于技术和渠道所带来的专用性人力资本价值下降，其准租被机会主义者赚取。

虽然建立在农村社区深层的社会网络关系中的合作组织可以借助人际信任来防范寻租的行为，但是，如果准租的收益很高，同样可以诱惑创始人突破社会网络这种非正式制度的约束。何况，信任并不是一成不变的，信任可能由情义向算计变化，原本存在的信任随沟通的减少而减少，或者由于新成员的进入，信任降低，从而导致创始人背约。

（3）补偿。补偿是一种折中的选择。如果购买期权和背约的成本较高，就可能采取补偿方式。在创业租金并没有被创造出来时，承诺容易造就合作。但是，租金被创造出来之后，由于团队成员内部关系的亲疏，创始人愿意将财务留在关系比较紧密的团队内部，非亲密关系成员不愿意发起股权控制。当创始人认为履约成本较高，并且非亲密关系人员的人力资本和关系资本专用性较强时，就采取折中方式，以控制权进行回报，使这些人获得稳定的风险管理收益，即以控制权来补偿股权。

2）团队成员的策略选择

与创始人相比，合作组织创业团队成员处于被动地位，他们根据创始人的行动做出反应，选择自己的策略。

（1）获得剩余索取权。进入风险管理阶段后，创始人兑现之前承诺的实物期权，明确团队成员的转换股权，为持续激励成员创造条件，同时也为引入职业经理人提供条件。对于创业团队成员来说，其股权丧失后激励下降，导致丧失心理所得权，一些重视团队成员持续激励的创始人愿意给予成员更多的股权，从而保证主人翁精神。

（2）背叛。创始人未兑现承诺，并开始进行制度化管理，即向团队成员发出"背约"的信号。一旦观察到这种信号，谈判力强的团队成员会利用自己的资本专用性来敲创始人的"竹杠"，如拉走团队、带走技术专利和客户资料、曝光企业隐私等，谈判力弱的成员会产生强烈的不公平感，利用手中的权力来侵占组织利益，不公平感也为创业团队成员侵占行为的合理化提供理由。通常，团队成员专用性人力资本投资越多，不公平感就越强，"背叛"的动力就越强。

（3）补偿。控制权并不是一种稳定的机理，在风险管理阶段，创始人招聘职业经理人替代团队成员的动机，导致团队成员产生不安全感，进而采取控制权寻租。利润分享同样不可靠，当内部人员控制合作社时，财务信息的不透明，使其很难相信利润的真实性。

由于在创业阶段同样分担了不确定性，合作组织的创业团队成员倾向于与创始人的收益进行比较，并由此产生不公平感，形成控制权和分红权都不能补偿自己历史投入的认识，团队成员会就此失去工作激励，采用减少投入和努力程度，增加消费行为，这使得他们的利益与创始人的利益相对立。控制权和分红权与职位和权力关联，任何剥夺职位和权力的行动，必然会遭到激烈对抗，从而导致组织破裂。

风险和收益的对称分配，必须与创业阶段紧密相关。创始人与团队成员合作的焦点在于如何分配创业租金。这个阶段主要任务是降低双方的机会主义行为。双方选择的"侵占-背叛"战略不是推动创业持续进行的最优战略选择，这需要在实物期权的理论框架下，动态分析创始人和团队成员之间合约的性质，深刻了解不同阶段团队成员行为变化的深层原因，从而用以指导创业型合作组织的治理实践。

3. 所有权和收益对称的分配机制

所有权参与收益分配的关键在于以下两方面：一方面，即所有权的清晰程度，关键是将具有模糊所有权的资产逐渐清晰化；另一方面，即准确确定所有权资产对创业租金的贡献程度。贡献程度是指将某个创业成员贡献的各种要素估值加起来，然后除以全体创业者贡献所有要素估值的贡献总额，得到的投资者生产要素所有权的贡献百分比，也是其分配创业租金的比例。在确定贡献程度时，要先确定所有权发生的时间、浮动的比例、估值方法等内容。

此外，不同的股权配置设计对组织资产权与控制权进行分配设计，促使心理所得权发生变化。股权分配设计需要满足心理所得权产生的条件，对组织成员个人的股权分配设计聚焦于个体机理，一般不考虑团队成员的相互影响作用。但是，组织内部创业项目往往是由一个创业团队完成的，基于团队的股权分配设计聚焦于团队成员相互影响和相互关系层面，通过成员关系和成员影响进行激励。这两种不同的股权分配设计方式使心理所得权产生的条件有所不同，如目标客体的实际所有权、控制权，团队成员对所有权的认知、对创业投入和收益的了解等。

因此，在创业型农村合作组织发展过程中，不同的股权分配设计会导致组织内部创业项目团队心理所有权在个体和集体层面产生不同的结果。农村合作组织本身就是一个松散的连接，如果没有合理的基于心理所得权的股权分配机制，很难完成创业项目，所以，需要满足心理所有权产生所需要的创业团队成员对合作组织的客观控制感和主观上的所有感，创业团队成员通过对合作组织层面创业行为进行控制、影响，了解投入产出和项目不断的进展，团队成员逐渐产生个体层面的心理所有权，在此基础上，团队成员通过创业过程之间的互动，不断形成对团队创业行为的共同认知，从而产生团队集体层面的集体心理所有权。随着合作组织的发展，在内部创业团队与集体心理层面所有权交互影响的促进下，创业团队心理所有权不断发展与变化，这种变化说明股权分配设计是针对合作组织资产权和控制权的分配设计，是创业团队心理所有权变化的根本诱因。

合作组织内部的股权分配设计，有利于成员形成组织所有权的意识。合作组织通过保障创业团队成员的良性互动，促进基于新知识、新能力的创新，这一意识的产生更容易在组织层级简单的合作组织中发挥有效作用。一方面，对农村合作组织管理层进行股权激励可以促进他们主动扩展自己的知识网络，从而更加精确地发现、识别和决定市场中的创业机会；另一方面，给予合作组织新的创业团队股权激励，能够使之增加工作投入，如果股权激励设计不合理，则会引发团队成员间冲突，降低成员之间的凝聚力，甚至出现组织成员退出的现象。股权设计不合理导致团队成员之间产生利益分歧，减少互动和沟通，从而改变团队成员之间的关系，同时也会减少团队成员对创业事业的投入，使团队成员能力结构发生变化，从而影响创业团队心理所有权的产生和变化。

合作组织的股东享有的股权，主要体现为资产收益权与组织重大决策权，包括选择管理者的权利。依照组织治理理论，股权结构决定组织控制权的归属，并影响组织内部权利的配置，在合作组织一股一票的多数决议原则下，股东享有的剩余收益索取权和投票权完全由股份数量决定，拥有多数股权的成员在合作组织决策中所起的作用较大，这种股权决定的做法不利于合作组织内部创业行为的发生。合作组织的成长关键在于有效的整合资源。为合作组织带来更有创意的产品和服务，从而提高自身竞争优势，是一种组织内部企业家能力彰显的过程。农村合作组织创业资源缺乏，创业人力资本不足，在资源非常有限的条件下，初始股权配置是基于成员之间的相互认可和信任建立的，其在合作组织成长过程中逐步调整。将合作组织看成一个创业团队，基于人力资本的股权激励，如果普通成员对依据贡献所匹配的股权调整的要求不能得到满足，或者其合理的预期股权没有得到满足，普通成员就没有长期合作的积极性，反之，如果股权配置能够反映创业投入与绩效的差异，彼此预期明确、透明，则能有效发挥团队效应，推动合作组织保持较高的运作效率，形成自发的纠正措施。

收益分配权涉及股东的分红问题，合作组织按照成立之初的章程，在红利分配方面具有自由权，按照股东的出资比例或持股比例分红。从人力资本视角看，按照有形的权利来分红无疑是一种有效的激励，但是，对于创业团队来说，人力资本同样可以作为红利分配的重要依据之一。合作组织成员大部分是传统小农，知识文化水平较低，创业意识不足，具备创业意识、能够提供创业想法的一般是乡村精英阶层，如果不能满足这些精英阶层的分红需求，将无法形成有效的组织创业行为。

对于农村合作组织来说，制度创新具有非常重要的意义，推动初始资源禀赋匮乏的组织成员进行创业，并保护其人力资本的产权，能够有效调动组织内部创业的积极性。合作组织高管层的收益，同样包括薪酬和其他激励性报酬，组织所有者的红利分配必须保持阶段性稳定，但高管的报酬可以相对灵活变动，前者可以解决创业团队成员人力资本的长期激励问题，后者可以解决短期激励问题。

自主配置权体现在组织战略职能和管理层面，组织所有权和经营权分立。股东不参与经营，而由职业经理人替代经营，是合作组织发展的趋势，股东作为投资者，对组织的重大决策和选择管理者的权利均按投资比例和股份表决权行使，不参与组织一般性经营决策。但是，在法律许可范围内，可以让股权少但更具有专用性人力资本的股东发表意见，这样可以得到更全面的决策信息，从而降低"试错"风险。在战略决策权的配置中，如果考虑人力资本产权属性，无疑会提高合作组织决策的质量。在合作组织股东中，具有专用性人力资本特长的，还可以负责某个职能部门的管理。在职能管理中，组织内部创业团队成员如果能够享有充分的管理自主权，各展其长，就能把组织各个领域做到最好，有效平衡团队成员各自的人力资本优势，保持组织运营效率，提高组织创业绩效。

在股权的配置中，充分考虑组织创业过程中人力资本的贡献，建立基于人力资本的动态股权调整机制（朱仁宏和李新春，2014）。但原始股权以先前的投资规模为主要依据，是一个相对静态的股权结构，而这种相对静态的股权结构，不能够解释一股独大和股权均衡，不能稳定预测组织绩效。在一股一票和民主集中制决策原则下，大股东人力资本不见得比小股东多，其决策也不见得比小股东更高明，这就说明决策机制不只应考虑初始股权的划分，还应考虑创业成长过程中人力资本的贡献差异，既保证合作组织初始者的股份奖励，又确保人力资本得到激励。基于人力资本激励的创业团队股权配置能在不同的创业阶段充分激励团队成员发挥各自的优势，形成合力推动组织绩效提升。

4. 退出成员和创业成员的利益分配

关键在于设计一个双方都可接受的分配机制，分配创业所带来的收益，同时保持原有的生产优势不发生大的改变。当然，这取决于退出成员和现有成员之间的协商和讨价还价，双方分配的不仅是目前的收益，而且是创业项目预期的收益。在将预期收益折现以满足当前退出人员的同时，还要给没有退出的成员分配风险承担收益。只有这样的机制才符合激励相容原理，保障创业的顺利进行，同时给予创业团队人员自由退出权利，防止其继续创业团队成员中的机会主义行为，提高创业团队的能力和绩效。

农村合作组织内部创业团队退出机制的设计，关键在于团队领导之间的交互关系和团队成员之间的交互关系。这两种关系对团队合作成员进入和退出具有重要的影响，因为这两种关系影响自由度、收入、竞争成本和冲突成本。要激励合作组织内部成员的创业积极性，就要建立有效的退出机制。首先，团队领导给予团队成员高的创新自由度，提高团队成员的进入行为，降低团队合作成员进出的波动性。其次，加强团队领导之间互动的激励行为、成员之间互动的激励行为和领导和成员之间互动的激励行为，降低团队成员之间冲突的发生概率，提高团队成员之间的互益性，激励团队成员更加迅速地投入组织创新活动。最后，合作组织内部创业团队成员之间避免恶性竞争，建立有效的内部竞争机制，有选择性地激励创业人才成为团队核心骨干。

退出成员和创业成员之间的利益关系虽然不强，但如果不当地配置这种关系，其将会作为一个信号，影响现有创业团队成员的心理认知，在一定程度上影响团队成员内部的信任关系和激励机制。创业型合作组织是在不确定条件下创建的，其成员自然具有不确定性，所解决的主要问题是组织未来收益在创建之初无法预知的。但是，在创业团队成员退出的情境下，产生问题的主要原因是防范创业租金分配时出现的由于一方的专用性投资而产生的机会主义风险。

利益在退出成员和非退出成员之间的分配，关键是要预防专用性投资撤回而造成的"敲竹杠"问题。这种利益分配设计在合作组织成立之初就明确规定，适用于普通成员和核心成员，但是，合约的不完全性会带来不确定性，应对不确定性需要建立一种有效的绩效评估机制，充分评估和界定每一个成员的贡献及预期的贡献，从而正确分配利益，同时，也应正确评估退出成员的机会主义行为的概率，如"敲竹杠"的概率和风险，建立一种防范机构。

在成员退出时，存在双面"敲竹杠"的问题

一种是"在位"的团队成员对"退出"成员的"敲竹杠"行为。如果一个合作社，其经营农产品已经到成熟环节，已知市场价格是 40 000 元，目前已经支付成本 25 000 元，再除去运输成本 2 500 元和采摘费用 2 500 元，剩余的 10 000 元是合作社的利润，即创业团队的利润，也就是合作社投资资本的竞争性收益。如果普通核心成员选择退出，拒绝采摘，那么合作社负责人则需要支付 5 000 元的采摘费用，合作社的利润就为 7 500 元，如果普通成员排斥其他采摘的劳动者，那么，普通成员就能够获取合作社专门利用成员服务的可占用租金，形成退出成员对合作社的"敲竹杠"。

　　另一种是合作社对退出成员的"敲竹杠"行为。如果农户参与合作社，进行了专用性投资，如种桃子，其投资 2 000 元。如果退出，其先期投资无法收回，并且其还应支付土地整理费用，如砍树、整理等，还需要支付 2 000 元。如果合作社以 1 500 元的价格租赁该农户的土地，那么农户投资的 2 000 元只能收回成本1 500 元，其 500 元的投资被合作社占有。

　　5. 完善集体创业治理机制

　　农村合作组织是一种集体创业的组织形式，有效的治理机制将保证集体创业顺利进行，保证创业团队可持续发展。首先，完善监督机制。监督既可以以项目为基础，也可以以组织为基础，监督创业行为及其过程中的机会主义行为。其次，完善创业激励机制。创业的激励机制主要表现在创业前的承诺和创业后的实施两方面，这两方面的匹配程度越高，创业激励就越强；建立集激励、惩罚于一体的激励体系，使得违背承诺付出的代价高于其遵守承诺的代价。最后，完善决策机制。针对不同的创业决策，充分建立集权和分权机制。关于重大的、影响组织经营和发展方面的决策，应该就组织层面进行有效的决策协商；如果是创业过程中一些动态的、流程化的决策，则应赋予管理者或参与者充分的自由权利。

　　案例 8-4　制度变迁与合作社创业

　　月季合作社的访谈对象为社长王总。合作社内部风险分担和收益分享契约制度的改变，提高了内部成员创业的积极性。在合作社内部，形成不同的创业团队，每一个创业团队分别负责合作社的一项业务，独立核算成本和收益，创业团队的收益直接和项目收益挂钩，同时，所分担的风险也和成本挂钩。这种治理机制，使得合作社内部，尤其是管理层创业的积极性显著提高，推动合作社整体创业氛围的改变。

　　合作社李总，带领一个团队承接国外订单，并将大的订单量分配给不同的小规模农户，结合集体力量来满足需求。在质量控制方面，通过与小规模农户签订合约，提供种植技术、种苗、生态安全的农药及相应的技术保障。因为在地理范围上限制参与农户的区位，所以这些农户之间具有地理的临近性，并且与合作社的地理距离较近，这样可以有效保障农户与合作社进行技术对接。通过在一个产业集群内建立有效的技术和产品标准，从而集合松散的力量，在国际月季市场上创立南阳月季品牌，给合作社该项目带来了丰厚的利润。

参 考 文 献

安舜禹，蔡莉，单标安. 2014. 新企业创业导向、关系利用及绩效关系研究[J]. 科研管理，（3）：66-74.

鲍勇剑，袁文龙. 2015. 从创业到建业：创造社会利润——北欧创业组织的创客启示录[J]. 清华管理评论，（11）：22-35.

蔡莉，单标安. 2010. 创业网络对新企业绩效的影响——基于企业创建期存活期及成长期的实证分析[J]. 中山大学学报（社会科学版），50（4）：189-197.

蔡莉，汤淑琴，马艳丽，等. 2014. 创业学习、创业能力与新企业绩效的关系研究[J]. 科学学研究，32（8）：1189-1197.

蔡荣. 2011. "合作社+农户"模式：交易费用节约与农户增收效应——基于山东省苹果种植农户问卷调查的实证分析[J]. 中国农村经济，（1）：58-65.

蔡荣，韩洪云. 2011. 合作社内部"影响成本"决定因素的实证分析——基于山东省苹果专业合作社的调查数据[J]. 经济评论，（5）：106-112.

陈波. 2009. 风险态度对回乡创业行为影响的实证研究[J]. 管理世界，（3）：84-91.

陈逢文，张玉利，蔡万象. 2015. 社会网络与创业型企业经营绩效关系研究——基于中国民营经济的证据[J]. 科技进步与对策，32（12）：99-103.

陈共荣，沈玉萍，刘颖. 2014. 基于 BSC 的农民专业合作社绩效评价指标体系构建[J]. 会计研究，（2）：64-70，95.

陈国权，王晓辉. 2012. 组织学习与组织绩效：环境动态性的调节作用[J]. 研究与发展管理，24（1）：52-59.

陈国权，张中鑫，郑晓明. 2014. 企业部门间关系对组织学习能力和绩效影响的实证研究[J]. 科研管理，35（4）：91-102.

陈伟，孙秀丽，蒋春燕. 2010. 中国转型经济中创业导向与绩效的实证研究[J]. 经济与管理，24（4）：13-17.

陈文婷，惠方方. 2014. 创业导向会强化创业学习吗？——不同创业导向下创业学习与创业绩效关系的实证分析[J]. 南方经济，（5）：69-81.

陈熹，范雅楠，云乐鑫. 2015. 创业网络、环境不确定性与创业企业成长关系研究[J]. 科学学与科学技术管理，36（9）：105-116.

陈忠卫，郝喜玲. 2008. 创业团队企业家精神及其测量[J]. 商业经济与管理，（9）：23-28.

程聪，张颖，陈盈，等. 2014. 创业者政治技能促进创业绩效提升了吗？——创业导向与组织公正的中介调节效应[J]. 科学学研究，32（8）：1198-1206.

程克群，孟令杰. 2011. 农民专业合作社绩效评价指标体系的构建[J]. 经济问题探索，（3）：70-75.

程郁，罗丹. 2009. 信贷约束下农户的创业选择——基于中国农户调查的实证分析[J]. 中国农村经济，（11）：25-38.

崔宝玉. 2014. 政府规制、政府俘获与合作社发展[J]. 南京农业大学学报（社会科学版），14（5）：26-33.

崔宝玉，刘峰，杨模荣. 2012. 内部人控制下的农民专业合作社治理——现实图景、政府规制与制度选择[J]. 经济学家，（6）：85-92;

崔宝玉，谢煜. 2014. 农民专业合作社："双重控制"机制及其治理效应[J]. 农业经济问题，35（6）：60-66，111-112.

崔宝玉，张忠根，李晓明. 2008. 资本控制型合作社合作演进中的均衡——基于农户合作程度与退出的研究视角[J]. 中国农村经济，（9）：63-71.

邓宏图，鹿媛媛. 2014. 同质性农户、异质性大户、基层政府与合作社——经济解释与案例观察[J]. 中国经济问题，（4）：88-97.

董晓波. 2008. 农民专业合作社制度安排与创业精神关系的实证研究[J]. 统计教育，（10）：51-55.

董晓波. 2010a. 农民专业合作社高管团队集体创新与经营绩效关系的实证研究[J]. 农业技术经济，（8）：117-122.

董晓波. 2010b. 政府支持与农民专业合作社经营绩效关系的实证研究——基于高管团队集体创新的中介作用[J]. 统计教育，（6）：33-37.

董晓波. 2011. 专业合作社高管团队风险承担与经营绩效关系研究[J]. 安徽农业科学，39（29）：18295-18297.

董晓波. 2014. 政府行为、合作社发展与理论预期[J]. 合作经济与科技，（24）：43-44.

杜奋根. 2012. 农民专业合作社的发展及其政府角色担当[J]. 改革，（9）：77-83.

杜海东，刘捷萍. 2014. 创业导向对不同类型创新的影响：市场导向的中介和调节[J]. 管理评论，26（3）：151-158.

段艳玲，张婧. 2014. 动态环境下市场导向、战略柔性和新产品绩效关系的实证研究[J]. 软科学，28（4）：38-41，52.

范远江，杨贵中. 2011. 农民专业合作社绩效评价研究范式解析[J]. 经济纵横，（10）：58-61.

冯海燕，王方华. 2015. 企业家精神何以落地——创业导向影响竞争优势的路径研究[J]. 经济与管理研究，36（7）：111-118.

冯军政，刘洋，金露. 2015. 企业社会网络对突破性创新的影响研究——创业导向的中介作用[J]. 研究与发展管理，27（2）：89-100.

戈锦文，肖璐，范明. 2015. 魅力型领导特质及其对农民合作社发展的作用研究[J]. 农业经济问题，36（6）：67-74，111.

古川. 2013. 社区蔬菜直销模式的形成与运作机制研究——以北京绿富隆合作社为例[J]. 农业经济问题，34（1）：98-104.

郭红东，楼栋，胡卓红，等. 2009. 影响农民专业合作社成长的因素分析——基于浙江省部分农民专业合作社的调查[J]. 中国农村经济，（8）：24-31.

何良兴. 2014. 创业导向对企业绩效影响的研究述评[J]. 天津商业大学学报，34（5）：15-19.

贺小刚，沈瑜. 2008. 创业型企业的成长：基于企业家团队资本的实证研究[J]. 管理世界，（1）：82-95，114.

贺小刚，徐爽. 2009. 创业型企业的成长：基于企业家权力配置的观点[J]. 科技进步与对策，26（17）：72-76.

胡俊波. 2012. 农民工返乡创业面临的障碍与对策[J]. 宏观经济管理，（10）：51-52.

胡联. 2014. 贫困地区农民专业合作社与农户收入增长——基于双重差分法的实证分析[J]. 财经科学，（12）：117-126.

胡平波. 2013. 合作社企业家能力与合作社绩效关系的实证分析——基于江西省的调查[J]. 华东经济管理，27（9）：38-43.

胡冉迪. 2012. 当前我国农民专业合作社创新发展问题与对策研究[J]. 农业经济问题，33（11）：44-48.

胡赛全，詹正茂，钱悦，等. 2014. 企业创新文化、战略能力对创业导向的影响研究[J]. 科研管理，35（10）：107-113.

胡望斌，张玉利，杨俊. 2010. 基于能力视角的新企业创业导向与绩效转化问题探讨[J]. 外国经济与管理，32（2）：1-8.

黄德林，宋维平，王珍. 2007. 新形势下农民创业能力来源的基本判断[J]. 农业经济问题，（9）：8-13，110.

黄胜忠. 2014. 利益相关者集体选择视角的农民合作社形成逻辑、边界与本质分析[J]. 中国农村观察，（2）：17-25.

黄胜忠，徐旭初. 2008. 成员异质性与农民专业合作社的组织结构分析[J]. 南京农业大学学报（社会科学版），8（3）：1-7，43.

黄胜忠，徐旭初. 2009. 农民专业合作社的运行机制分析[J]. 商业研究，（10）：121-124.

黄胜忠，张海洋. 2014. 农民专业合作社理事长胜任特征及其绩效的实证分析[J]. 经济与管理，28（5）：68-73.

黄祖辉. 2008. 中国农民合作组织发展的若干理论与实践问题[J]. 中国农村经济，（11）：4-7，26.

黄祖辉，扶玉枝. 2012. 创新与合作社效率[J]. 农业技术经济，（9）：117-127.

黄祖辉，高钰玲. 2012. 农民专业合作社服务功能的实现程度及其影响因素[J]. 中国农村经济，（7）：4-16.

黄祖辉，徐旭初. 2005. 中国的农民专业合作社与制度安排[J]. 山东农业大学学报（社会科学版），（4）：15-20，125.

黄祖辉，徐旭初，冯冠胜. 2002. 农民专业合作组织发展的影响因素分析——对浙江省农民专业合作组织发展现状的探讨[J]. 中国农村经济，（3）：13-21.

黄祖辉，俞宁. 2010. 新型农业经营主体：现状、约束与发展思路——以浙江省为例的分析[J]. 中国农村经济，（10）：16-26，56.

江欢，庄丰池. 2013. 制度创新、同意一致性和制度绩效——两个烟叶合作社产生机理与运行绩效的比较分析[J]. 台湾农业探索，（3）：54-59.

江玮，王奎. 2014. 战略联盟组合与企业绩效的关系研究——基于创业机会理论的视角[J]. 厦门大学学报（哲学社会科学版），（6）：64-73.

蒋建华，刘程军，蒋天颖. 2014. 组织学习与组织绩效关系的 Meta 分析——基于测量因素、情景因素的调节作用[J]. 科研管理，35（8）：117-125.

蒋剑勇，郭红东. 2012. 创业氛围、社会网络和农民创业意向[J]. 中国农村观察，（2）：20-27.

蒋峦，谢俊，谢卫红. 2010. 创业导向对组织绩效的影响——以市场导向为中介变量[J]. 华东经济管理，24（5）：87-91.

焦豪. 2007. 创业导向下企业动态能力提升机制研究——基于组织学习的视角[D]. 浙江大学硕士学位论文.

焦豪. 2010. 企业动态能力绩效机制及其多层次影响要素的实证研究[D]. 复旦大学博士学位论文.

鞠立瑜，傅新红，杨锦秀，等. 2012. 农民专业合作社社长内部社会资本状况分析——基于四川省 116 位社长的调查[J]. 农业技术经济，（4）：37-43.

科斯，诺斯，威廉姆森，等. 2003. 制度、契约与组织：从新制度经济学角度的透视[M]. 刘刚，冯健，杨其静，等译. 北京：经济科学出版社.

李柏洲，徐广玉. 2013. 共享心智模式、组织学习空间与创新绩效关系的研究[J]. 科学学与科学技术管理，34（10）：171-180.

李丹. 2007. 我国企业组织学习对创业导向的影响研究——基于对 201 家企业的调查分析[J]. 经济体制改革，（6）：76-79.

李道和，陈江华. 2014. 农民专业合作社绩效分析[J]. 农业技术经济，（12）：65-75.

李谷成，李崇光. 2012. 十字路口的农户家庭经营：何去何从[J]. 经济学家，（1）：55-63.

李璟琰，焦豪. 2008. 创业导向与组织绩效间关系实证研究：基于组织学习的中介效应[J]. 科研管理，（9）：35-48.

李乾文. 2007. 公司创业导向的差异分析——基于环渤海地区企业所有权差异的实证研究[J]. 科学学研究，（4）：707-711.

李卫宁, 赵尚科. 2010. 创业导向与国际化绩效: 基于国外市场知识的中介效应研究[J]. 管理学报, 7 (8): 1191-1196.

李先江. 2012. 营销创新对公司创业导向与组织绩效关系的中介效应研究——基于中东部八省市企业的实证研究[J]. 研究与发展管理, 24 (4): 115-125.

李湘玲, 余吉安. 2012. 林业专业合作社推动科技创新及成果转化机制研究[J]. 科技进步与对策, 29 (11): 20-24.

李小建, 时慧娜. 2009. 务工回乡创业的资本形成、扩散及区域效应——基于河南省固始县个案的实证研究[J]. 经济地理, 29 (2): 209-214.

李晓明, 尹梦丽. 2008. 现阶段主产区种粮大户经营状况与发展对策——基于安徽省种粮大户的调查分析[J]. 农业经济问题, (10): 21-26.

李新曼, 周静, 孙若愚. 2011. 农民专业合作社绩效评价体系建立探讨——基于对辽宁省东部调研的实证分析[J]. 新疆农垦经济, (10): 12-15.

李雪灵, 姚一玮, 王利军. 2010. 新企业创业导向与创新绩效关系研究: 积极型市场导向的中介作用[J]. 中国工业经济, (6): 116-125.

梁巧, 王鑫鑫. 2014. 我国农民合作社设立机制——基于产业组织生态学理论的探讨[J]. 经济理论与经济管理, (7): 101-112.

梁巧, 吴闻, 刘敏, 等. 2014. 社会资本对农民合作社社员参与行为及绩效的影响[J]. 农业经济问题, 35 (11): 71-79.

廖媛红. 2012. 农民专业合作社内部社会资本对成员满意度的影响——以管理正规化程度为调节变量[J]. 经济社会体制比较, (5): 169-182.

林嵩, 姜彦福. 2009. 创业网络推进创业成长的机制研究[J]. 中国工业经济, (8): 109-118.

刘滨, 陈池波, 杜辉. 2009. 农民专业合作社绩效度量的实证分析——来自江西省 22 个样本合作社的数据[J]. 农业经济问题, (2): 90-95.

刘景江, 陈璐. 2011. 创业导向、学习模式与新产品开发绩效关系研究[J]. 浙江大学学报 (人文社会科学版), 41 (6): 143-156.

刘同山, 孔祥智. 2014. 精英行为、制度创新与农民合作社成长——黑龙江克山县仁发农机合作社个案[J]. 商业研究, (5): 73-79.

刘小童, 李录堂, 张然, 等. 2013. 农民专业合作社能人治理与合作社绩效关系研究——以杨凌示范区为例[J]. 贵州社会科学, (12): 59-65.

刘勇. 2009. 西方农业合作社理论文献综述[J]. 华南农业大学学报 (社会科学版), 8 (4): 54-63.

刘宇翔, 王征兵. 2009. 芬兰农民合作组织管理的分析与借鉴: 影响农民参与组织管理的因素研究[J]. 农业经济问题, (3): 103-109.

刘志荣, 姜长云. 2008. 关于农民创业发展的文献综述——以西部地区农民创业为重点[J]. 经济研究参考, (66): 37-47.

卢向虎,吕新业,秦富. 2008. 农户参加农民专业合作组织意愿的实证分析——基于 7 省 24 市
　　（县）农户的调研数据[J]. 农业经济问题,（1）: 26-31.

马红民,李非. 2008. 创业团队胜任能力与创业绩效关系探讨[J]. 现代管理科学,（12）:
　　45-46, 98.

马淑文. 2011. 家族社会资本、创业导向与初创期企业成长绩效关系研究[J]. 商业经济与管理,
　　（2）: 51-57.

买忆媛,杨阳,叶竹馨. 2015. 转型经济体制下创业团队的先前经验、无力感和适应能力[J]. 管
　　理学报, 12（7）: 1028-1037.

梅琳,贺小刚,李婧. 2012. 创始人渐进退出还是激进退出?——对创业家族企业的实证分析[J].
　　经济管理, 34（1）: 60-70.

彭华涛. 2014. 连续创业者的社会网络传承及作用机理研究[J]. 管理世界,（4）: 179-180.

彭伟,符正平. 2013. 新创企业联盟网络的形成机理: 一项实证研究[J]. 管理科学,（12）:
　　35-47.

彭莹莹,苑鹏. 2014. 合作社企业家能力与合作社绩效关系的实证研究[J]. 农村经济,（12）:
　　110-115.

齐林,朱青. 2013. 贵州省农民专业合作社促进农民增收实效分析[J]. 贵州社会科学, 277（1）:
　　105-108.

屈小博,霍学喜. 2007. 交易成本对农户农产品销售行为的影响——基于陕西省6个县27个村果
　　农调查数据的分析[J]. 中国农村经济,（8）: 35-46.

任强. 2014. 政府角色与合作社发展: 历史与比较的视野[J]. 浙江学刊,（3）: 185-193.

邵科,徐旭初. 2013. 合作社社员参与: 概念、角色与行为特征[J]. 经济学家,（1）: 85-92.

邵科,郭红东,黄祖辉. 2014. 农民专业合作社组织结构对合作社绩效的影响——基于组织绩效
　　的感知测量方法[J]. 农林经济管理学报, 13（1）: 41-48.

石敏俊,金少胜. 2004. 中国农民需要合作组织吗?——沿海地区农户参加农民合作组织意向研
　　究[J]. 浙江大学学报（人文社会科学版）,（3）: 36-45.

舒歆,骆毅. 2012. 我国农民专业合作社发展中的理事长影响力研究[J]. 河南师范大学学报（哲
　　学社会科学版）, 39（2）: 130-133.

宋典,袁勇志,张伟炜. 2011. 创业导向对员工创新行为影响的跨层次实证研究——以创新氛围
　　和心理授权为中介变量[J]. 科学学研究, 29（8）: 1266-1273.

苏群,陈杰. 2014. 农民专业合作社对稻农增收效果分析——以江苏省海安县水稻合作社为例[J].
　　农业技术经济,（8）: 93-99.

苏晓华,李倩倩,王平. 2013. 创业导向对高新技术企业绩效的影响——基于强弱关系的调节作
　　用[J]. 软科学, 27（1）: 10-19.

苏晓华,王平. 2011. 创业导向及合法性对新创企业绩效影响研究——基于产业生命周期的调节
　　作用[J]. 科学学与科学技术管理, 32（2）: 121-126.

孙亚范. 2008. 农民专业合作经济组织利益机制及影响因素分析——基于江苏省的实证研究[J]. 农业经济问题, （9）: 48-56.

孙亚范, 姜永刚. 2010. 农民生产服务合作社发展与运行绩效分析[J]. 商业研究, （7）: 166-169.

孙亚范, 余海鹏. 2012. 农民专业合作社制度安排对成员行为及组织绩效影响研究[J]. 南京农业大学学报（社会科学版）, 12（4）: 61-69.

孙艳华, 刘乐英. 2013. 农民专业合作社绩效研究综述[J]. 湖北经济学院学报, 11（6）: 96-100.

孙艳华, 刘湘辉, 周发明. 2009. 制度创新: 农业产业化经营绩效的保障——以"立华模式"为例[J]. 湖南农业大学学报（社会科学版）, 10（2）: 13-18.

王阿娜. 2011. 乡村社区合作经济组织引领农民创业的模式研究——以福建省为例[J]. 福建农林大学学报（哲学社会科学版）, 14（1）: 21-24.

王西玉, 崔传义, 赵阳. 2003. 打工与回乡: 就业转变和农村发展——关于部分进城民工回乡创业的研究[J]. 管理世界, （7）: 99-109.

王希泉, 申俊龙, 墨绍山. 2014. 中小企业创业导向与技术创新绩效的影响研究——基于知识获取与整合的视角[J]. 华东经济管理, 28（4）: 92-97.

王益富, 秦启文, 张建人. 2012. 生产型企业的工作自主性: 概念、测量与相关研究[J]. 心理科学进展, 20（7）: 1062-1067.

王勇. 2010. 产业扩张、组织创新与农民专业合作社成长——基于山东省 5 个典型个案的研究[J]. 中国农村观察, （2）: 63-70.

王勇. 2012. 农民专业合作社面临新境况分析[J]. 中国农村观察, （5）: 41-53.

危朝安. 2008. 走中国特色农业现代化道路 大力促进农民专业合作组织发展[J]. 农村经营管理, （1）: 4-9.

韦吉飞, 李录堂. 2010. 农民创业、分工演进与农村经济增长——基于中国农村统计数据的时间系列分析[J]. 大连理工大学学报（社会科学版）, 31（4）: 24-30.

韦吉飞, 王建华, 李录堂. 2008. 农民创业行为影响因素研究——基于西北五省区调查的实证分析[J]. 财贸研究, 19（5）: 16-22.

魏江, 应瑛, 刘洋. 2014a. 研发网络分散化, 组织学习顺序与创新绩效: 比较案例研究[J]. 管理世界, （2）: 137-151.

魏江, 张妍, 龚丽敏. 2014b. 基于战略导向的企业产品创新绩效研究——研发网络的视角[J]. 科学学研究, 32（10）: 1593-1600.

吴彬, 徐旭初. 2013. 合作社的状态特性对治理结构类型的影响研究——基于中国 3 省 80 县 266 家农民专业合作社的调查[J]. 农业技术经济, （1）: 107-119.

吴建祖, 龚雪芹. 2015. 创业导向对企业绩效影响的实证研究——环境动态性的调节作用[J]. 科技管理研究, 35（9）: 197-201.

吴三清，王婧. 2014. 组织学习、创新氛围和创新绩效的关系研究[J]. 科技管理研究，34（2）：178-182.

夏英，宋彦峰，濮梦琪. 2010. 以农民专业合作社为基础的资金互助制度分析[J]. 农业经济问题，31（4）：29-33.

谢洪明，程聪. 2012. 企业创业导向促进创业绩效提升了吗?——一项 Meta 分析的检验[J]. 科学学研究，30（7）：1082-1091.

邢蕊，王国红. 2015. 创业导向、创新意愿与在孵企业创新绩效——孵化环境的调节作用[J]. 研究与发展管理，27（1）：100-112.

邢钰，郑丹辉. 2014. 创业导向对企业成长的影响机制：一种结构性观点[J]. 南方经济，（2）：74-88.

熊会兵，肖文韬. 2011. "农超对接"实施条件与模式分析[J]. 农业经济问题，32（2）：69-72.

熊万胜. 2009. 合作社：作为制度化进程的意外后果[J]. 社会学研究，24（5）：83-105.

徐旭初. 2009. 农民专业合作社绩效评价体系及其验证[J]. 农业技术经济，（4）：11-19.

徐旭初. 2012. 农民专业合作社发展辨析：一个基于国内文献的讨论[J]. 中国农村观察，（5）：1-12.

徐旭初. 2013. 科学把握合作社的质性规定与制度安排[J]. 中国农民合作社，（10）：37.

徐旭初. 2014. 农民合作社发展中的政府行为逻辑：基于赋权理论视角的讨论[J]. 农业经济问题，35（1）：19-29.

徐旭初，吴彬. 2010. 治理机制对农民专业合作社绩效的影响——基于浙江省 526 家农民专业合作社的实证分析[J]. 中国农村经济，（5）：43-55.

薛凤蕊，乔光华，姜冬梅. 2012. 土地合作社农户收入影响评价[J]. 农业经济问题，33（5）：34-39.

颜士梅. 2006. 创业组织的特征分析[J]. 软科学，（5）：1-3.

阳银娟，陈劲. 2015. 开放式创新中市场导向对创新绩效的影响研究[J]. 科研管理，36（3）：103-110.

杨灿君. 2014. 关系运作对合作社获取外部资源的影响分析——基于对浙江省 27 家合作社的调查[J]. 中国农村观察，（2）：9-17.

杨军. 2014. 不同模式农民专业合作社绩效的差异分析——基于广东、安徽 148 家农民合作社的调查[J]. 西北农林科技大学学报（社会科学版），14（3）：40-44.

杨俊. 2013. 新世纪创业研究进展与启示探析[J]. 外国经济与管理，35（1）：1-11.

杨俊. 2014. 创业决策研究进展探析与未来研究展望[J]. 外国经济与管理，36（1）：2-11.

杨小东. 2009. 农地承包制下农业经营组织的演进与绩效分析——一个制度经济学的视角[J]. 农业经济问题，30（8）：39-44.

由卫红，邓小丽，傅新红. 2011. 农民专业合作社的社会网络关系价值评价体系与盈利绩效研究——基于四川省的实证分析[J]. 农业技术经济，（8）：96-104.

于会娟,韩立民. 2013. 要素禀赋差异、成员异质性与农民专业合作社治理[J]. 山东大学学报
    （哲学社会科学版）,（2）：150-154.

苑鹏. 2009. 部分西方发达国家政府与合作社关系的历史演变及其对中国的启示[J]. 中国农村经
    济,（8）：89-96.

张超,吴春梅. 2015. 合作社公共服务满意度实证研究——基于 290 户中小社员的调查证据[J].
    经济学家,（3）：15-22.

张春梅,郭立夫. 2014. 农民创业者信息结构及信息获取机制研究[J]. 情报科学,32（8）：
    128-133.

张根明,陈佩. 2015. 竞争环境下市场导向和创业导向对中小企业双元性活动的影响[J]. 科技进
    步与对策,32（3）：80-84.

张广胜,周娟,周密. 2007. 农民对专业合作社需求的影响因素分析——基于沈阳市 200 个村的
    调查[J]. 农业经济问题,（11）：68-73.

张红宇. 2007. 对新时期农民组织化几个问题的思考[J]. 农业经济问题,（3）：4-10.

张宏云. 2012. 创业导向构念测量研究前沿探析与未来研究建议——基于反映型和构成型模型[J].
    外国经济与管理,34（6）：9-16.

张会萍,倪全学,杨国涛. 2011. 农村土地信用合作社对农户家庭收入的影响分析——基于宁夏
    平罗县 225 个农户的实证调查[J]. 农业技术经济,（12）：94-99.

张捷,蔡莉,单标安,等. 2010. 创业导向与顾客信息获取：组织学习的调节作用——以 IT 行
    业新企业为例[J]. 情报科学,28（2）：279-297.

张晋华,冯开文,黄英伟. 2012. 农民专业合作社对农户增收绩效的实证研究[J]. 中国农村经
    济,（9）：4-12.

张千军,刘益. 2014. 市场导向、双元性和企业绩效[J]. 软科学,28（12）：65-68.

张帏,叶雨明. 2012. 高科技创业团队的合作驱动因素研究[J]. 技术经济,31（7）：59-65.

张骁,胡丽娜. 2013. 创业导向对企业绩效影响关系的边界条件研究——基于元分析技术的探
    索[J]. 管理世界,24（6）：99-110.

张骁,李嘉. 2012. 初次创业和再创业关键影响因素和作用机制差异研究：机会、资源与能力的
    匹配[J]. 研究与发展管理,24（6）：116-125.

张玉利,李乾文. 2009. 公司创业导向、双元能力与组织绩效[J]. 管理科学学报,12（1）：
    137-152.

张振华. 2009. 创业团队胜任力结构与创业绩效关系研究[J]. 当代经济研究,（12）：22-25.

张智贝,李双元. 2014. 生态畜牧合作社绩效评价——基于青海藏区 55 家生态畜牧业合作社的
    实证分析[J]. 青海民族大学学报（社会科学版）,40（1）：108-113.

赵彩云,王征兵,邹润玲. 2013. 农民专业合作社利益机制及其绩效实证分析——以陕西省为
    例[J]. 农村经济,（10）：121-125.

郑飞虎,徐伟. 2014. 九龙坡合作社"二次分红"：中国农户交易的制度创新[J]. 南开经济研

究，（4）：141-152.

郑山水. 2015. 政府关系网络、创业导向与企业创新绩效——基于珠三角中小民营企业的证据[J]. 华东经济管理，29（5）：54-62.

郑文文，孟全省. 2014. 基于农户视角的果蔬合作社绩效影响因素分析[J]. 广东农业科学，41（12）：206-211.

郑馨. 2008. 创业导向与组织绩效关系的研究述评——从直接关系到调节变量和中介变量的引入[J]. 研究与发展管理，（4）：96-100.

周冬梅，鲁若愚. 2010. 创业网络中的信任演化研究[J]. 研究与发展管理，22（5）：59-64.

周冬梅，鲁若愚. 2014. 创业网络中信息交互行为的协作博弈分析[J]. 技术经济，（7）：47-54.

周萍，蔺楠. 2015. 创业导向企业的成长性：激励型与监督型公司治理的作用——基于中国创业板上市公司的实证研究[J]. 经济管理，37（3）：44-55.

周勇，凤启龙. 2015. 网络能力、创业学习对中小型科技企业创业绩效的影响研究[J]. 科技与经济，28（2）：51-55.

朱红根，陈昭玖，翁贞林，等. 2008. 稻作经营大户对专业合作社需求的影响因素分析——基于江西省 385 个农户调查数据[J]. 农业经济问题，（12）：71-78.

朱仁宏，李新春. 2014. 创业团队契约治理与新创企业绩效关系研究[J]. 中山大学学报（社会科学版），54（4）：199-208.

Alchian A A, Demsetz H. 1972. Production, information costs, and economic organization[J]. American Economic Review, 62（5）：777-795.

Alegre J, Cbiva R. 2013. Linking entrepreneurial orientation and firm performance: the role of organizational learning capability and innovation performance[J]. Journal of Small Bussiness Management, 51（4）：491-507.

Alvarez S A, Barney J B. 2005. How do Entrepreneurs organize firms under conditions of uncertainty[J]. Journal of Management, 31（5）：776-793.

Amason A C, Shrader R C, Tompson G H. 2005. Newness and novelty: relating top management team composition to new venture performance[J]. Journal of Business Venturing, 21（1）：125-148.

Arshad A S, Rasli A, Azura A, et al. 2014. The impact of entrepreneurial orientation on business performance: a study of technology-based SMEs in Malaysia[J]. Procedia Social and Behavioral Sciences, （130）：46-53.

Barham J, Chitemi C. 2009. Collective action initiatives to improve marketing performance: lessons from farmer groups in Tanzania[J]. Food Policy, 34（1）：53-59.

Baron R M, Kenny D A. 1986. The moderator-mediator variable distinction in social psychological research: conceptual, strategic, and statistical considerations[J]. Journal of Personality and Social Psychology, 51（6）：1173-1182.

Basu P, Chakraborty J. 2008. Land, labor, and rural development: analyzing participation in India's Village Dairy Cooperatives[J]. The Professional Geographer, 60 (3): 299-313.

Boso N, Story V M, Cadogan J W. 2013. Entrepreneurial orientation, market orientation, network ties, and performance: study of entrepreneurial firms in a developing economy[J]. Journal of Business Venturing, 28 (6): 708-727.

Bouncken R B, Plüschke B D, Pesch R, et al. 2016. Entrepreneurial orientation in vertical alliances: joint product innovation and learning from allies[J]. Review of Managerial Science, 10 (7): 381-409.

Brettel M, Rottenberger J D. 2013. Examining the link between entrepreneurial orientation and learning processes in small and medium-sized enterprises[J]. Journal of Small Business Management, 51 (4): 471-490.

Carroll G R, Goodstein J, Gyenes A. 1988. Organizations and the state: effects of the institutional environment on agricultural cooperatives in Hungary[J]. Administrative Science Quarterly, 33 (2): 233-256.

Chagwiza C, Muradian R, Ruben R, et al. 2013. Collective Entrepreneurship and Rural Development: Comparing Two Types of Producers'Organizations in the Ethiopian Honey Sector[C]. Berlin: Springer Berlin Heidelberg.

Chandler A D. 1962. Strategy and Structure: Chapters in the History of Industrial Enterprise[M]. Cambridge: MIT Press.

Clausen T, Korneliussen T. 2012. The relationship between entrepreneurial orientation and speed to the market: the case of incubator firms in Norway[J]. Technovation, 32 (9~10): 560-567.

Clercq D D, Dimov D. 2013. Organizational social capital, formalization, and internal knowledge sharing in entrepreneurial orientation formation[J]. Entrepreneurship Theory and Practice, 37 (3): 505-537.

Comeche J M, Loras J. 2010. The influence of variables of attitude on collective entrepreneurship[J]. International Entrepreneurship and Management Journal, 6 (1): 23-38.

Covin J G, Green K M, Slevin D P. 2006. Strategic process effects on the entrepreneurial orientation-sales growth rate relationship[J]. Entrepreneurship Theory and Practice, 30 (1): 57-81.

Datta P B, Gailey R. 2012. Empowering women through social entrepreneurship: case study of a women's cooperative in India[J]. Entrepreneurship Theory and Practice, 36 (3): 569-587.

Dickson P H. 2004. Entrepreneurial orientation: the role of Institutional environment and firm attributes in shaping innovation and proactiveness[Z]. Georgia Institute of Technology, Working Paper.

Dickson P H, Weaver K M. 2008. The role of the institutional environment in determining firm orientations towards entrepreneurial behavior[J]. International Entrepreneurship and Management Journal, 4 (4): 467-483.

Ekpe I, Mat N, Razak R C. 2011. Attributes, environment factors and women entrepreneurial activity: a literature review[J]. Asian Social Science, 7 (9): 119-141.

Engelen A, Kube H, Schmidt S, et al. 2014. Entrepreneurial orientation in turbulent environments: the moderating role of absorptive capacity[J]. Research Policy, 43 (8): 1353-1369.

Foss K, Foss N J, Klein P G, et al. 2007. The entrepreneurial organization of heterogeneous capital[J]. Journal of Management Studies, 44 (7): 1165-1186.

Fuentes M M F, Bojica A M, Ruiz-Arroyo M. 2015. Entrepreneurial orientation and knowledge acquisition: effects on performance in the specific context of women-owned firms[J]. International Entrepreneurship and Management Journal, 11 (3): 695-717.

George B A, Marino L. 2011. The epistemology of entrepreneurial orientation: conceptual formation, modeling and operationalization[J]. Entrepreneurship Theory and Practice, 35 (5): 989-1024.

Getnet K, Anullo T. 2012. Agricultural cooperatives and rural livelihoods: evidence from Ethiopia[J]. Annals of Public and Cooperatives Economics, 83 (2): 181-198.

Gupta R, Pandit A. 2012. Strategic entrepreneurial orientation: development of a multi-dimensional construct based on literature review[J]. South Asian Journal of Management, 19 (4): 89-110.

Gupta V K, Dutta D K, Chen X, et al. 2014. Entrepreneurial orientation capability and firm performance under conditions of organizational learning[J]. Journal of Managerial Issues, 26 (2): 157-173.

Harbison F. 1956. Entrepreneurial organization as a factor in economic development[J]. The Quarterly Journal of Economics, 70 (3): 364-379.

Hitt M A, Ireland R D, Camp S M, et al. 2001a. Strategic entrepreneurship: entrepreneurial strategies for wealth creation[J]. Strategic Management Journal, 22 (4): 479-491.

Hitt M A, Bierman L, Shimizu K R, et al. 2001b. Direct and moderating effects of human capital on strategy and performance in professional service firms: a resource based perspective[J]. Academy of Management Journal, 44 (1): 13-28.

Huang K P, Wang K Y. 2013. The moderating effect of social capital and environmental dynamism on the link between entrepreneurial orientation and resource acquisition[J]. Qual Quant, (47): 1617-1628.

Jantunen A, Punmalaine K, Saarenketo S, et al. 2005. Entrepreneurial orientation, dynamic capabilities and international performance[J]. Journal of International Entrepreneurship, 3 (3): 223-243.

Jiang X, Yang Y. 2014. Entrepreneurial orientation, strategic alliances, and firm performance: inside the black box[J]. Long Range Planning, (9): 1-14.

Kloosterman R C. 2010. Matching opportunities with resources: a framework for analysing (migrant) entrepreneurship from a mixed embeddedness perspective[J]. Entrepreneurship & Regional Development, 22 (1): 25-45.

Kollmann T, Stockmann C. 2014. Filling the entrepreneurial orientation-performance gap: the mediating effects of exploratory and exploitative innovations[J]. Entrepreneurship Theory and Practice, 38 (5): 1001-1026.

Kraus S. 2013. The role of entrepreneurial orientation in service firms: empirical evidence from Austria[J]. The Service Industries Journal, 33 (5): 427-444.

Kraus S, Rigtering J P C, Hosman V. 2012. Entrepreneurial orientation and the business performance of SMEs: a quantitative study from the Netherlands[J]. Review of Managerial Science, 6 (2): 161-182.

Kreiser P M. 2011. Entrepreneurial orientation and organizational learning: the impact of network range and network closure[J]. Entrepreneurship Theory & Practice, 35 (5): 1025-1050.

Kreiser P M, Marino L D. 2013. Disaggregating entrepreneurial orientation: the non-linear impact of innovativeness, proactiveness and risk-taking on SME performance[J]. Small Business Economics, 40 (2): 273-291.

Kwak H, Jaju A, Puzakova M, et al. 2013. The connubial relationship between market orientation and entrepreneurial orientation[J]. Journal of Marketing Theory and Practice, 21 (2): 141-162.

Liu C H, Lee T. 2015. Promoting entrepreneurial orientation through the accumulation of social capital, and knowledge management[J]. International Journal of Hospitality Management, (46): 138-150.

Lumpkin G T, Dess G G. 1996. Clarifying the entrepreneurial orientation construct and linking it to performance[J]. Academy of Management Review, 21 (1): 135-172.

Markman G D, Balkin D B, Schjoedt L. 2001. Governing the innovation process in entrepreneurial firms[J]. Journal of High Technology Management Research, 12 (2): 273-293.

Miles M P, Arnold D R. 1991. The relationship between marketing orientation and entrepreneurial orientation[J]. Entrepreneurship Theory & Practice, 15 (4): 49-65.

Miller D. 1983. The Correlates of Entrepreneurship in Three Types of Firms[M]. New York: INFORMS.

Miller D, Friesen P H. 1982. Innovation in conservative and entrepreneurial firms: two models of strategic momentum[J]. Strategic Management Journal, 3 (1): 1-25.

Miller D, Friesen P H. 1983. Strategy-making and environment: the third link[J]. Strategic Management Journal, 4 (3): 221-235.

Porter P K, Scully G W. 1987. Economic efficiency in cooperatives[J]. Journal of Law &

Economics, 30（2）: 489-512.

Pratono A H, Mahmood R. 2015. Mediating effect of marketing capability and reward philosophy in the relationship between entrepreneurial orientation and firm performance[J]. Journal of Global Entrepreneurship Research, 5（1）: 5.

Real J C, Roldán J L, Leal A. 2014. From entrepreneurial orientation and learning orientation to business performance: analysing the mediating role of organizational learning and the moderating effects of organizational size[J]. British Journal of Management, 25（2）: 186-208.

Su Z, Ahlstrom D, Li J, et al. 2013. Knowledge creation capability, absorptive capacity, and product innovativeness[J]. R & D Management, 43（5）: 473-485.

Tang Z, Kreiser P M, Marino L, et al. 2009. A hierarchical perspective of the dimensions of entrepreneurial orientation[J]. International Entrepreneurship & Management Journal, 5（2）: 181-201.

Tang Z, Tang J. 2012. Entrepreneurial orientation and SME performance in China's changing environment: the moderating effects of strategies[J]. Asia Pacific Journal of Management, 29（2）: 409-431.

Teng B S. 2007. Corporate entrepreneurship activities through strategic alliances: a resource-based approach toward competitive advantage[J]. Journal of Management Studies, 44（1）: 119-142.

Tjosvold D. 2013. Defining conflict and making choices about its management[J]. International Journal of Conflict Management, 17（2）: 87-95.

Toledano N, Urbauo D, Bernadich M. 2013. Networks and corporate entrepreneurship: a comparative case study on family business in Catalonia[J]. Journal of Organizational Change Management, 23（4）: 396-412.

Villanueva J, van de ven Andrew H, Sapienza H J. 2012. Resource mobilization in entrepreneurial firms[J]. Journal of Business Venturing, 27（1）: 19-30.

Wiklund J, Shepherd D. 2005. Entrepreneurial orientation and small business performance: a configurational approach[J]. Journal of Business Venturing, 20（1）: 71-91.

Wincent J, Thorgren S, Anokhin S. 2014. Entrepreneurial orientation and network board diversity in network organizations[J]. Journal of Business Venturing, 29（2）: 327-344.

Wirtz P. 2011. The cognitive dimension of corporate governance in fast growing entrepreneurial firms[J]. European Management Journal, 29（6）: 431-447.

Zahra S A, Garvis D M. 2000. International corporate entrepreneurship and firm performance: the moderating effect of international environmental hostility[J]. Journal of Business Venturing, 15（5~6）: 469-492.

附 录

附录 1 农民专业合作社调查问卷

尊敬的合作社领导您好，我们是国家社会科学基金青年项目"创业型农村合作组织发展机制研究"课题组，本研究的目的是了解并讨论农民专业合作社发展过程中存在的问题、发展路径及对策。非常感谢您的配合，按照相关规定，本项调查只用于课题研究。

一、基本情况

1. 合作社的名称：_____

2. 合作社目前的具体位置：_____县（市）_____乡（镇）_____村

3. 合作社成立时间：_____年_____月

4. 合作社目前主营产品：_____

5. 合作社目前资产规模：_____元

6. 合作社目前拥有社员数量：_____户

7. 合作社的类型：_____
（1）普通农民主导型　　（2）农村能人主导型　　（3）企业主导型
（4）政府主导型

二、被调查者的特征

8. 您的年龄：_____　（1）20~30 岁　　（2）31~40 岁　　（3）41~50 岁
（4）51~60 岁　　（5）60 岁以上

9. 您的性别：_____　（1=男，0=女）

10. 您的文化程度：_____（1）小学以下　　（2）小学　　（3）初中（4）高中　　（5）中专和大专（包括函授）　　（6）本科及本科以上

11. 您是否是党员_____（1=是，0=否）

三、合作社的所有权结构

12. 合作社的总股本：_____元

13. 合作社主要大股东所占的股份占总股份的百分比：_____

（1）≤10%　　（2）10%~30%　　（3）30%~50%　　（4）50%~70%
（5）70%~90%　　（6）90%以上

14. 主要投资人所占的投资比例：_____

（1）≤10%　　（2）10%~30%　　（3）30%~50%　　（4）50%~70%
（5）70%~90%　　（6）90%以上

15. 合作社内部收益分配制度：_____

（1）按股分红　　（2）按惠顾额分配　　（3）二次返利　　（4）其他（请说明_____）

四、合作社的产业组织形式

16. 合作社是否与下游零售机构（超市等）建立长期合同关系_____（1=是，0=否）；如果有，有_____家，合同销售的比例是_____

（1）≤10%　　（2）10%~30%　　（3）30%~50%　　（4）50%~70%
（5）70%~90%　　（6）90%以上

17. 合作社是否有稳定的原材料供应商_____（1=是，0=否）；如果有，合同供应商大概有_____家，合同购买的比例是_____

（1）≤10%　　（2）10%~30%　　（3）30%~50%　　（4）50%~70%
（5）70%~90%　　（6）90%以上

18. 合作社产品是否获得行业或政府部门的认证（如绿色产品认证）_____（1=是，0=否）

19. 合作社是否享受政府的某种生产或销售补贴_____（1=是，0=否）

20. 合作社是否从银行和农村信用社获得信贷支持_____（1=是，0=否）；如果有，从_____家银行机构获得贷款

21. 合作社是否与高校、科研机构、技术推广部门等建立长期的战略合作关系_____（1=是，0=否）；如果有，有_____家

22. 目前合作社领导中是否有在村基层和政府部门担任职务的_____

（1=是，0=否）；如果有，有_____个

23. 成立之后引进示范新技术、新品种_____项；是否是省级示范社或市级示范社_____（1=是，0=否）

五、对合作社管理团队的胜任能力的认知

题项	1=非常不同意			4=一般			7=非常同意
24. 管理团队能够获得社员的充分信任且具有凝聚力	1□	2□	3□	4□	5□	6□	7□
25. 内部存在很少的冲突，意见很容易达成一致	1□	2□	3□	4□	5□	6□	7□
26. 有领导能力，有魄力，在社员中很有威信	1□	2□	3□	4□	5□	6□	7□
27. 能够为社员着想，保障社员应得的利益	1□	2□	3□	4□	5□	6□	7□
28. 有很强的社交、拉关系的外联能力	1□	2□	3□	4□	5□	6□	7□
29. 能够有效与政府部门和社会精英进行沟通	1□	2□	3□	4□	5□	6□	7□
30. 有很强的创新意识和开拓能力，有气魄，有能力	1□	2□	3□	4□	5□	6□	7□
31. 具有很强的学习、吸收转化管理和技术的能力	1□	2□	3□	4□	5□	6□	7□
32. 对合作社产品有很高的专业技术水平	1□	2□	3□	4□	5□	6□	7□

六、对外部环境的认知

题项	1=非常不同意			4=一般			7=非常同意
33. 产品市场风险较大，价格波动，市场动荡性较强	1□	2□	3□	4□	5□	6□	7□
34. 政府政策不稳定性较强，变化较快，很难适应	1□	2□	3□	4□	5□	6□	7□
35. 合作社经营容易受到政府部门干扰，不稳定	1□	2□	3□	4□	5□	6□	7□
36. 成员不稳定，进退较多，行为难以控制和监督	1□	2□	3□	4□	5□	6□	7□

七、对合作社连接紧密程度进行评价

题项	1=非常不同意			4=一般			7=非常同意
37. 合作社产品很难选择其他销售渠道	1□	2□	3□	4□	5□	6□	7□
38. 成员进入合作社需要严格的程序和审核标准	1□	2□	3□	4□	5□	6□	7□
39. 成员退出合作社需要严格的程序和审核标准	1□	2□	3□	4□	5□	6□	7□
40. 成员农户无自由选择产品销售渠道的权利	1□	2□	3□	4□	5□	6□	7□
41. 成员农户无自由选择原材料供应商的权利	1□	2□	3□	4□	5□	6□	7□
42. 合作社有统一的技术指导和生产监督	1□	2□	3□	4□	5□	6□	7□
43. 合作社利益分配机制和制度非常合理	1□	2□	3□	4□	5□	6□	7□
44. 合作社为成员提供信贷担保贷款	1=是，0=否；如果有，户均贷款（ ）元						
45. 加入合作社需要交纳抵押款（股金）	1=是，0=否；如果有，户均股金（ ）元						

八、创业导向衡量

如果您比较认同左边的观点，就选比 4 小的数字；如果您比较认同右面的观点，就选比 4 大的数字。具体数字根据认同的程度选择，如您非常认同左边的观点，就选1；非常认同右边的观点，就选7；如果无差异，就选4。

（一）创新性

46. 总体说来，合作社管理层（　　　　）

注重以现有产品/服务扩大现有市场	1□	2□	3□	4□	5□	6□	7□	注重以研发、创新提供新产品/服务来扩大市场

47. 在过去的五年中，合作社在新产品的推广方面（　　　　）

没有推出新产品或服务	1□	2□	3□	4□	5□	6□	7□	推出了许多新产品或服务

48. 在本合作社产品或服务的变化大多是（　　　　）

产品和服务的微小调整	1□	2□	3□	4□	5□	6□	7□	产品和服务的重大修正

（二）超前行动

49. 在与同类其他合作社的竞争中，本合作社所表现的行为方式是（　　　　）

防守策略	1□	2□	3□	4□	5□	6□	7□	先发制人

50. 与竞争对手相比，本合作社（　　　　）

很少最先推出新的产品/服务、管理及操作工艺等	1□	2□	3□	4□	5□	6□	7□	经常最先推出新的产品/服务、管理方法及操作工艺等

51. 与同类合作社相比较，本合作社（　　　　）

尽量避免直接冲突，希望与对手和平共处	1□	2□	3□	4□	5□	6□	7□	竞争性强，希望彻底击败对手

（三）风险承担性

52. 总体来说，合作社的高层管理者（　　　　）

偏好低风险项目	1□	2□	3□	4□	5□	6□	7□	偏好高风险项目

53. 总体来说，合作社的高层管理者认为，在当前环境下为了达到合作社目标最好采取（　　　　）

谨慎的、渐进的行为方式	1□	2□	3□	4□	5□	6□	7□	大胆的、突变的行为方式

54. 在面临决策的不确定性时合作社通常采取（　　　　）

谨慎的观望态度，避免高成本决策风险	1□	2□	3□	4□	5□	6□	7□	大胆、积极的态度，把握潜在机会

（四）自主性

55. 合作社强调对合作社成员、高管层和人员的技术创新、产品创新给予（　　　　）

非常有限的授权	1□	2□	3□	4□	5□	6□	7□	充分授权

56. 专业合作社的成员制定关键决策时（　　　　）

不独立	1□	2□	3□	4□	5□	6□	7□	非常独立

57. 合作社对发展新构想的个人或者群体都给予（　　　　）

有限自由	1□	2□	3□	4□	5□	6□	7□	充分的自由

续表

（五）竞争积极性

58. 合作社内部员工能够共享合作社外部竞争者的信息（ ）							
非常不同意	1□	2□	3□	4□	5□	6□	7□	非常同意

59. 合作社能够并且会快速地回应竞争者的行动（ ）							
非常不同意	1□	2□	3□	4□	5□	6□	7□	非常同意

60. 合作社的高层管理者经常讨论竞争对手的战略（ ）							
非常不同意	1□	2□	3□	4□	5□	6□	7□	非常同意

61. 合作社管理层善于寻找并抓住建立竞争优势的各种机会（ ）							
非常不同意	1□	2□	3□	4□	5□	6□	7□	非常同意

九、市场导向

题项	1=非常不同意			4=一般		7=非常同意	
62. 合作社对顾客需求变化的重视程度	1□	2□	3□	4□	5□	6□	7□
63. 合作社对顾客满意程度的重视程度	1□	2□	3□	4□	5□	6□	7□
64. 合作社对不断革新产品服务以满足顾客需求的重视程度	1□	2□	3□	4□	5□	6□	7□

十、合作社内部和外部学习

题项	1=非常不同意			4=一般		7=非常同意	
65. 社员之间经常相互交流生产经验	1□	2□	3□	4□	5□	6□	7□
66. 合作社经常聘请技术人员辅导社员	1□	2□	3□	4□	5□	6□	7□
67. 合作社经常派技术员或社员外出学习	1□	2□	3□	4□	5□	6□	7□
68. 合作社与科研机构之间的技术合作非常频繁	1□	2□	3□	4□	5□	6□	7□
69. 技术员和农户都具有很强的技术吸收和转化能力	1□	2□	3□	4□	5□	6□	7□

十一、跨组织合作

题项	1=非常不同意			4=一般		7=非常同意	
70. 合作社与高校、科研、技术推广部门联系紧密	1□	2□	3□	4□	5□	6□	7□
71. 合作社与信用社、银行等金融部门联系紧密	1□	2□	3□	4□	5□	6□	7□
72. 合作社与政府财政、工商、土地、税务部门联系紧密	1□	2□	3□	4□	5□	6□	7□
73. 合作社与乡村基层、镇政府、县级政府部门联系紧密	1□	2□	3□	4□	5□	6□	7□
74. 合作社与特殊的生产资料供应商联系紧密	1□	2□	3□	4□	5□	6□	7□
75. 合作社与客户就产品创新、质量提升、控制联系紧密	1□	2□	3□	4□	5□	6□	7□

十二、内部网络

题项	1=非常不同意			4=一般		7=非常同意	
76. 管理层人员之间相互非常熟悉	1□	2□	3□	4□	5□	6□	7□
77. 合作社成员之间相互非常熟悉	1□	2□	3□	4□	5□	6□	7□
78. 管理层之间非常团结，相互之间非常信任	1□	2□	3□	4□	5□	6□	7□
79. 管理层之间人情往来频繁，交往十分密切	1□	2□	3□	4□	5□	6□	7□

十三、合作社集体决策

题项	1=非常不同意			4=一般		7=非常同意	
80. 决策时由管理层集体协商	1□	2□	3□	4□	5□	6□	7□
81. 面对市场变化管理层能够形成有效的决策	1□	2□	3□	4□	5□	6□	7□
82. 决策时管理层更多考虑公平和利润，而非个人偏好	1□	2□	3□	4□	5□	6□	7□
83. 决策时管理层的冲突多，并且非常难协调	1□	2□	3□	4□	5□	6□	7□
84. 决策时管理层都能公平地表述自己的意见	1□	2□	3□	4□	5□	6□	7□
85. 决策形成有一定的规章和代表性的程序	1□	2□	3□	4□	5□	6□	7□

十四、专业合作社的绩效的衡量

题项：与其他合作社相比，本合作社的状况	1=非常不同意			4=一般		7=非常同意	
86. 本合作社总销售额增长率	1□	2□	3□	4□	5□	6□	7□
87. 本合作社销售净利率增长速度	1□	2□	3□	4□	5□	6□	7□
88. 本合作社社员数量的增长速度	1□	2□	3□	4□	5□	6□	7□
89. 本合作社资金积累的增长速度	1□	2□	3□	4□	5□	6□	7□
90. 本合作社在品牌项的知名程度	1□	2□	3□	4□	5□	6□	7□
91. 本合作社固定资产规模的增长速度	1□	2□	3□	4□	5□	6□	7□
92. 本合作社产品创新的速度和品种增加的速度	1□	2□	3□	4□	5□	6□	7□
93. 本合作社社员户均收入的增长速度	1□	2□	3□	4□	5□	6□	7□
94. 您认为合作社对所在社区社会发展的贡献程度	1□	2□	3□	4□	5□	6□	7□
95. 您认为合作社对生态环境保护的贡献程度	1□	2□	3□	4□	5□	6□	7□

十五、合作社对社员的贡献

题项	1=非常不同意			4=一般		7=非常同意	
96. 合作社为社员提供了大量的技术信息	1□	2□	3□	4□	5□	6□	7□
97. 合作社为社员提供了大量的信贷资本	1□	2□	3□	4□	5□	6□	7□

续表

题项	1=非常不同意			4=一般		7=非常同意	
98. 合作社为社员提供了大量的土地资本	1□	2□	3□	4□	5□	6□	7□
99. 合作社为社员争取了大量的政府优惠政策	1□	2□	3□	4□	5□	6□	7□
100. 合作社为社员产品改良提供了大量帮助	1□	2□	3□	4□	5□	6□	7□
101. 合作社为社员提供了大量的生产管理服务	1□	2□	3□	4□	5□	6□	7□
102. 合作社为社员提供了大量的产前、产中、产后服务	1□	2□	3□	4□	5□	6□	7□

附录 2 涉农创业农户参与合作组织意愿调查问卷

第一部分：被调查个体及其家庭基本情况

1. 性别：_____（1）男　　（2）女

2. 年龄：_____岁

3. 受教育程度：_____

（1）小学及以下　（2）初中　（3）高中或中专　（4）大专　（5）本科及本科以上

4. 您家属于：_____（1）普通农户　　（2）非普通农户（干部户、党员户）

5. 家庭中共有劳动力_____人（此处的劳动指年龄在 16~60 岁，有劳动能力的人员）

6. 您家中是否有人在下列单位任职

单位	村里干部	乡里干部	乡级以上	金融机构工作
选项内打 "√"				

7. 2010 年您的家庭总收入_____元

8. 是否有务工收入_____（1=是，0=否）；如果选择"是"，2010 年务工收入_____元

第二部分：初始创业投资状况

1. 初始投资项目及投资额

投资项目	种植业	畜牧业	林业	渔业
选项内打（√）				

2. 开始投资经营的时间_____

开始经营时间	2005 年	2006 年	2007 年	2008 年	2009 年	2010 年
选项内打 "√"						

3. 开始经营时您是否向政府部门申请注册_____（1=是；0=否）
4. 具体的投资地点_____（1）本村　　（2）村外乡内　　（3）乡外县内　（4）县外
5. 您最初创业投资的资本

成本项目	固定资产	流动资产	工商注册	其他成本
金额/元				

注：固定资产是指房屋、建筑物、机器、机械、运输工具等；流动资产是指经营过称中分批投入的经营花费；其他成本是指在创业中产生的交际费用、突发意外情况处理费用等

6. 创业初始资金来源为（可以多选）_____；选项中没有的可以描述为_____
（1）自有资金　　（2）亲戚朋友借款（无息）　　（3）正规金融机构贷款（4）政府财政支持

7. 创业土地来源_____
（1）自有耕地　　（2）从外部租来的土地　　（3）政府或村里提供的土地（4）其他：_____

第三部分：农民创业管理过程

1. 您在创业之前的工作为_____
（1）在家务工　　（2）外出打工　　（3）国家公职人员　　（4）企事业单位　　（5）无业
2. 您目前是否与人合伙经营_____（1=是，0=否）；如果选择"否"，您目前是否打算或愿意找人合伙经营_____（1=是，0=否）
3. 经营过程中障碍性因素（可多选）_____
（1）难以通过贷款获得创业资本　　（2）难以获得技术或技术较难掌握（3）市场销售难、卖不上价　　（4）税收和收费项目太多　　（5）产品涨价的幅度低于原材料的涨价幅度　　（6）其他_____
4. 创业过程中社会角度的影响因素：_____
（1）社会治安差　　（2）交际花费大　　（3）人际关系网复杂　　（4）容易被嫉妒及仇富心理

5. 创业过程中是否遇到过自然灾害、病虫害和瘟疫_____（1=是，0=否），如果养殖遇到过瘟疫，对病死的牲畜尸体怎么处理_____

（1）扔在路边或野外　　（2）低价卖给屠宰商　　（3）扔到流水的水渠或水沟里

6. 您目前的经营是否参与了农业保险或其他保险_____（1=是，0=否）

7. 您是否参加过与创业有关的技术培训_____（1=是，0=否）；如果选择"是"，那么您参加的具体时间是_____培训时间多长_____；如果选择"否"，那么您是否愿意参加_____（1=是，0=否）

8. 在创业过程中获取相关信息的渠道有哪些（可以多选）_____

（1）自己以往打工过程中的经验积累　　（2）听本村或亲戚朋友说（3）通过电视、报纸、网络媒体获得　　（4）从政府提供的技术培训中获得

9. 您在经营过程中是否赊购过原料（如化肥、饲料、种子）_____

（1）没有　　（2）有，但很少　　（3）经常　　（4）非常普遍　　（5）等卖完东西再给买原料的钱

10. 您是否买到过假冒伪劣的原材料（如饲料）_____

（1）没有　　（2）有，但很少　　（3）经常　　（4）非常普遍

11. 您是否与别人进行技术（如瘟疫防治、病虫害防治）交流_____

（1）没有　　（2）有，但很少　　（3）经常　　（4）非常普遍

如果没有交流或很少交流（选项1或2），那么原因是_____

（1）担心疾病的交叉传染　　　　（2）技术涉及保密

（3）没必要交流，自己能搞定　　（4）有政府技术员指导，没必要交流

12. 您是否向同行请教过技术方面（如瘟疫防治、病虫害防治）的问题_____（1=是，0=否）

13. 您创业产品通过什么渠道销售（可以多选）_____

（1）公司合同销售　　（2）政府合同销售　　（3）自己走街串户销售（4）在家卖给走街串户的商人　　（5）原材料供应商作为中介，连接农户与购买商

14. 是否有同行帮助您销售过产品_____；您是否帮助过别人销售产品_____（1=是，0=否）

15. 您在经营过程中，是否有过赊销（别人卖完后才收钱）的经历_____

（1）没有　　（2）有，但很少　　（3）经常　　（4）非常常见　　（5）全部等别人卖完才收到钱

16. 您在经营过程中是否借款给别人_____；是否借过别人的钱_____（1=是，0=否）

17. 您是否有金融机构的贷款_____；贷款是否请人担保_____（1=是，0=否）

18. 您是否借过"高利贷"或有息借款（向亲戚朋友借款）_____（1=是，0=否）

19. 销售过程中是否存在压价压级的现象_____（1=是，0=否）；如果选"是"，那么原因是_____

第四部分：农户创业经济绩效情况

1. 您从事该行业经营的收入状况

经营时间	2007 年	2008 年	2009 年	2010 年
经营净收益/元				

2. 您是否打算继续扩大规模_____（1=是，0=否）

如果选择"否"，原因是（可多选）_____

（1）技术能力不够　　（2）资本缺乏　　（3）土地缺乏　　（4）社会治安太乱　　（5）工商税收高

如果选择"是"，您打算继续投资_____元，原因是（可多选）：_____

（1）利润虽然低，先期投入成本较高，不愿意放弃

（2）没有其他更好的挣钱门路

（3）利润还可以，想多挣点钱

（4）有优惠补贴政策和技术支持

第五部分：创业对农村环境的影响

针对大规模畜牧养殖的农户（如拥有猪场、鸡场、养牛场等设施的农户）

1. 您养殖经营过程中的牲畜粪便怎么处理_____

（1）随意堆放后卖掉　　（2）随意堆放后上地施肥　　（3）随意堆放不用

（4）用于自己生产沼气

2. 您冲洗养殖场地或设施的污水排放到什么地方_____

（1）村边坑塘、小河小溪、路边排水沟　　（2）生产沼气　　（3）排到临近农田里　　（4）其他：

3. 如果您是大规模畜牧业农户，您目前采取什么样的畜牧方式_____

（1）散养　　（2）各自家圈养　　（3）许多农户集中在一起圈养

政府对散养是否管制_____（1=是，0=否）；如果管制时，您怎么应付_____

针对大规模种植业的农户（如种植辣椒、花生、大蒜经济作物规模在15亩以上，以及香菇、大棚菜的农户）

1. 您在种植过程中，是否使用过无机_____（1=是，0=否）

2. 您打完药后的农药瓶怎么处理_____

（1）随手扔掉　（2）埋掉　（3）扔在家里伺机卖掉　（4）做警示标记用　（5）其他：_____

3. 如果是林业项目，树的种类是_____

第六部分：创业农户对外部制度环境认同

1. 您对下列国家鼓励农村自主创业政策的满意程度

制度内容	土地政策	贷款政策	税费减免	工商登记	信息咨询
满意程度					

满意程度：（1）非常满意　（2）满意　（3）部分满意　（4）不满意（5）非常不满意

2. 您对农村社区基础设施的满意程度

制度内容	道路	水	电	灌溉设施	信息设施
满意程度					

满意程度：（1）非常满意　（2）满意　（3）部分满意　（4）不满意（5）非常不满意

3. 如果成立专业的养殖或种植业合作组织，统一管理您的生产和销售，进行技术指导和原材料供应，您是否愿意参加_____（1=是，0=否）；请说明原因_____